大学生职业发展规划与就业指导

李品林　主编

科 学 出 版 社
北　京

内 容 简 介

本书秉持“一切为了学生发展”的宗旨，构建系统的大学生职业发展规划与就业指导知识体系。在职业发展规划层面，通过生涯启蒙教育、职业环境洞察分析与自我深度剖析，助力大学生形成科学的职业规划思维模式；在就业指导层面，全面细致地讲解求职准备、求职材料制作、面试技巧等核心内容，并结合典型实际案例与AI工具的创新应用，有效提升学生的求职竞争力。此外，本书注重就业权益保护与职场适应能力培养等内容的设计，帮助学生规避潜在风险，实现从校园到职场的顺利过渡。

本书坚持理论与实践紧密结合，将思想政治教育有机融入职业发展指导全过程，既包含系统的理论知识体系，又设置了丰富多样的实践训练活动，集教育性、指导性与实用性于一体。

本书是教育部供需对接就业育人项目（项目编号：20230102281）成果，不仅可作为大学生职业发展与就业指导课程的教材，也可作为高校就业管理部门和职业生涯教育指导工作者的参考用书。

图书在版编目（CIP）数据

大学生职业发展规划与就业指导 / 李品林主编. -- 北京 : 科学出版社, 2025. 8. -- ISBN 978-7-03-082735-7

Ⅰ. G717.38

中国国家版本馆CIP数据核字第2025GS0101号

责任编辑：周春梅　戴　薇 / 责任校对：赵丽杰
责任印制：吕春珉 / 封面设计：东方人华平面设计部

科学出版社 出版
北京东黄城根北街16号
邮政编码：100717
http://www.sciencep.com

三河市中晟雅豪印务有限公司印刷
科学出版社发行　各地新华书店经销
*
2025年8月第 一 版　开本：787×1092　1/16
2025年8月第一次印刷　印张：15 1/4
字数：361 000

定价：48.00元

（如有印装质量问题，我社负责调换）
销售部电话 010-62136230　编辑部电话 010-62135397-2040

编 委 会

顾　问　李卫东

主　审　黄　鹂

主　编　李品林

副主编　崔莎莎　任　爽　杜　凯

编　委　余香莲　曾琼娟　商文华　刘　亮

　　　　尹如月　马小月　刁晨希

前　言

在全面贯彻党的教育方针、深耕立德树人根本任务的时代浪潮中，培育德智体美劳全面发展的社会主义建设者和接班人，已然成为教育事业薪火相传的核心使命。国家以高瞻远瞩的战略布局，以前所未有的力度关注学生全面成长与个性化发展，持续深化教育领域综合改革，在探索契合时代需求的人才培养新路径上勇毅前行，为青年学子搭建通向未来的成长云梯。大学生职业生涯规划与就业指导教育，作为串联校园与社会、衔接学业与职业的关键桥梁，其战略价值与现实意义正日益凸显。

大学阶段是人生发展的黄金时期，机遇与挑战并存。在经济社会高速发展、科技迭代日新月异的当下，就业市场风云变幻，新兴职业如破土春笋般纷纷涌现。面对复杂多变的新形势，大学生迫切需要科学、系统的职业指导，以便精准认知自我优势与潜能，敏锐洞察职业发展趋势，合理规划职业生涯路径，全方位提升求职竞争力，实现从校园到职场的顺利过渡。

本书立足时代需求，以“一切为了学生发展”为宗旨，凝聚众多教育专家、职业指导从业者的智慧结晶精心编撰。全书内容系统完备，深度覆盖大学生职业发展规划与就业指导全流程的关键环节，从开启生涯启蒙、探索职业世界到深化自我认知、制定决策规划，再到求职准备、面试技巧、就业权益维护以及职场环境适应等，构建逻辑严密的知识体系。

本书紧跟时代步伐，将思想政治教育贯穿职业指导全过程。通过理论阐释与鲜活案例的深度融合，引导学生树立正确的价值观、职业观，深刻领悟个人职业发展与国家战略、社会需求的紧密关联，激发学生的家国情怀与使命担当，让职业理想与时代脉搏同频共振。

本书始终坚守理论与实践深度融合的原则，运用丰富翔实的真实案例、实用便捷的工具模板、针对性强的训练活动以及高度仿真的情景模拟等多元呈现形式，着力锻造学生的实践能力与问题解决能力，确保学生能够将理论知识高效转化为职业规划与求职实践的实战本领。同时，本书积极拥抱科技变革浪潮，融入前沿 AI 工具应用内容，助力学生掌握智能化职业规划与求职技能，提升职业发展的效率与质量。

本书兼具专业性、实用性与前瞻性，不仅可作为高校大学生职业发展与就业指导课程的教材，也可为高校就业管理部门开展就业指导工作提供有益参考，同时还能为职业生涯教育指导工作者提供专业借鉴，共同构建全方位、多层次的职业发展支持体系。

由于编者水平有限，书中难免存在不足之处，恳请广大读者不吝指正。我们将虚心接受批评建议，在后面的修订中完善优化，力求为读者呈上更优质、更实用的知识内容与指导服务。

编　者

2025 年 4 月

目　　录

第一章 生涯启蒙——搭建职业规划基石

学习目标

知识目标

（1）理解大学的含义、意义、内容、大学与高中在学习和生活方面的不同。

（2）了解职业生涯规划的相关概念、影响因素、重要意义及基本流程。

（3）熟知生涯发展阶段论、人职匹配理论、生涯建构理论、希望与希望理论的内容。

技能目标

（1）能够运用所学知识，快速适应大学生活。

（2）借助生涯规划理论工具，如生涯彩虹图，探索和规划个人成长路径。

素养目标

（1）树立正确的生涯规划意识，增强对职业发展的责任感和主动性。

（2）主动认识时代责任，勇担历史使命。

案例导读

勤学笃行探前路，躬身实践铸未来——张同学的大学成长与职业探索之路

张同学，机械设计制造及其自动化 2020 级学生。自踏入大学校园，她便严格要求自己，在理想信念的指引下，在学习与实践中积极进取、奋勇向前。

大一时，张同学积极学习，建立了和谐的同学关系，主动适应大学生活。大二、大三时，她秉持认真踏实的态度，以勤学苦练、刻苦钻研的精神，积极探索机械设计制造及其自动化专业领域。她深知专业知识是立足行业的根基。在学习专业课之余，她积极参加学校组织的职业规划讲座和招聘会，在一次次交流与聆听中，逐步了解制造业的工

作模式与发展前景。为了更直观地感受行业氛围，她主动到一家小型公司实习，投身机械类相关工作。这段实习经历，不仅点燃了她对行业的浓厚兴趣，更让她清醒认识到自身在前沿技术和实操经验方面的不足。意识到差距后，张同学迅速调整状态，进入提升阶段。实习结束后，她以更饱满的热情投入学习，将实习中遇到的问题梳理成清单，虚心向老师请教。空闲时间，她踊跃参加学校各类活动和相关培训，在实践中磨砺自身能力，团队协作与沟通协调能力得到显著提升。

经过大学期间的不懈努力与积极探索，大四毕业时，张同学凭借扎实的专业功底、出色的个人能力与良好的品格素养，成功斩获某电器有限公司的 offer（录用通知书），为自己的大学时光交出一份满意的答卷。

（根据学生真实案例改编）

分析：

张同学的大学经历生动诠释了大学阶段对于个人成长与职业发展的重要意义。大学不仅是获取专业知识的殿堂，更是探索自我、认知职业世界的黄金时期。张同学通过系统学习夯实专业基础，借助实习实践明确职业方向，利用校园活动锻炼综合能力，每一个环节都紧密相连、相辅相成。这启示我们，在大学阶段应珍惜时光，既要专注学业，掌握扎实本领，又要主动探索，积极参与实践，在不断尝试中发现自身优势与不足，明确未来目标，为踏入社会、实现职业理想筑牢根基。

第一节　认识大学生活与环境

一、全面认识大学

寒窗苦读多年，学子们一路披荆斩棘，终于迈进了大学校园。这个时候，你有没有思考过，什么是大学？为什么要上大学？大学里有什么？

（一）大学的含义

中国古代儒家经典“四书”之一《大学》中写道：“大学之道，在明明德，在亲民，在止于至善。”这里的“大学”是指大人之学、君子之学，是走向人生大道的学问。《辞海》对“大学”的解释是：①实施高等教育的学校；②儒家经典之一。这里采用“大学”的第一层含义。大学提供广泛的学科领域和专业课程，以培养具有较高知识水平和专业技能的人才为目的，为大学生提供深入学习和研究的机会。例如，北京大学、清华大学等，涵盖众多学科门类，大学生可以在不同专业领域进行系统学习，为未来的职业发展和学术研究奠定基础。

（二）大学的意义

1. 大学阶段是价值观念形成和重塑的关键时期

大学阶段是大学生价值观念形成和重塑的关键时期。人的价值观念包括世界观、人生观、价值观。世界观是人们对整个世界的总体看法；人生观是人们对人生目的和意义的根本看法，它决定着人们的行为目标和生活态度；价值观则是对事物价值的总体看法。在高中及之前的教育阶段，学生的主要任务是学习，与社会接触较少，价值观念尚未成熟。进入大学后，随着年龄增长和接触社会的机会增多，大学生的价值观念逐渐成熟。大学阶段也是大学生进行自我认知、个性发展、独立思考、社会适应和职业准备的重要时期。在成长过程中，大学生会遇到各种困难和挫折，只有树立正确的价值观念，才能在顺境中趁势扬帆，在逆境中奋斗崛起。

2. 大学阶段是人生发展的黄金阶段

大学阶段是大学生进入职业发展前的探索阶段，也是人生发展的黄金时期。在这一阶段，大学生需要接受专门的教育训练，明确职业倾向，为正式走上工作岗位做好准备；同时，需要脚踏实地，在现实中寻求自我实现。大学阶段是学生学习能力最旺盛的时期，记忆力、逻辑思维、抽象思维、理解能力、判断能力和创新创造能力都在积极发展，这些都为大学生掌握现代科学技术奠定了良好基础。此外，大学集中了众多专家学者和现代化的教学实验设备，大学生可以接触到广博的知识，接受科学训练，发挥创新能力，提高综合素质。因此，大学阶段是人生发展的黄金阶段。

3. 大学是迈向幸福的重要环节

大学教育的本质是培养大学生成长成才，成为对社会有价值的人，培养大学生适应未来变化的能力，使他们在未来的职业和生活中能够获得幸福。大学为大学生的成长和发展提供了广阔的平台和良好的机遇，为大学生建立良好人际关系提供了丰富的社交机会。此外，大学拥有许多社团，会经常组织各种比赛，使得大学生有机会培养自己的兴趣爱好和专长，提升个人满足感，培养自信心，为个人的幸福生活奠定基础。大学教育注重综合素质和人文精神的培养，注重培养具有高尚情操和社会责任感的人才。这种人文关怀和人格培养对于一个人的幸福和心灵富足非常重要。因此，可以说，大学是大学生迈向幸福的重要环节。

（三）大学里有什么

1. 大学里有“大家”

大学里有一群思想解放、高瞻远瞩、勇于进取的“大家”。他们站在时代前沿，洞悉高等教育发展趋势，以开拓性的思维规划学校发展蓝图。在学科建设方面，他们精准布局新兴学科与传统优势学科协同发展，为学术研究注入新的活力；在人才培养方面，他们积极推动教育教学改革，引入先进教育理念与模式，为学生搭建多元成长平台。他们凭借卓越的领导力，引领大学生在激烈的教育竞争浪潮中破浪前行，是大学生前行道路上的掌舵人。

2. 大学里有“大师”

德高望重、造诣精深、诲人不倦的教授专家，是大学里的璀璨明珠。他们在学术领域精耕细作，以深厚的专业知识与独到见解，发表具有影响力的科研成果，推动学科发展和前沿技术创新。课堂上，他们旁征博引，将晦涩知识生动演绎，激发学生的探索欲望；课后，他们耐心指导学生科研实践，言传身教，培养学生严谨治学的态度。例如，高校的学科带头人，不仅科研成就斐然，还致力于教育事业，培育出众多杰出人才。这些大师，以其学识与品格，成为学生学术追求与人生成长的引路人。

3. 大学里有“大业”

大学里有环境幽雅、设施先进、图书资料丰富的办学资源。校园内，绿树成荫，亭台楼阁错落有致，营造了宁静致远的学习氛围。现代化教学楼配备智能教学设备，为高效教学提供保障；专业实验室里，高端仪器一应俱全，助力科研人员探索未知。图书馆更是知识宝库，海量纸质图书与电子资源涵盖各个学科领域，满足师生求知需求。这些优质资源，为大学开展教学、科研等大业筑牢根基。

4. 大学里有“大度”

大学秉持囊括大典、网罗众家、学术自由的宗旨。不同学术流派在此碰撞交融，无论观点新旧，都能在学术交流平台上畅所欲言。大学鼓励师生突破传统思维，挑战权威，支持跨学科研究合作。在这种氛围下，新思想、新理论不断涌现。大度的学术氛围，让大学成为创新思想的摇篮，推动学术不断进步。

5. 大学里有“大雅”

博学厚德、求真务实、崇尚文明、精准严好的大学氛围充满校园。大学师生以知识为追求，以品德为基石，踏实做学问，真诚待人。学术讲座上，大学老师严谨论证，分享前沿成果；校园活动中，大学生展示才艺，传递正能量。文明之风吹遍校园的每个角落，从爱护环境到尊重他人，从学术诚信到志愿服务，处处彰显大学的大雅。在这种氛围的熏陶下，大学生逐渐成长为有知识、有品德、有担当的社会栋梁。

6. 大学里有“大学生”

风华正茂、与时俱进、全面发展的大学生，是大学的主体。大学生带着梦想踏入校园，在知识的海洋中遨游，在社团活动中锻炼能力。课堂上，他们积极思考，与老师互动；课余时间，他们参与科研项目，提升实践能力；文体赛事中，他们挥洒汗水，展现青春活力。他们紧跟时代步伐，关注社会热点，用所学知识为社会发展贡献力量。这些充满朝气的大学生，赋予大学蓬勃生机，是大学不断发展的动力源泉。

【互动】你的大学里都有什么？结合其他同学的答案，将其填在下面的横线上。

我的大学里有：____

____

____

____

____

拓展阅读

认识我的大学——江汉大学

江汉大学是湖北省属综合性大学，实行省市共建、以武汉市为主的管理体制。2001年10月经教育部批准，原江汉大学、华中理工大学汉口分校、武汉教育学院、武汉市职工医学院四校合并组建新的江汉大学。

江汉大学合并组建以后，特别是进入新时代以来，始终坚持立足武汉，服务湖北，面向全国，紧紧围绕“在国内有影响、有特色的高水平城市大学”的办学目标定位，坚持以人才培养为中心，聚焦内涵式高质量发展，综合实力和社会影响力不断提升。2018年学校入选湖北省“国内一流学科建设高校”，2021年获批博士学位授予权，2024年获批精细爆破全国重点实验室，2022年入选湖北省属高校一流学科重点学科建设高校，是湖北省第一家同时拥有博士学位授予权、全国重点实验室和全职院士的省属高校。

学校校训是“立德、致用、兼容、创新”。校训是一所学校气质与精神的集中体现。立德，强调品德修养是教育的根本，要求师生坚守道德准则，培养正直、善良、责任等美好品质。致用，其核心寓意是学以致用，知行合一，倡导将知识转化为实践能力，注重解决实际问题，培养务实、实干的作风。兼容，意在推崇开放的心态与广阔的胸怀，鼓励接纳不同文化、思想、观点的碰撞与融合。创新，鼓励打破常规、探索未知，培养批判性思维与创新精神，适应时代发展需求，是个人成长与社会进步的核心驱动力。

学校校旗呈矩形，红底白字，胡耀邦同志题写的“江汉大学”校名居中排列。这种设计简洁大方，红色象征着热情、活力与积极向上的精神，白色的校名在红色底色的映衬下显得醒目而庄重。

学校校徽呈圆形，蓝白两色，主体图案为“江”“大”两个汉字的变形体，上下环绕学校中英文名称。中间是一个“人”字，即重视以人为本的理念，左边是书本，且三人成众，右边是工。

学校校庆日为每年10月的第三个星期六。

二、大学与高中的区别

（一）大学学习和高中学习的比较

“大学生”中依然有“学生”二字，学习依然是大学生最重要的职责与使命，是大学生活的主旋律。但是大学时期的学习与高中时期的学习相比，在教学内容、教学模式、管理模式等方面都发生了变化，形成了鲜明的大学学习特点（表 1-1）。

表 1-1 大学学习和高中学习的比较

比较内容	大学学习	高中学习
教学内容	开展系统性、专业化教学，依据不同专业需求设置课程体系，内容深入且细化，各专业课程差异显著，注重知识的深度与广度拓展，为学生未来投身专业领域筑牢根基	聚焦于基础性知识传授，各学科围绕高考大纲展开，内容具有普遍性与统一性，为学生构建宽泛的知识基础
教学模式	采用引导式教学，教师扮演引导者角色，课堂注重启发学生思考，鼓励自主探究与小组协作，引导学生掌握学习方法与研究路径，培养学生独立解决问题的能力	教师在课堂上占据主体地位，通过大量知识学习与重复练习，帮助学生熟悉高考知识点
管理模式	学生需要进行全方位自我管理，自主规划学习时间、安排课程学习进度、选择学习资源；生活上独立应对各类事务，如住宿安排、个人物品管理等，锻炼生活自理与自我决策能力	学习方面由教师全面把控，从课程进度安排到作业布置与检查，教师发挥主导作用；生活层面则多由家长照料，家长关注学生日常起居与生活琐事
培养目标	培育适应社会发展需求的综合型人才，注重学生知识、能力、素质协同发展，为学生顺利融入职场、实现个人价值奠定基础	明确指向高考升学，致力于帮助学生在高考中取得优异成绩，升入理想高校
培养方式	着重培养“学”生，鼓励学生主动探索知识，激发学生的内在学习动力，培养学生的自主学习、研究创新及团队协作等综合素养	教学多围绕高考题型与考点展开，通过高强度训练提升学生应试技巧，学生学习自主性发挥空间有限
时间管理	每周课程安排相对灵活，约二十节课，大量课余时间需学生自主规划，用于预习复习、阅读拓展、参加社团活动或实践项目，锻炼时间管理与任务统筹能力	学习时间安排紧凑，由早自习、八节正课及晚自习构成固定学习时段，时间规划多由学校和家长主导，学生自主调配空间较小
考试方式	方式丰富多样，涵盖闭卷笔试、开卷考试、口试、实践操作考核、课程论文撰写、小组项目评估等。全面考查学生知识掌握程度、知识应用能力、创新思维及团队协作水平	形式较为单一，主要以期中、期末考试为主，题型多参照高考模式，侧重对知识记忆与常规解题方法的考查
课余生活	丰富多元，可锻炼综合能力。学生可依据兴趣爱好参与各类社团组织、学科竞赛、志愿服务、社会实践等活动，在拓展兴趣的同时，提升沟通表达、组织协调、领导管理等多方面能力	相对单调，主要围绕学业进行，以巩固课堂知识、提升学习成绩，课外活动种类与参与度有限

续表

比较内容	大学学习	高中学习
学习方法	转变为“我要学”的自律型模式，学生需主动制订学习计划、自主选择学习方法、积极拓展学习资源，自主掌控学习进程，培养独立思考与终身学习的习惯	呈现“要我学”的他律型特征，学生学习依赖性较高，严格遵循教师教学节奏与要求，学习路径相对固定

（二）大学生活和高中生活的比较

进入大学后，衣、食、住、行等个人生活都由自己处理安排，因此大学生应主动适应生活方式的变化，注意培养独立生活的能力，自主而合理地处理好个人的学习和生活问题。总的来说，自主、自立、自律是大学生活的主旋律。大学生活和高中生活的比较如表 1-2 所示。

表 1-2　大学生活和高中生活的比较

比较内容	大学生活	高中生活
生活方式	住校居多，生活相对自由，课余时间可自行安排	多为走读或统一住校管理，作息规律严格，生活范围较窄
生活环境	大学校园规模通常较大，可能有多个校区，校内功能分区丰富，涵盖学术、生活、休闲等区域，不少学生进入外地大学，可接触到不同地域文化和环境	高中校园面积相对较小，功能分区较集中，多为熟悉的本地环境，生活设施围绕基础学习和生活需求配备
人际关系	社交圈扩大，除同学、老师外，还可结识不同专业、不同背景的人，社交更复杂、多元	同学关系紧密，社交圈集中在班级同学和老师，关系相对单纯
自我管理	主要靠自我约束和管理，需要自己安排学习、生活、社交等事务	学校和家长监督管理多，学生自主空间有限
未来规划	开始思考职业规划，需要综合考虑兴趣、专业、就业等因素，规划未来发展方向	目标明确，为高考做准备，关注升学
经济消费	经济来源除家长提供外，部分学生有兼职收入、奖学金等。消费范围更广，包括餐饮、住宿、社交、学习资料、兴趣爱好培养等方面，消费自主性增强，需要自行规划和管理个人财务	零花钱主要由家长定期提供，消费主要集中在学习用品、餐饮等方面，金额相对较少，消费项目和金额受家长管控较多

【互动】你对你的大学了解多少？

大学名称：________________

学校类型：________________

学校特色：________________

____

周边资源：________________

其他：________________

三、快速适应大学生活

（一）主动转换角色

大学的学习生活强调学生从“学生我”向“社会我”再向“职业我”的主动角色转换（图 1-1）。首先，大学生需要摆脱依赖心理，培养独立思考和解决问题的能力，完成从“学生我”到“社会我”的转变，适应社会规则与责任。其次，大学生可以通过实践学习、校企合作等方式，逐步积累职业素养和专业技能，实现从“社会我”到“职业我”的跨越，为未来职业发展奠定坚实基础。这一过程注重理论与实践相结合，帮助学生成为适应社会需求的应用型人才。

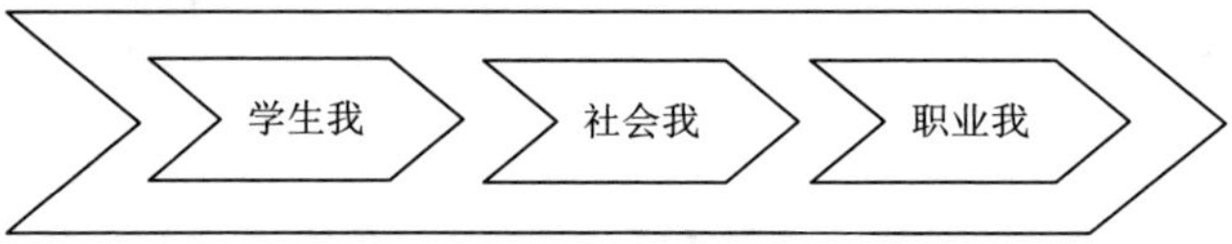

图 1-1　角色转换的过程

（二）增强环境认同

增强环境认同是大学生适应大学生活的重要环节。大学新生带着“大学梦”进入校园，但理想与现实之间存在差距。大学生需要通过理解大学文化、适应新的人际关系、明确目标与责任，以及调整心态，积极面对挑战，逐步融入大学生活。例如，参与校园活动、与师生交流、担任学生干部或参加志愿服务，不仅能帮助大学生拓展人脉，还能增强大学生对大学环境的认同感和归属感，为未来的发展奠定基础。

（三）学习方法改变

在大学中，学习方法的改变是学生提升学习能力的关键。大学学习更注重自主性和实践性。大学生需要从依赖式学习转变为自主学习，主动利用图书馆、在线课程等资源，培养独立思考和解决问题的能力。同时，要注重实践与理论的结合，通过实验课程、实习项目、创新创业竞赛等活动，将知识应用于实际，提升综合素质。此外，大学生还应掌握多样化的学习方法，如案例分析、小组讨论、项目驱动等，以适应不同课程的需求，为未来的职业发展持续赋能。

（四）参与实践活动

在大学中，大学生可以通过以下形式的实践活动快速适应大学生活。

1. 社团活动

（1）思政理论学习型社团

思政理论学习型社团，如大学生马克思主义研究会、雷锋精神研究会等，以思想政治理论的研究和宣传为主要活动内容，以理论学习为主，通过开办专题讲座、读书报告会等形式开展活动，旨在提高学生的政治觉悟和理论素养，引导学生关注国家发展和社会热点问题，培养学生的政治意识和社会责任感。

（2）学术科技型社团

学术科技型社团是学生社团为配合专业教育而组织的活动，是以学术研究、科技发明与科技制作为主要内容的组织，如 ERP 沙盘协会、义务法律服务社、心理学社、非物质文化遗产保护与研究社、魅影法语社、移动互联网技术社团、园艺协会、智能制造创新设计社等各种专业社团。

（3）文体娱乐型社团

文体娱乐型社团是学生社团活动的主要形式，是大学生锻炼体魄、陶冶情操、发展爱好的重要途径，如学校的礼仪队、文学社、摄影协会、单车俱乐部、跆拳道社、各种棋类协会、各种球类俱乐部等。

（4）创新创业型社团

创新创业型社团作为大学生的实践基地，可以集中培养大学生的创新思维和创业精神，锻炼大学生的创新创业能力。

（5）志愿公益型社团

志愿公益型社团是大学生服务社会、奉献爱心、锻炼自主能力、增强独立意识的社团组织，包括爱心社、环境保护社团、勤工助学服务中心等。

2. 社会实践

（1）专业型社会实践

专业型社会实践是指大学生从学校和社会选择并确定研究课题，主动地获取知识、解决问题的实践活动，一般包括教学实践、专业实习、科技服务等。

（2）养成型社会实践

养成型社会实践是指有利于培育大学生整体素质，发挥教化功能的实践活动。养成型社会实践的形式有勤工助学、劳动教育等。

（3）服务型社会实践

服务型社会实践是指高校学生立足于地方经济建设和社会发展，以服务求支持，以贡献求发展，为区域发展贡献力量的实践活动，包括志愿服务和社会调查。

案例

舞韵飞扬：舞蹈表演专业毕业生李同学的实践与就业之路

2022 届舞蹈表演专业毕业生李同学，在校期间以扎实的专业能力与突出的实践素养，成为多维度发展的复合型人才，毕业后任职于湖北某学院舞蹈系，持续以艺术实践赋能教育事业。

1. 专业竞赛与舞台实践：以舞绩印证实力

李同学在专业领域表现卓越，大学期间参演的作品入围第十二届中国舞蹈“荷花奖”，获第六届湖北舞蹈“金凤奖”作品一等奖（湖北省舞蹈最高奖项），个人累计斩获国家级奖项 1 项、省级奖项 4 项、校级奖项 9 项。她注重将理论融入舞台实践，在多个原创剧目编排中担任领舞，通过肢体语言传递文化内涵，其中主演的土家族舞蹈在湖北省舞蹈家协会专业院校展演中获“优秀展演作品”称号。

2. 新媒体实践：以创新赋能艺术传播

作为学院新媒体中心部长，李同学构建“艺术+传播”双轨实践模式。她主导运营学院公众号、微博等平台，累计编撰新闻稿 120 余篇，策划“舞蹈大师课实录”“毕业生展演预告”等专题内容，推动学院艺术活动线上传播量提升 300%，连续三年获评校级“好微信”“好微博”荣誉称号。此外，她还独立设计制作了 10 余期演艺海报，将视觉设计与舞蹈美学相结合，形成鲜明的艺术传播风格。

3. 就业实践：以艺术教育反哺社会

2022 年入职湖北某学院后，李同学聚焦“专业实践+在地文化”融合。她主持编排校歌舞台版、校庆 30 周年大型歌舞节目，将当地少数民族文化元素融入现代舞蹈语汇，获当地教育部门“文化传承创新奖”。在科研领域，她参与“新时代学前教育普惠发展”课题，深入当地 8 个县市幼儿园，采集当地少数民族民间舞蹈素材 30 余例，开发幼儿民族舞蹈启蒙课程，推动非物质文化遗产在学前教育阶段的活化传承。

（根据学生真实案例改编）

分析：

李同学的经历生动诠释了实践在个人发展中的核心作用。在专业竞赛与舞台实践中，她通过参演多个剧目，将理论转化为精湛的舞台表现力，收获众多奖项，夯实专业根基；在新媒体实践中，她以创新的双轨模式运营平台，提升艺术传播能力；在就业后的教学实践中，她结合当地文化进行课程开发与节目编排，实现文化传承与教育创新。实践贯穿其成长全过程，使其在专业技能、综合素养和社会价值创造等方面均实现质的飞跃。

3. 实习

实习是大学生社会实践的一个重要环节，主要包括生产实习和毕业实习。实习期间，大学生接触生产实际，通过现场观察、调查研究、实际操作，把所学知识运用到实践中，在实践中加速业务上的成熟，缩短学校教育和社会要求的距离，增强竞争力和适应能力。

案例

从实习菜鸟到职场新锐：翟同学的进阶之路

2024 届视觉传达设计专业毕业生翟同学，深受母校服务地方经济理念的影响，立志成为汽车企业平面设计师。大学期间，他成绩优异，斩获国内外 50 余项专业奖项，多次荣获国家奖学金，还带领团队完成30余项校园设计项目，独立负责10余项校外项目，展现出卓越的专业能力与团队领导力。

真正让翟同学实现职业蜕变的，是他大三时在深圳某科技集团的实习经历。作为设计实习生的他，面对陌生的工作环境与复杂的项目需求，迅速调整状态，主动学习企业设计规范与工作流程。他充分发挥在学校积累的专业优势，积极参与项目设计，从基础的素材整理、方案初稿构思做起，在一次次修改与打磨中提升设计水平。凭借出色的表现与积极进取的态度，翟同学在实习期间快速成长。短短三个月，他不仅熟练掌握企业设计风格与项目运作模式，还开始带领团队攻克难题。面对时间紧、任务重的关键项目，他统筹规划、合理分工，与团队成员紧密协作，成功交出高质量设计方案，赢得领导和同事的高度认可。

这份亮眼的实习成果，使翟同学获得校招员工培训班导师资格，实现从学生到设计项目管理者的转变，同时还收获了正式员工面试直通卡。这段实习经历不仅让他积累了宝贵的实战经验，更坚定了他的职业方向。在秋季招聘中，翟同学凭借扎实的专业功底与丰富的实习履历，顺利斩获某知名汽车公司的offer，开启了职业新征程。

（根据学生真实案例改编）

分析：

翟同学成功入职知名汽车公司的经历，展现出优秀毕业生清晰的职业规划与强大的实践能力。核心亮点在于：一是明确的职业目标导向，始终围绕汽车企业平面设计师的目标积累经验；二是高效的实习成长能力，在深圳某科技集团实习期间，从普通实习生迅速成长为团队管理者，体现出极强的学习适应能力与领导能力；三是校内外实践的有效结合，将大学期间的学术成果、项目经验与实习实践贯通，形成竞争力优势。该案例为高校毕业生的实习求职与职业发展提供了极具价值的参考，彰显了实习实践在职业生涯发展中的关键作用。

4. 校外兼职

校外兼职是指在校学生在课余时间，利用自己的技能和时间，在校外寻找并从事有偿工作。大学生在校外兼职不仅可以赚取生活费，减轻经济压力，还能积累社会经验，提升实践能力，为未来的职业发展打下基础。

训练活动

活动一 现在我关心的事

1）请想一想，目前有哪些事情是你所关心、所困扰或者想要做的，如如何学好专业，如何与他人相处，如何提高英语口语能力……

2）将你关心的事进行归类，并填写在表1-3中。

表 1-3　目前我关心的事

时间方面	学习方面	个性/性格方面
能力方面	兴趣方面	价值方面
独立性方面	亲密关系方面	职业生涯规划方面
休闲方面	社会实践方面	……

3）分析以上你所关心的事，找出最重要的10件事，为其重要程度打分，填在表1-4中。

表 1-4　我所关心的 10 件事的重要程度

我所关心的事	重要程度（打分 0～10）	事务类别	备注
1.			
2.			
3.			
4.			
5.			
6.			

续表

我所关心的事	重要程度（打分 0～10）	事务类别	备注
7.			
8.			
9.			
10.			

4）思考：你现在需要立刻开始做的重要事情有哪些？要完成以上重要事情，你有哪些行动计划？

活动二　大学愿景九宫格

将你在大学中想要完成的愿望填写在表 1-5 中，根据你填写的内容为大学生活做个计划。

表 1-5　大学愿景九宫格

学习成绩目标	想看的书	想考的证
想交的朋友	想参加的实习/实践	想加入的社团
想获得的奖项	健康/体重/饮食	期待毕业时的自己

思考：对于大学愿景九宫格中的每一个目标，你计划在大学的什么时间完成？完成这些目标你需要做哪些努力？

第二节　树立职业生涯规划意识

一、职业生涯规划相关概念

“职业”的英文是“career”，是指一个人在特定领域内从事的某类专门工作并承担的相应责任和义务。职业包括“职”和“业”：“职”强调社会职责、权利和义务；“业”强调业务、事业、事情。职业同时具备个体属性和社会属性。综合来说，职业就是社会中的人参与社会分工，利用专门知识和技能，创造物质或精神财富，获取合理报酬，满足物质和精神需求的群体性活动。

“生涯”一词包含人生的边际、限度。《庄子·养生主》说：“吾生也有涯，而知也无涯。”美国生涯理论专家唐纳德·舒伯（Donald Super）认为，生涯是生活中各种事件的演进方向与历程，统合了个人一生中各种职业与生活角色，由此表现出个人独特的自我发展形态，是人自出生到退休后一连串有酬或无酬职位的综合。生涯除了职位外，还包括任何与工作有关的角色，如家庭角色、公民角色等。这里的生涯不仅是指个体的自然生命历程，还指个体的社会影响广度，如个体在社会群体中所扮演的角色，以及这种角色所承担的社会责任。

一般来说，规划是指对未来整体性、长期性、基本性问题的思考、考量和对未来整套行动方案设计的过程。需要注意的是，规划与人们日常工作中所做的计划不同。计划是在工作或行动以前预先拟订的具体内容和步骤，如科研计划、学习计划；规划是比较全面的长远的发展计划，如学校五年（2026—2030 年）发展规划等。可以说，计划是规划的延伸与展开，规划与计划是集与子集的关系，即规划里面包含着若干个计划，它们的关系既不是交集的关系，也不是并集的关系，更不是补集的关系。

综合上述相关概念的理解，可以将职业生涯规划定义为：个人结合自身情况、眼前的机遇及制约因素，为自己确立职业方向、职业目标，选择职业道路，制订教育计划、发展计划，确定行动时间和行动方案，对职业生涯乃至人生进行持续的、系统的计划过程。

案例

罗福莉：引领 AI 前沿的 95 后“天才少女”

2024 年底，一则“雷军千万年薪挖角 95 后 AI 天才少女”的热搜引爆全网，让“罗福莉”这个名字再度成为热门话题。是什么样的努力与机遇，让 95 后少女罗福莉被雷军青睐？

1995 年，罗福莉出生在四川宜宾的一个普通家庭。父亲是一名电工，家庭并不富裕。从小，罗福莉就喜欢把任务拆分成一个一个阶段性目标。在父亲的引导下，罗福莉在小学期间就名列前茅。从四川省宜宾市第一中学“清北班”毕业后，罗福莉如愿来到北京师范大学。大一下学期，罗福莉转入计算机专业，靠着一股不服输的劲头，花了不到一年的时间，将总成绩从班级末尾提升到班级前五，顺利达到了保研的标准。到北京大学读研后，罗福莉开启了开挂人生。研究生二年级这一年，她在人工智能领域顶级国际会议（国际计算语言学年会）上发表了8篇论文，其中2篇是第一作者。“AI天才少女”的桂冠由此落在她头上。

2019年，罗福莉选择离开象牙塔，加入阿里巴巴达摩院。在这里，罗福莉投入人工智能研究中预训练语言模型相关的部分工作中。她负责阿里巴巴深度语言模型体系（AliceMind）的开源，并主导开发AI预训练模型VECO。两年后，罗福莉调整事业规划，加入私募公司幻方量化，从事深度学习相关策略建模和算法研究。此后，罗福莉转入幻方量化子公司“深度求索”（DeepSeek）。她参与研发的重要项目DeepSeek-V2一经发布就引发了广泛关注。DeepSeek在行业内上演鲶鱼效应，不仅打响了大模型市场的价格战，也让罗福莉名声大噪。在DeepSeek推出的一系列大模型中，罗福莉的名字频繁出现在论文的鸣谢人员名单中。

“AI天才少女”罗福莉，这个集过硬的技术和人格魅力于一体的“普通人”，在AI战场如火如荼的当下，像一阵清爽的风，带走浮躁与喧嚣，带来专注与坚韧的力量。

（资料来源：罗福莉. 北大毕业的DeepSeek天才美少女，从小镇青年成长为雷军亲自挖的AI大牛[EB/OL].（2025-02-04）[2025-06-05].https://news.qq.com/rain/a/20250204A04O8T00.）

分析：

罗福莉从普通家庭成长为AI领域新星的经历，为大学生职业生涯规划提供了重要启示：她自小将任务拆解为阶段性目标，大学面对专业调剂主动探索，转入计算机专业后通过努力补足短板，达到保研标准；毕业后，合理规划职业路径，先后加入阿里巴巴达摩院、幻方量化等契合自身发展需求的平台，最终在“深度求索”因参与研发DeepSeek-V2声名鹊起；面对成名后的诱惑，她保持低调克制，坚守职业追求。这提醒大学生在规划职业生涯时，应结合兴趣与社会需求制定长短期目标，主动探索适合自己的专业方向，合理选择能积累经验、提升能力的职业平台，并树立正确的职业价值观，抵御外界干扰，专注深耕所选领域。

二、职业生涯规划的影响因素

（一）内部因素

内部因素主要指个人因素，包括个人的心理、体质、性别、年龄、教育、家庭背景等因素，如图1-2所示。其中，心理因素主要包括性格类型、气质类型、能力及能力倾向、价值观和人生态度等；体质因素包括健康状况、体格特征、忍耐力、适应性等；性别因素是指由于传统的职业观和社会对男女社会角色期望的差异，以及生理特征差别所造成的男女职业的限制；年龄因素是指随着年龄的增长，每个人的社会经验和社会阅历不断丰富，在家庭中承担的角色也发生变化，个人的职业目标更为明确，职业生涯规划会变得更现实、更理智；教育因素则是指受教育的程度对个人的知识结构、职业能力与职业价值观等方面均会产生重要的影响作用；家庭背景因素也影响着个人的职业生涯规划，人们在社区中生活会受到地区习俗、同辈群体及邻里职业等因素的潜移默化的影响。

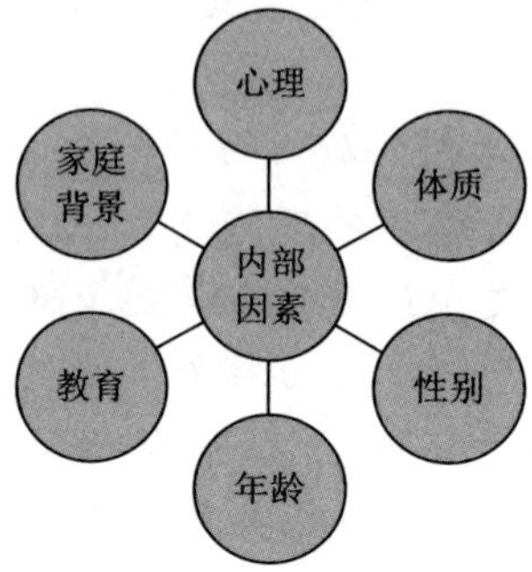

图 1-2　影响职业生涯规划的内部因素

（二）外部因素

外部因素主要指社会因素。社会对职业生涯规划的影响因素包括职业需求、职业声望、社会人际环境、社会制度、社会经济发展状况等，如图 1-3 所示。其中，职业需求是指一定时期内各种不同职业岗位对劳动者的需求量。职业需求的作用是鼓励和强化劳动者原有的职业倾向，或者抑制和消除劳动者不现实的职业设想，或者诱导劳动者产生新的职业期望。一般来说，职业需求越多，职业种类越广，就业机会越多，人们就越倾向于选择该种职业。职业声望是指在社会习俗、职业传统、社会舆论和当前社会所流行的价值观的影响下，人们对某种职业的社会功能、权利报酬、晋升的机遇、工作条件及需求等因素进行排序的结果。社会人际环境通过特定的人际交往和人际关系来影响择业者的态度和行为，甚至形成一种环境压力，促进或制约个人的职业选择。社会制度也会对劳动者的职业生涯规划产生鼓励或抑制作用。社会经济发展状况影响着个人对未来发展的预期，进而影响其职业生涯规划。

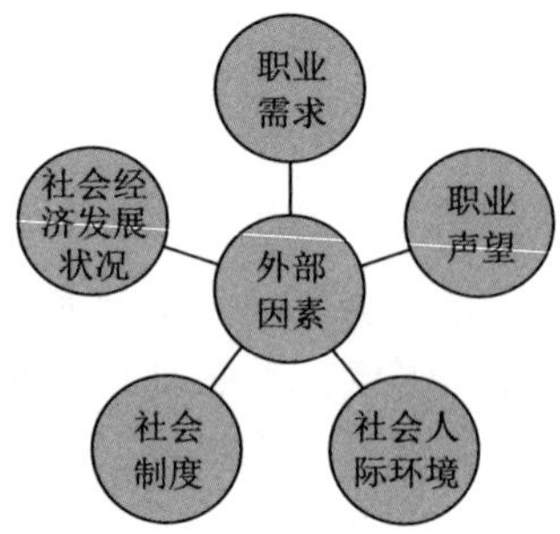

图 1-3　影响职业生涯规划的外部因素

三、职业生涯规划的重要意义

（一）对大学生人生发展具有战略指导作用

职业生涯规划对大学生人生发展具有战略指导作用，体现在以下几个方面。

1）职业生涯规划可以帮助大学生更好地了解自己，如对自己的能力、兴趣和爱好等形成客观的评价，并在此基础上有意识地去了解可靠的就业信息，进而更科学、更合理地进行职业选择。

2）职业生涯规划可以使大学生的各项能力得到有效提高。大学生可以充分利用高校的教育资源，有目的地进行学习和锻炼，全面提高自己的就业能力。

3）职业生涯规划有利于大学生自我目标的实现。通过职业生涯规划，大学生可以制定明确的发展目标和奋斗方向，使自己的学习目标更加明确，进而为之付出更多的努力。

（二）发掘自我潜能、增强个人实力

通过职业生涯规划能够发掘自我潜能、增强个人实力的重要意义，体现在以下几个方面。

1）职业生涯规划使大学生清楚地认识自己的人格特质，以及明确现有的或潜在的资源优势，进而不断地完善自己的价值取向。

2）职业生涯规划引导大学生了解自己的优缺点，并在此基础上不断发扬优点、改正缺点。

3）职业生涯规划使大学生自觉建立科学的职业发展目标规划，并从中发现自己的目标与现实之间的差距。

4）职业生涯规划使大学生将职业定位与实践充分结合，进而搜索或发现新的或潜在的职业机会。

5）职业生涯规划促使大学生运用更加科学的方法提高自身的职业竞争力。

（三）增强发展的目的性与计划性

从严格意义上来说，职业生涯规划可以增强发展的目的性与计划性，并且可以提升就业成功的概率。职业发展不是盲目地碰运气，而是要树立明确的目标。很多人事业受挫，其重要原因是事业规划工作没有做好。毕竟，好的计划是成功的开始。

（四）提升应对竞争的能力

如今，大学生身处一个竞争激烈的时代，大学生毕业后要想具有一定的市场竞争力，在校期间一定要认识到职业生涯规划的重要性。许多大学毕业生临近毕业才急于向企业投递简历，并把能否找到满意的工作归结于自身运气、人际关系或者口才，而没有充分认识到能不能找到好工作，还与自身是否具有强烈的职业规划意识有较为密切的关系。

（五）具有调动积极性的作用

职业生涯规划有利于大学生积极认真地学习，并不断地充实和完善自己。大学生制定了自己的职业生涯规划后，就会使学习状态由被动变为主动，并努力去实现自己所定下的职业目标。当他们全身心地投入学习之后，即使遇到再多的困难和挫折，也不会轻易放弃，而是会在内心不断地鼓励自己为了目标而奋斗。

拓展阅读

职业生涯规划的基本形态

职业生涯的形态有很多分类方式。日本职业生涯专家高桥宪行将职业生涯形态分为超级巨星型、卓越精英型、劳碌型、中兴二代型、暴起暴落型等 18 种。我国台湾学者洪凤仪将职业生涯形态分为步步高升型、得天独厚型、一心多用型等 7 种。根据个人进入职业生涯时的起点、退出职业生涯时的成就水平，以及在职业生涯发展过程中的重大转折点，可以将职业生涯形态分为以下 6 种。

1. 少年得志型

少年得志型的人对于自己的职业并没有花太多时间去尝试，因为家庭关系或机遇，很早就确定了职业方向。

例如，小张高中毕业后父母就送他出国留学，之后又在国外攻读工商管理硕士。他的法语、英语都很好，并具备企业管理知识。工商管理硕士还没毕业，他就在国外实习、工作，以丰富自己的工作经验。在 30 岁那年，他回国掌管家族企业。在公司里他先从基层做起，只花了 1 年时间就升到部门经理，不到 35 岁就是公司的总经理了。

2. 逐步上升型

逐步上升型的人在职业生涯发展过程中，认真经营，一步一个脚印地发展。

例如，小强在一家颇具规模的家电公司工作，他从家电业务员做起，由于业绩良好，又能吃苦且服务周到，客户都非常欣赏他。后来，公司派他去南方开拓市场，他业绩突出。几年后，他被提升到总公司担任业务经理，之后又升到业务副总经理。

3. 大器晚成型

大器晚成型的人在职业生涯发展前期没有取得什么特别的成就，但能在某一领域辛勤耕耘、厚积薄发，在职业生涯发展后期取得较大的成就。

例如，姜尚年轻时家境贫寒，他曾宰牛卖肉、卖酒，但他胸怀大志，刻苦学习，始终孜孜不倦地研究、探讨治国兴邦之道，以期有朝一日能够大展宏图，为国效力。直到暮年，他遇见西伯侯姬昌，被拜为“太师”（武官名）。他辅佐姬昌建立霸业，后来周武王即位后，尊他为“师尚父”，成为周国军事统帅。

4. 大起大落型

大起大落型的人在职业生涯发展中，因多次变换职业或遭受重大挫折，而使职业生涯发展表现出较大的波动性。

例如，5 年前，小霞被看好，有望升为财务经理，但公司内某些人对她所负责的财务工作不满意。王霞气得想要离职。后来，她主动请调到分公司工作。几年后，当初对她工作不满意的人有的离职、有的退休。总公司为了发挥小霞的财务专长，将她调回，并提升她为财务总监。

5. 因故中断型

因故中断型的人的职业生涯发展因为受某些因素的影响而停顿，处于停滞或衰退状态。

例如，小红在广告公司上班，她的丈夫是一名医生，晚上常常值班。如果小红忙于工作，家中的事情就没有人料理，小孩也没有人照顾。无奈之下，她辞掉喜爱的工作。结婚 15 年，她的职业生涯也中断了 15 年。小红的生活重心在家庭与丈夫的事业上，虽然有些遗憾，但看到孩子的成长与丈夫的成就，她也颇为满足和骄傲。

6. 一生平庸型

一生平庸型的人在职业生涯发展中，职位没有得到很大提升，一直从事基层职位的工作。

例如，小玲大学毕业后，进入高校从事行政管理工作，面对激烈的职场竞争，她觉得为了获得晋升而透支自己的身体不值得，而且她认为自己应该将重心放在家庭和健康上。在职业生涯发展中，小玲虽然没有取得很大的成就，但生活幸福感很高。

职业生涯规划的原则

职业生涯规划的原则如图 1-4 所示。

图 1-4　职业生涯规划的原则

择己所长是指个人在做职业生涯规划时，应基于自身优势、能力及天赋选择职业方向，从而最大化发挥个人潜力。例如，擅长数据分析的人可考虑成为数据分析师，而非销售。这一原则的核心在于避免盲目跟随潮流，而是专注于能够真正体现个人价值的领域。

择世所需是指个人在做职业生涯规划时需要考量市场需求和社会趋势，优先选择具有广阔发展前景的行业或岗位。这意味着个人应避开过度竞争或正在衰退的领域，而倾向于新能源、大健康、人工智能等当前人才需求旺盛的朝阳产业。

择己所衷是指个人的职业选择应与自身价值观和使命感相契合，避免仅仅因为追求高薪或社会地位而忽视内心真正的兴趣和热情。例如，对环保理念有强烈认同感的人更愿意投身于可持续能源开发的工作中。只有当职业选择与个人内在动机一致时，才能保证长期的职业动力和满意度。

择未所趋是指职业生涯规划应具备前瞻性，考虑到未来的技术进步、政策变化和社会变革，预测并选择5～10年后可能兴起的领域。例如，随着老龄化社会的到来，养老护理、健康管理等行业的人才需求将增加。根据未来发展趋势进行职业生涯规划，可以更好地为长远的职业发展做准备。

理想情况下，职业生涯规划应综合考虑以上四个方面，找到既能发挥个人优势，又符合市场需求、个人兴趣以及未来趋势的最佳交集点。如果完全兼顾较为困难，则可以根据实际情况分阶段调整策略，定期复盘并优化选择，实现职业生涯的持续迭代与发展。

四、职业生涯规划的基本流程

（一）确立人生目标

目标就像射箭的靶心，如果没有瞄准靶心，即使射击能力再强，也不会射中。青少年时期已经具备一定的洞察力，可以分析自我，确立人生目标，同时也知道如何运用自身的优势和能力去追求自己的人生目标。有了明确的目标，并不断地努力追求，才可能不断地做出修正，并去实现这个目标。

案例

破茧逐梦：寒门学子小张的职业规划之路

2024届毕业生小张家庭经济条件较差，因高考失利被调剂至日语专业。大学初期，他积极参与学院活动，却在大三陷入迷茫：专业学习力不从心，学生工作难以兼顾。面对家境优渥、成绩出众的同学，他陷入自我否定，在考研与就业的抉择中焦虑不安，学习和工作动力全无。

辅导员敏锐察觉到小张的困境，主动创造轻松氛围与他谈心。小张向辅导员倾诉了内心的自卑与迷茫。针对小张的情况，辅导员从三个维度帮助他确立人生目标。首先，通过肯定小张的过往努力，帮助他重塑信心，引导他以积极心态正视自身价值。其次，借助霍兰德职业兴趣测试等工具，结合小张的性格特点、专业知识，协助他分析个人优势与职业适配性，明确职业发展方向。最后，辅导员详细剖析考研与就业形势，鼓励小张参与招聘会了解市场需求，同时接触考研相关资源。综合研判后，小张决定优先尝试就业。

为巩固规划成效，学校为小张启动了结对帮扶机制，专业教师和学生党员从学业和求职技巧上给予指导，优秀学长、学姐分享经验，让他更加明晰努力方向。辅导员还推荐小张参与就业能力提升训练营，并持续推送适配岗位信息。最终，小张成功获得武汉某知名教培机构小学日语任课老师的 offer。

然而，初入职场的小张因无教学经验，面对工作挑战再度陷入自我怀疑。辅导员运用积极心理学理念，通过倾听、鼓励与建议，帮助他调整心态，制订自学计划提升专业能力。在辅导员的持续支持下，小张重拾自信，逐渐适应工作节奏，实现了从迷茫青年到职场新人的蜕变。

分析：

小张的经历彰显了人生目标在个人成长中的重要意义。迷茫期的他因缺乏清晰目标而陷入自我否定与焦虑，在辅导员的引导下他确立了就业目标。通过学校帮扶资源的精准对接，他的求职方向更为明确，行动力显著增强。在入职后的困境中，目标又成为小张克服自我怀疑、制订提升计划的精神指引。可见，人生目标不仅是驱散迷茫的灯塔，更是凝聚资源、激发动力、支撑个人跨越困境，实现从学业到职场蜕变的核心驱动力。

（二）自我评估

职业生涯规划是一个“由内而外”的过程，在进行职业生涯规划时，要先认识自己，包括自己的兴趣、爱好、特长、性格、学识、专业、技能、智商、情商、思维方式等，明确自己想干什么、能干什么，以便在众多的职业中选择最适合自己的职业。大学生在进行职业生涯规划时，应主要从成长经历、专业优势、职业倾向等方面进行自我评估，要回答以下几个问题。

1）我的兴趣是什么？

2）我的性格有哪些特点？

3）我愿意在工作中使用哪些技能？

4）我最渴望在工作中获得什么？

进行自我评估可以采用自我剖析、职业测试、角色建议等方法。

（三）环境分析

职业生涯规划不能只从自我需要出发，还得结合现实社会的需要进行环境分析。也就是说，职业生涯规划不能脱离现实、闭门造车、自说自话，否则只会让自己制定的发展目标不切实际，无法实现。

在进行系统的自我评估之后，还要探究专业与职业的关系，了解职业的分类和人才市场的需求，以及适合自己的职业及其对从业人员的各种要求、条件和待遇等，对这些进行宏观层面的社会环境分析、中观层面的行业与地域环境分析和微观层面的组织环境分析。

（四）职业生涯决策

综合考虑自我职业倾向与现实的职业生涯发展机会的匹配情况，并结合自己的专业优势，评估在职业生涯发展方向上取得成功的成本与概率之后，就可以理性地做出决策。

（五）策略实施

没有行动，实现职业目标就是空想。按职业生涯规划的短期、中期、长期和终极目标制订阶段性的行动方案，再将阶段性的行动方案细化到日常可操作的层面，并坚决执行。

（六）评估调整

事物总是处在不断的变化之中。由于自身及外部环境条件不断变化，职业生涯规划也要随之调整。影响职业生涯规划的内外部因素有很多，有些变化是难以预测的。由于对自身或外部环境的认识不足，大学生最初确定的职业目标可能比较模糊或抽象，有时甚至是错误的。经过一段时间的实践之后，应该有意识地回顾自己的行为得失，检视自己的职业定位与职业方向是否合适，并在实施策略的过程中自觉地总结经验和教训，通过反馈与修正，纠正最终职业目标与分阶段职业目标的偏差，保证职业生涯规划的有效性。

训练活动

活动一　生涯刻度尺

材料准备：每人一张生涯刻度尺纸条，见图 1-5。

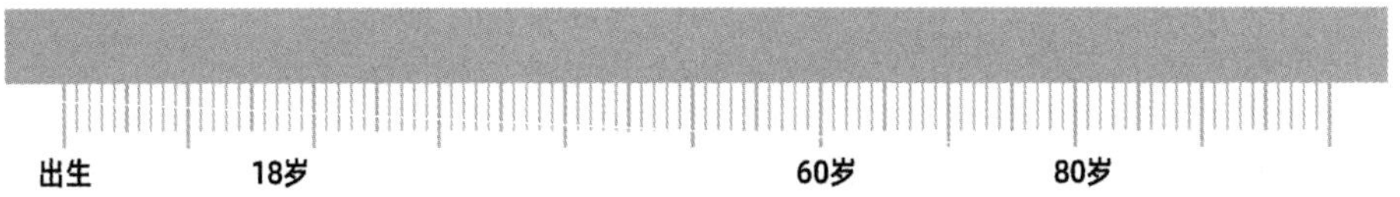

图 1-5　生涯刻度尺纸条

活动指导语：

1）同学们，这个纸条的总长度代表了你自己的一生。假定我们能活到 100 岁，每个大格就代表 10 年，从左至右，就是你的一生。

2）你现在几岁？你正处在纸条的哪个位置？找到这个位置，左边的部分就是你已经经历的人生。过去的时间再也回不来了，它已经不再属于你，请把这部分纸条撕掉。

3）如果每个人在 65 岁时退休，那么之后的时间你已经很难再全身心地投入工作和学习，所以请将 65 岁之后的右侧纸条撕掉。

4）现在剩下的这段纸条，就是你可以高效学习和工作的时间。不过，大家觉得这些时间真的可以全部被用于高效学习和工作吗？

5）我们每天有一件非常重要的事情要做，那就是睡觉。如果睡觉时间按平均每天 8 小时计算，那么它将占去你 1/3 的时间，所以请再撕掉纸条的 1/3。

6）现在剩下的这段纸条，就是你可以全部用来高效学习和工作的时间吗？好像还不是。

7）我们每天还需要吃饭，一日三餐，平均每天要花费 1.5 小时，占用了你 1/16 的时间，所以请再撕掉纸条的 1/16。

8）现在剩下的这段纸条，就是你可以全部用来高效学习和工作的时间吗？好像还不是。

9）我们每天还会在发呆、郁闷、抱怨、茫然、如厕、排队、闲聊、打游戏、做白日梦、刷手机等事情上花费至少 4 小时，占用你 1/6 的时间，所以请再撕掉纸条的 1/6。

10）现在剩下的这段纸条，才是你真正可以用来高效学习和工作的时间。请你看看自己的纸条还剩下多少，再和最初的纸条做个比对，你有何感想？

最后，请学生分享心得体会和感悟。

活动二　职业生涯成熟度测试

本量表旨在测量你的职业生涯成熟度，请认真填写，答案没有“好”与“坏”、“对”与“错”之分。请根据你的实际情况，在表 1-6 中适合你的选项上打“√”。

表 1-6　职业生涯成熟度量表

得分/陈述	很赞同	赞同	难以判断	不赞同	很不赞同
1. 我知道我的条件适合从事什么职业					
2. 我会搜集有关职业选择的参考资料					
3. 我清楚一些职业的薪水待遇					
4. 我对未来充满信心					
5. 我会利用时间读一些与未来工作有关的书					
6. 我的工作能力不比别人差					
7. 当学习碰到困难时，我会想办法解决					
8. 我会向朋友打听有关职业的消息					
9. 我能够冷静、沉着地判断事物					
10. 选择工作时，首先应该考虑自己的兴趣					
11. 我会留意国际经济发展的趋势					
*12. 找工作时，只要听专家的意见就对了					
13. 我会在自己的能力范围内，选择我有兴趣的职业					
14. 自己有兴趣的工作，就算薪水不多，我也愿意做					
15. 我会注意媒体上有关职业变化的报道					
*16. 我难以自己做决定					

续表

得分/陈述	很赞同	赞同	难以判断	不赞同	很不赞同
17. 我确定我有能力从事自己有兴趣的职业					
18. 我知道现在社会上最需要的是什么人才					
*19. 我怀疑自己选择职业的能力					
20. 我会保存有用的就业信息					
21. 我对自己很有信心					
22. 找不到第一志愿的工作，我乐于接受第二或第三志愿的工作					
23. 我会直接向用人单位索取相关的职业资料					
24. 我认为选择工作时，有必要考虑外在环境的影响					
25. 事情决定以后，通常我不会轻易后悔					
26. 我勇于表达自己的看法					
27. 我会主动搜集职业信息					
28. 由于技术变化太快，就业前不必有太多准备					
29. 薪水高又不必负责任的工作最好					
30. 我会将各种有关职业的资料加以分类整理					
31. 我会尽可能选择和自己专长有关的职业					
32. 选择职业时，我会优先考虑声望较高的职业					
33. 我会留意相关职业的发展动向					
*34. 选择工作时，只要瞄准市场上最热门的工作就对了					
*35. 我好像对许多工作都有兴趣，又好像都没有兴趣					
*36. 我不清楚我感兴趣的职业需要哪些专业能力					
37. 靠工作的收入养活自己比较有尊严					
*38. 我抱着随时换工作的心态					
*39. 从事一种职业，成不成功全靠运气，不必考虑太多					
40. 我清楚一些职业的发展机会					
41. 我知道我的条件不应该从事什么职业					
42. 我清楚一些职业的工作环境					
43. 我会列出我有兴趣的所有工作作为职业选择的参考					
*44. 我实在很难决定自己要做什么工作					
*45. 找工作时，我会先考虑薪水，再考虑有没有发展					
*46. 每一个人要从事什么职业都是命中注定的					
*47. 我不清楚从事我有兴趣的职业应该具备什么条件					
*48. 一想到选择要工作我就苦恼					
*49. 我不了解为什么有些人能够那么确定自己的职业兴趣					
50. 我知道现在哪个行业最不容易找到工作					
*51. 没有家人、朋友的支持，我自己实在很难选定一种合适的工作					

计分方法：

正向计分题选“很赞同”计 5 分，选“赞同”计 4 分，选“难以判断”计 3 分，选“不赞同”计 2 分，选“很不赞同”计 1 分；反向计分题（题号前有“*”号）选“很赞同”计 1 分，选“赞同”计 2 分，选“难以判断”计 3 分，选“不赞同”计 4 分，选“很不赞同”计 5 分。职业生涯成熟度包括信息应用、职业认知、自我认知、个人调适、职业态度、价值观念、职业选择和条件评估等方面，对应的计分题号如表 1-7 所示，按照题号把每题的得分加起来就是每一方面成熟度的总分，总分除以题目数，就是每一方面成熟度的平均分。

表 1-7 职业成熟度指标表

职业成熟度指标	题号							总分	平均分
信息应用	2	5	8	20	23	30			
职业认知	3	18	*36	40	42	43			
自我认知	4	6	10	17	*35	*49			
个人调适	7	11	15	27	33	*38			
职业态度	*12	21	*28	*39	*46	*51			
价值观念	13	14	*29	31	32	37	*45		
职业选择	9	*16	*19	25	26	*44	*48		
条件评估	1	22	24	*34	41	*47	50		

结果说明：

平均分最低为 1，最高为 5。测试结果可分为以下三类。

1）成熟度较高：得分高于 3.5 分，表明你对职业生涯规划有较为深入的理解和较为成熟的思考。说明你不仅能清晰地制定生涯规划目标，对职业发展有明确的规划，还能够主动采取行动来实现这些目标。

2）一般成熟度：得分在 3 分到 3.5 分之间，表示你只是初步具备了职业生涯规划的意识或有大致的职业方向，还没有清晰的职业规划。

3）欠成熟：得分低于 3 分，意味着你的职业生涯意识较为欠缺，对职业生涯规划的重要性认识不足，需要提升自己的职业生涯规划意识。

第三节 研习职业生涯规划理论

一、生涯发展阶段论

在职业生涯发展理论家中，舒伯是最具代表性的人物之一。舒伯经长期研究，集差异心理学、发展心理学、职业社会学及人格发展理论之大成，经过长期研究，系统地提出了有关职业生涯发展的观点。

（一）职业生涯发展的基本命题

舒伯多年来对职业生涯规划的发展、测评、自我观念、适应、成熟等领域做过大量全面的研究。他提出了 12 项基本命题，这 12 项基本命题可以看成职业生涯发展理论的基本主张和框架基础。

1）职业发展是一个连续不断、循序渐进且不可逆转的过程。

2）职业发展是一个有次序、具有固定形态的过程，每个阶段的发展都是可预测的。

3）职业发展是一个经过统合的动态过程。

4）一个人的自我概念在青春期以前开始形成，至青春期时较为明朗，并于成人期转化为职业概念。

5）从青少年时期至成人期，个体的人格特质及社会现实环境等对人的影响力，都会因年龄、时间的增长而增加。

6）父母之间的互动关系，以及他们对职业计划结果的解释，会影响下一代对自己职业角色的选择。

7）一个人是否能由某一职业水平跳到另一职业水平，即是否有升迁发展机会，是由其智慧、能力、父母的社会经济地位、本人对权力的追求、个人的价值观、兴趣、人际关系技巧、社会环境、经济需求状况等共同决定的。

8）一个人从事某一类型的职业，是由下列因素决定的：个人的兴趣、能力，个人的价值观及需求，个人的学历，利用社会资源的程度及社会职业结构、趋势等。

9）即使每种职业对从业者都有能力、人格特质及兴趣的要求，但在某种范围内，仍然允许不同类型的人来从事。同样，一个人也可以从事多种不同类型的职业。

10）个人的工作满足感视个人是否能配合自己的人格特质，即是否能将能力、兴趣、价值观适当地发挥出来而定。

11）个人的工作满足度，常取决于个人是否能将自我概念在工作中实现。

12）对于少部分人而言，家庭及社会因素是人格重整的中心；对于大部分人而言，工作是人格重整的焦点，即通过工作过程，理想我与现实我之间会逐渐融合。

（二）五阶段发展理论

舒伯以年龄为依据，将人的职业生涯发展分为 5 个阶段：成长阶段、探索阶段、建立阶段、维持阶段和退出阶段。

1. 成长阶段（0～14 岁）

个人扮演的角色首先是儿童，入学后的学生、休闲者或游戏者角色在生活中占据了相当大的比重。该阶段的任务是：发展自我概念，开始以各种不同的方式来表达自己的需求，且通过不断的尝试来修正自己的角色，同时了解工作的意义，发展对工作的正确态度。

2. 探索阶段（15～24 岁）

学生角色占据主要地位，同时公民和工作者角色的重要性与日俱增。该阶段的任务是：青少年通过学校学习、社团活动等机会，对自我能力及角色进行深入探索，从而使职业偏好逐渐具体化、特定化，并初步实现职业目标。

3. 建立阶段（25～44 岁）

个人从学校毕业后，工作者角色成为生活的重心，家庭照顾者角色也在该阶段的后期越发明显。该阶段的任务是：统整、稳固并求上进，即经过探索后，能够明确整个职业生涯发展中的长远目标及自己的位置。

4. 维持阶段（45～64 岁）

工作如日中天，事业发展达到顶峰，此时休闲者与公民角色逐渐变得重要。该阶段的任务是：维持既有成就与地位。

5. 退出阶段（65 岁及以上）

从原有工作岗位退休后，投入相当多的时间在家庭中，休闲者和家长角色最为突出。该阶段的任务是：注重发展新的角色，寻找不同方式以替代和满足从工作中得到的需求，或做曾经想做而又没有做的事情。

（三）螺旋式循环发展模式

在后期研究中，舒伯对职业发展阶段的理论进行了深化。他认为，各个职业发展阶段都要经历成长、探索、建立、维持和退出阶段，这就形成了一种螺旋循环式发展模式。这种大阶段套小阶段的模式丰富和深化了职业生涯发展阶段的内涵。

（四）生涯彩虹图

根据舒伯的看法，一个人一生中扮演的许许多多的角色，就像彩虹同时具有许多色带。为了综合阐述生涯发展阶段与角色彼此间的相互影响，舒伯提出了“生涯彩虹图”，如图 1-6 所示。生涯彩虹图的横向层面代表的是横跨一生的生活广度，彩虹的最外两层显示生涯发展阶段和大致估算的年龄。生涯彩虹图的纵向层面代表的是纵贯上下的生活空间，由一组职业和角色所组成。这些社会角色主要包括子女、学生、休闲者、公民、工作者、持家者等。

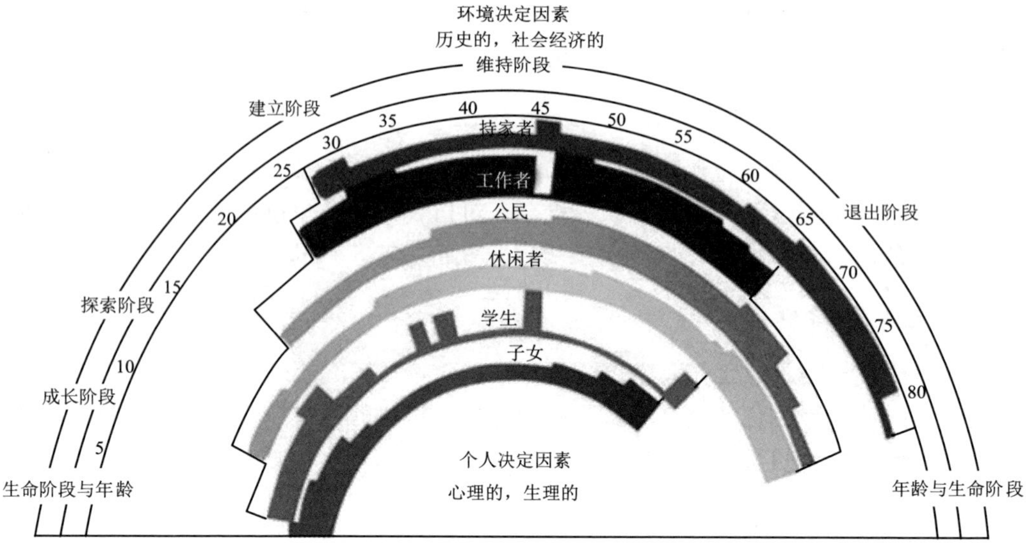

图 1-6　生涯彩虹图

职业生涯规划的基本法则

二、人职匹配理论

人职匹配理论，又称特质-因素理论，是用于职业选择、职业指导的经典性理论，最早由被誉为“职业辅导之父”的美国波士顿大学教授弗兰克·帕森斯（Frank Parsons）提出。帕森斯认为，在选择职业的过程中涉及 3 个主要因素：了解自己（包括了解自己的智力、能力倾向、兴趣、资源等特质）、了解各种职业必备的条件（包括了解各种职业的优缺点、酬劳、机会及发展前途等）、了解工作性质和自身特点的匹配关系。

帕森斯强调职业辅导。首先，在选择职业之前先评估个人能力，因为选择职业的关键在于个人特质与特定职业的要求条件是否相匹配，这种观点在当时是颇有见地的；其次，进行职业调查，即要对职业进行分析，包括研究工作情形、参观工作场所、与工人和管理人员亲自交谈；最后，以个人和职业的互相配合作为职业辅导的最终目标。帕森斯认为，只有这样，个人才能适应工作，并且个人和社会同时得益。帕森斯还鼓励辅导人员去收集有关职业领域中具有领袖地位的个人在年轻时期的事迹，以确定年轻时的个性和未来职业发展的相关性。

三、生涯建构理论

美国学者马克·萨维科斯（Mark Savickas）的生涯建构理论认为，个体通过一系列有意义的职业行为与工作经历来构建自身的职业生涯发展过程。个体在做出职业选择时，应综合考虑自身的过往经验、当前感受以及未来的理想抱负。职业生涯发展是一个围绕人生这一主题所展开的内涵丰富的主观建构过程。

生涯建构理论详细阐释了个体通过自我建构与社会建构形成职业生涯的机制。生涯并非单纯的自我展现，而是通过积极的建构行动逐步形成的。建构是一种有目的的行动过程，不同的生涯阶段对应不同的生涯任务，这些任务促使个体主动去完成，从而逐步建构个人的职业生涯。个体作为生涯的所有者和创作者，其生涯发展本质上是一种自我生命设计的过程。

萨维科斯基于生涯建构理论提出了 16 个关于人生发展的探索性命题，并结合迈克・亚当斯（Mike Adams）的一般人格结构理论，对个体-环境匹配理论和职业人生主题理论进行了融合与发展。在此基础上，他将 16 个人生主题进一步凝练概括为生涯建构理论的 3 个核心内容：不同个体间的特质存在差异，个体在不同生涯阶段所面临的任务和应对的策略具有承前启后的发展性，生涯发展是一个充满内动力的变化过程。由此，生涯建构理论通过职业人格类型、生涯适应力和人生主题三个维度，分别回答了个体职业行为中“是什么”、“怎么样”以及“为什么”三个核心问题。

（一）借助职业人格形成对职业的自我概念

生涯建构是一个主观的、内在的过程，它以个体独特的方式逐步推进。个体的职业人格特质，包括自我能力、内在需求、价值观和发展期望等，都是形成和描述职业自我概念所必须考虑的因素，这些因素也深刻影响着个体生涯建构的过程与结果。

（二）用适应来实现发展

生涯适应力聚焦于个体生涯发展中的应变过程，即个体如何在不同生活阶段与环境之间实现平稳过渡和相互适应，包括从学校到职场、从一份工作到另一份工作、从一个职业领域到另一个职业领域的转变等。生涯适应力强调个体在面对职业环境变化时的灵活性和应对能力，从而确保个体能够在不断变化的职业生涯中保持稳定的发展轨迹。

（三）把职业生涯发展动态视为人生主题

生涯建构理论的一个重要贡献在于将个体职业生涯的动态发展凝练为人生发展的主题。从人生主题的视角来看，个体通过具体的职业实践，整合并关联自身所处的主观世界与客观世界。在具体工作中，个体发挥个人能力，实现自我价值与人生发展。

人生主题是生涯建构中的一个重要组成部分，体现在个体生活中反复出现的行为模式和风格中，这些模式和风格对个体的生活经历进行组织和阐释。人生主题理论通过个体的职业实践赋予其职业行为以意义，强调职业行为的过程，关注产生职业行为的原因，重点关注个体具有何种行为以及如何做出这种行为。在当今时代，每个个体的生命意义均属于其自身。个体在主观上引导、调节和维持职业行为，即个体赋予生涯发展以意义，而非简单地发现生涯发展的客观事实。个体能否为人生主题构建一个完整且健康的自我概念，是衡量其职业生涯成功与否的关键。

案例

华人女孩郭露西：打破剧本的“野蛮生长”之路

《福布斯》报道显示，郭露西（Lucy Guo）以12亿美元身家，成为全球最年轻的白手起家女亿万富豪之一。她在科技创业圈中脱颖而出，其经历背后展现的突破与创新精神，为当代人的成长提供了新思考。

郭露西1994年出生于美国旧金山湾区华裔家庭，父母为电子工程师，母亲因科技行业对女性不友好的认知，反对她进入该行业。幼时家庭经济拮据，郭露西因贫穷被欺负，这反而激发了她的“生意头脑”。她小学时就尝试创建网站等副业，展现出对互联网变现的超前理解；中学自学编程，靠定制脚本赚钱；高中毕业后进入卡耐基梅隆大学，大学期间参与黑客马拉松，技术与创意快速提升。后来，她为抓住Thiel Fellowship（蒂尔奖学金）计划的创业机会，毅然辍学。

郭露西的创业之路充满波折。首次创业打造的餐饮平台因食品安全法规问题失败。创业梦暂时搁浅后，她在问答社交平台Quora担任产品设计师并在此结识Alexandr Wang（亚历山大•王）。2016年，两人在Y Combinator（美国著名创业孵化器）创立Scale AI，为客户提供数据标注服务。然而，2018年，因理念不合，郭露西离开了Scale AI，但保留5%的股份。正是这5%的股份让她后来成为白手起家的女性亿万富翁之一。

离开Scale AI后，郭露西继续跨界探索。她推出Apply to Date的应用，创办风投公司Backend Capital（后端资本），成功投资Ramp。2022年，她创立平台Passes（通行证）。该平台的核心理念是，让创作者更像企业家，而不只是内容产出工具人。通过多样互动形式和AI功能，助力创作者与粉丝建立稳定的付费关系，已吸引众多明星入驻。

郭露西的故事是年轻人拥抱科技与商业融合的缩影，也为人们重新定义“成功”提供了新视角。

（资料来源：超越霉霉！华人女孩靠着“野蛮生长”，成为全球最年轻女富豪[EB/OL].（2025-04-27）[2025-06-05].https://www.sohu.com/a/889433880_120090229.）

分析：

生涯建构理论认为，个体的职业生涯是通过自我概念、生活故事和人生主题的建构与发展形成的。郭露西的经历与该理论高度契合，展现出独特且富有启发性的生涯发展路径。

在自我概念的塑造方面，郭露西在成长过程中不断塑造和强化自身职业身份。幼时因家庭经济困境被欺负，激发了她的“生意头脑”，这一早期经历成为其自我概念形成的重要基础，让她意识到自身在商业领域的潜力与兴趣。尽管母亲因行业对女性的偏见反对她进入科技行业，但郭露西并未受此束缚，她中学自学编程、大学参与黑客马拉松，逐步构建起“懂技术、懂产品、更懂商业”的自我认知。对自身能力与兴趣的清晰界定，使她在职业生涯选择中能够坚定地朝着符合自我概念的方向前进，无论是辍学创业还是在不同领域跨界探索，都是基于对自我的深度认知做出的决策。

在职业生涯的建构方面，郭露西的每一段经历都成为其职业生涯的重要篇章。小学创建网站，中学靠定制脚本赚钱，这些早期的商业尝试构成了她职业生涯的开端，展现出她对互联网变现的敏锐嗅觉和实践能力。大学期间的学习与实践，以及后续在餐饮平台创业失败、创立 Scale AI 等经历，不断丰富和完善她的生涯故事。特别是离开 Scale AI 后的跨界探索，推出 Apply to Date 应用、创办风投公司 Backend Capital、进军“创作者经济”推出 Passes 项目等，进一步拓展了其职业生涯的维度。这些经历相互关联，共同构建起一个充满挑战与突破、挫折与成功的生涯叙事，塑造了她独特的职业发展轨迹。

在人生主题方面，郭露西的职业生涯始终围绕“突破与创新”展开。面对行业对女性的偏见、创业过程中的种种挫折，她始终敢于打破常规，做出符合自身价值的选择。在科技创业圈中，她以工具思维将技术视为解决问题的手段，精准把握市场需求，不断跨界扩展商业版图。这种突破常规、勇于创新的人生主题，不仅贯穿她的整个职业生涯，也成为她应对各种环境挑战、实现职业目标的核心动力。她不受传统成长剧本的限制，坚持长期投入，在核心领域不断进阶，正是对人生这一主题的践行与诠释。

郭露西的经历通过自我概念的塑造、生活故事的建构以及人生主题的贯穿，生动地体现了生涯建构理论的核心内涵。她的故事为当代年轻人提供了宝贵经验，即通过深入探索自我、积极构建独特的职业生涯、坚守符合自身价值的人生主题，来发展自身和规划未来，在不断变化的环境中实现个人职业理想与成长。

四、希望与希望理论

（一）希望的概念

希望作为一种普遍存在的情感，它的定义在不同文化和语境中有所差异，但共同点在于都体现了对未来美好结果的期待和信念。在《韦氏词典》中，“希望”被定义为“伴随着可实现期望或可实现信念的一种愿望”。在《汉语词典》中，“希望”被定义为“心里想着实现某种事情”。梁启超先生在《饮冰室合集·文集》中写道：“惟希望也，故进取。”强调了希望是推动个人积极行动和不断进取的动力。

在追求个人生涯愿景的过程中，很多人经历过希望渺茫的时刻，即所做的选择带来的结果不符合预期。此时，很多负面体验会汹涌而来，摧毁人的动力，让人觉得自己勾勒出的生涯愿景似乎毫无意义，追求生涯愿景的决心也会被动摇。在此时，人们会希望自己的处境和感受能够向着积极的方向转变，从而感到自己的人生重新有了目标和方向。希望对人生无比重要。因此，找到一种能在追求生涯愿景中保持希望的方法尤为重要。

（二）希望理论

临床心理学家里克·斯奈德（Rich Snyden）将希望定义为“识别通往预期目标路径的感知能力，并通过动因思维激励自己沿着这些路径前行”。根据这一定义，充满希望的个体更有可能为自己的人生设定可实现的目标，以及找到不同的路径去追求目标。在斯奈德的模型中，希望由三个部分构成，即希望=目标（goal）+达成目标的方法或路径（pathway）+达成目标的意愿和信心（agency）[①]。其中，目标是希望的核心要素，是个体想要达到的具体结果或状态，它为个体的行为和努力提供了明确的方向。目标可以是短期的，也可以是长期的；可以是具体的，也可以是较为抽象和宽泛的。达成目标的方法或路径是指个体为了实现目标而采取的具体方式、策略和计划。它是连接当前状态和目标状态的桥梁，包括个体所具备的知识、技能、经验以及可以利用的资源等，是实现目标的手段和途径。达成目标的意愿和信心是个体对自己能够成功达成目标的信念、意愿和内在动力。它体现了个体对自身能力的信任，以及为了实现目标而愿意付出努力、克服困难的决心。斯奈德模型中的这三个部分相互依存、相互影响，共同构成了个体的希望感。目标为个体指明方向，方法或路径为实现目标提供方法和途径，而意愿和信心则是推动个体沿着路径向目标前进的动力，三者缺一不可。

训练活动

活动一　绘制生涯彩虹图

请你思考自己过去、现在以及未来可能承担的生活角色，在图 1-7 中画出你在某个年龄所扮演或希望扮演角色的区域，可以通过不同的色彩和阴影的明暗来表示对这个角色投入的程度和时间（阴影多表示投入的时间多）。

____________的生涯彩虹图

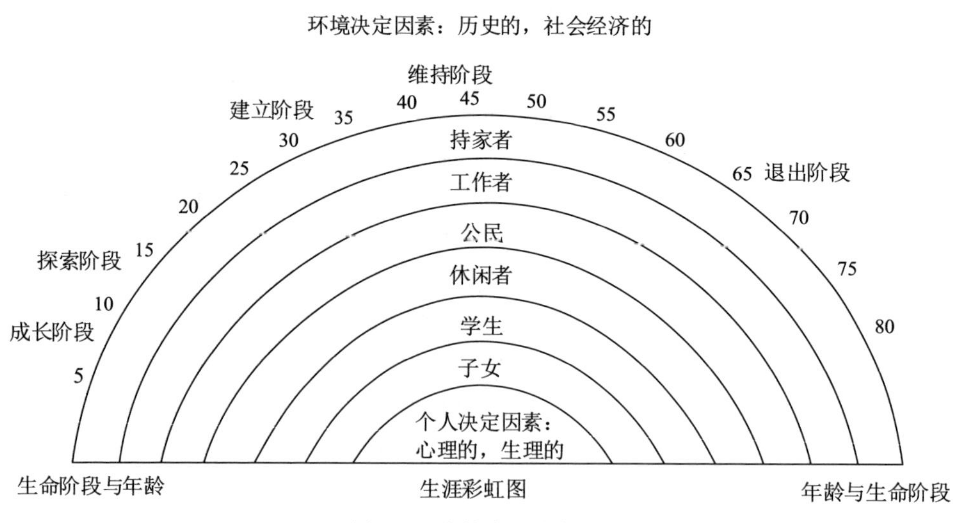

图 1-7　我的生涯彩虹图

---

① 斯宾塞·奈尔斯，诺曼·阿蒙森，罗伯塔·诺奥，等，2023. 希望在于行动：生涯浮流与职业生涯发展[M]. 刘海滨，译. 北京：人民邮电出版社.

想一想：

1）畅想一生，你的生涯关键词有：______

2）找到你的年龄，你当前的角色有哪些？如何分配投入的时间和精力？

______

______

______

3）你的工作者开始时间：______

4）在建立阶段，你最重要的角色是什么？现在你可以为建立阶段做哪些准备？

______

______

______

5）你的哪个角色的时间跨度最广？______

活动二　认识你的生活角色

1）写出你自己目前所扮演的全部生活角色，然后按照投入的大小画一个饼图（图 1-8）。

2）如果你的生活可以朝着你理想的方向发生改变，那么，请把你理想的角色分配通过饼图的形式体现出来（图 1-9）。

3）对照现实的饼图和理想的饼图，看看有什么因素妨碍了你理想的实现，或者你准备做什么可以让你的理想尽可能实现。

图 1-8　现实的饼图

图 1-9　理想的饼图

感悟：______

______

课外实践

寻找成长顾问

大学生的成长顾问主要是指以下 4 个方面。

1）学习成长顾问。这个顾问可以是你的老师或高年级同学，需要时可以和他们讨论学习上遇到的问题。

2）心理保健顾问。这个顾问可以由学校心理咨询中心或你所在院系的辅导员、班主任等相关人员担任，在生活、学习、情感或任何一个方面遇到困惑时，都可以向他们寻求及时和有效的帮助。

3）职业发展顾问。这个顾问可以请学校就业指导处的教师或你所在院系的辅导员、班主任等相关人员来担任，也可以请你实习或见习等实践过程中遇到的你的领导或同事来担任，他们会在你职业迷茫时助你一臂之力。

4）个人形象顾问。这个顾问可以请学校的教师或校外合适的人来担任，他们会在你的个人形象设计方面提出适合你的建议。个人形象包括两个方面：一方面是你的外在形象，如服饰、发型、言谈举止等；另一方面是你的气质、素质等。

以上4个方面的顾问可以通过电话邀请或拜访面谈等方式寻找。这里需要提醒的是，无论这些顾问是怎样找到的，你都要尊重他们，在需要的时候再去请教他们。

有这 4 种顾问的贴身服务，你会成长得更快。

请将自己的顾问记录在表 1-8 中。

表 1-8　寻找自己的成长顾问

顾问类型	顾问姓名	联系方式	沟通建议频率	咨询提示	备注
学习成长顾问			每学期一次	学业有困难时	
心理保健顾问			每年一次	心中压抑时	
职业发展顾问			每年一次	职业选择、实习面试时	
个人形象顾问			根据个人需要	参加重要活动时	

本 章 回 顾

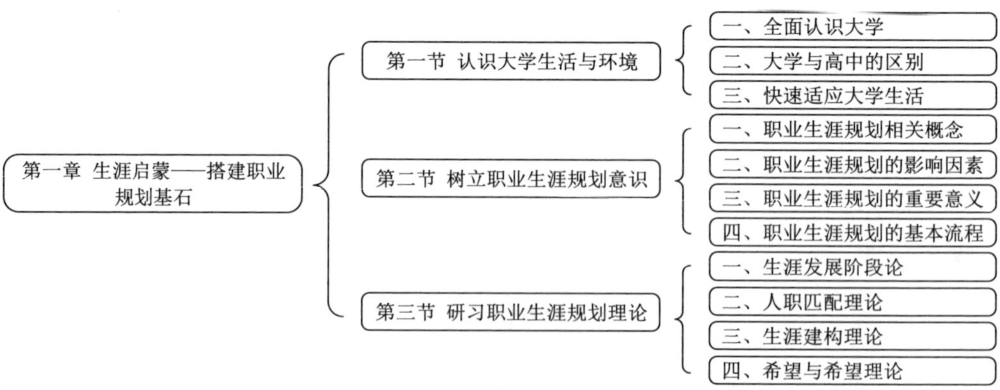

第二章 职业洞察——探秘多彩职业世界

学习目标

知识目标

（1）了解专业、职业、行业、产业的分类及特点。

（2）理解职业世界的探索维度，了解未来职业发展趋势与新职业动态。

技能目标

（1）能运用各种工具探索职业信息、完成行业调查。

（2）熟练使用 PLACE 分析法评估职业，掌握生涯人物访谈等职业探索方法。

素养目标

（1）提升信息分析能力。

（2）增强对职业世界变化的预判意识与适应能力。

案例导读

在探索中锚定职业航向

“知之愈明，则行之愈笃”，对于 2024 届社会工作专业毕业生易同学而言，这句箴言贯穿了他探索职业世界的全过程。易同学在大学四年里，从对专业的懵懂未知到成长为湖北省委组织部选调生，在职业探索的道路上不断实践、思考与突破。

1. 专业认知与实践初探索：志愿服务开启职业启蒙

初入大学，面对陌生的社会工作专业，易同学对未来的职业方向一片迷茫，对专业的理解仅停留在文件与 PPT 中。在丰富的社团选择中，他敏锐地察觉到青年志愿者协会与专业“助人自助”理念的契合，于是果断加入。他以课本中的专业知识为指导，开展志愿服务活动；又在实践中验证学术理论，形成了“理论—实践—再理论”的良性循环。

每一次志愿服务，都是他对社会工作职业内涵的深入挖掘，也是对自身职业兴趣与能力的初步探索，这让他逐渐明晰了专业与职业的关联，开启了职业世界探索的大门。

2. 多元实践与职业试错：在磨砺中明晰职业方向

大学四年，易同学先后组织、参与 60 余次志愿服务，服务对象涵盖青少年、孤独症患者、基层政府与群众等。在策划活动的过程中，他多次直面挑战，经历了组织困境与任务压力，却也在这个过程中锤炼了组织策划、文稿撰写等核心能力。这些实践不仅提升了他的专业素养，更让他对公共服务领域有了具象认知。

临近毕业，面对父母、老师建议考研深造的不同声音与就业市场形势，易同学没有盲目抉择。他结合自身在志愿服务中培养的兴趣、实践中积累的能力，冷静分析利弊，最终在多元的职业选择中，坚定地锚定了成为人民公仆的职业方向。这一选择，正是他在大量实践与思考后，对自身职业价值观与职业目标的清晰定位。

3. 精准规划与实战突破：以行动叩开职业大门

在竞争激烈的公务员选拔浪潮中，人文社科类岗位竞争尤为激烈，常出现上百人竞争一个岗位的局面。易同学深知“不打无准备之仗”，从大二下学期便开始主动了解公务员考试规则，大三正式开启系统学习。为积累实战经验，他采取“巡考”策略，不仅参加湖北省内的考试，还挑战其他省的考试。在经历了五场招录考试的锤炼后，他终于通过湖北省委组织部考察，成为荆楚大地上的基层选调生。这场持续数年的备考征程，是他对职业目标的坚定追求，更是对职业世界规则的深度探索与精准把握。

（根据学生真实案例改编）

分析：

易同学初入大学时对社会工作专业充满困惑，通过加入青年志愿者协会，将专业知识融入志愿服务，在实践中既验证了理论，又发现自身对公共服务的热情与能力，完成了自我认知的深化。在面临考研与就业的抉择时，他没有盲从他人建议，而是结合自身实践经历，深入分析就业市场，明确了成为人民公仆的职业方向。此后，他通过提前了解公务员考试规则、系统备考及多地巡考积累经验，成功实现职业目标。这一过程充分证明，探索职业世界能帮助大学生打破认知局限，将模糊的职业憧憬转化为清晰的规划路径，是大学生职业生涯规划中实现“人职匹配”的关键所在。

第一节　了解职业世界轮廓

一、认识专业与职业

（一）专业的概念

专业是教育部门根据社会分工需要和学科体系的内在逻辑而划分的学科门类。高校按照专业设置组织教学，进行专业训练，培养专门人才。专业是学科和职业之间的桥梁，它按照学科进行划分，对应一定的职业群。专业也是职业发展的基础，它为若干相近的职业群提供必要的基础知识和基本技能。

（二）专业的类别

《普通高等学校本科专业目录（2025 年）》将普通大学本科专业分为 12 个门类、845 个专业。其中，12 个门类为哲学、经济学、法学、教育学、文学、历史学、理学、工学、农学、医学、管理学和艺术学，每个门类下又细分为若干个专业大类。具体的专业信息可以通过访问教育部官网进行查询，以获取更详细的信息。

（三）专业与职业的关系

1. 强关联关系

专业直接指向特定职业，其主要特点是专业课程与职业技能高度匹配；职业准入门槛明确，就业方向集中。专业与职业的关联关系主要体现在以下几个方面。

（1）一对一关联

一对一关联的情况最为简单，一个专业方向对应一个职业目标，此类职业的技术含量相对较高，也比较单一，一般为专业技术人员，在大学的培养方式一般为定向培养，如定单班、定制班、项目班，总体归属于委培方式定向培养，在入校前就已经确定未来就业岗位。

（2）一对多关联

一个专业可以对应一个职业群，这意味着一个专业可以为多个相关的职业提供基础。这类关系常见于那些具有广泛适用性的学科。例如，计算机科学与技术专业可以对应的职业有软件工程师、数据分析师、网络安全专家、人工智能研究员等。计算机科学与技术专业的毕业生可以根据自己的兴趣和专长选择不同的职业路径。

（3）多对一关联

多种专业都可以发展到某一种职业，这种情况表明某些职业并不严格要求特定的专业背景，而是更注重个人的综合素质和能力。例如，市场营销这一职业可以接收市场营销专业、工商管理专业、传播学专业、心理学专业的学生，因为与这些专业相关的知识和技能都能在市场营销工作中发挥作用。

2. 宽泛相关关系

专业与职业的关系并非线性的一一对应，而是呈现多元、动态、灵活的宽泛关联，形成专业对应的职业群。职业群一般由基本操作技能相通，工作内容、社会作用以及从业者所应该具备的素质接近的若干个职位所构成。职业群横向划分，是相同的职业存在于不同的产业或行业之中，如人力资源专业所对应的职业群广泛分布于国民经济的各个产业和行业之中；纵向划分，是同一职业存在于同一行业若干个不同的岗位及其可能晋升的职务上。

目前我国职业分为八个大类。第一大类包括党的机关、国家机关、群众团体和社会组织、企事业单位负责人，第二大类包括专业技术人员，第三大类包括办事人员和有关人员，第四大类包括社会生产服务和生活服务人员，第五大类包括农、林、牧、渔业生产及辅助人员，第六大类包括生产制造及有关人员，第七大类包括军人，第八大类包括不便分类的其他从业人员。这八大类中的每一类都可以划分为一类职业群。表 2-1 中列举了一些专业与职业群的对应关系。

职业分类及基本能力要求

表 2-1　专业与职业群的对应关系

专业大类	对应的职业类别
加工制造类	第二大类：专业技术人员 第三大类：办事人员和有关人员 第四大类：社会生产服务和生活服务人员
土木水利工程类	第二大类：专业技术人员 第三大类：办事人员和有关人员 第七大类：军人
交通运输类	第二大类：专业技术人员 第六大类：生产制造及有关人员 第七大类：军人
信息技术类	第二大类：专业技术人员 第三大类：办事人员和有关人员 第七大类：军人
资源与环境类	第一大类：党的机关、国家机关、群众团体和社会组织、企事业单位负责人 第二大类：专业技术人员 第五大类：农、林、牧、渔业生产及辅助人员
能源类	第二大类：专业技术人员 第三大类：办事人员和有关人员 第七大类：军人
商贸与旅游类	第一大类：党的机关、国家机关、群众团体和社会组织、企事业单位负责人 第三大类：办事人员和有关人员 第四大类：社会生产服务和生活服务人员
财经类	第一大类：党的机关、国家机关、群众团体和社会组织、企事业单位负责人 第二大类：专业技术人员 第四大类：社会生产服务和生活服务人员
文化艺术与体育类	第一大类：党的机关、国家机关、群众团体和社会组织、企事业单位负责人 第二大类：专业技术人员 第四大类：社会生产服务和生活服务人员

续表

专业大类	对应的职业类别
社会公共事务类	第一大类：党的机关、国家机关、群众团体和社会组织、企事业单位负责人 第三大类：办事人员和有关人员 第四大类：社会生产服务和生活服务人员

3. 弱关联关系

专业为职业提供底层能力支撑，专业不直接对应某类职业，但培养的通用能力（如逻辑思维、数据分析、沟通能力）可迁移至多个领域。例如，哲学专业就业的职业方向包括公务员、编辑、企业管理等（核心能力：批判性思维、文字表达）；数学专业就业的职业方向包括金融分析、人工智能、教育等（核心能力：建模能力、算法设计）；社会学专业就业的职业方向包括市场调研、人力资源、公益组织等（核心能力：社会洞察、数据分析）。优势在于职业选择灵活，适应跨领域发展。但是需要求职者主动将专业能力与目标职业需求结合（如数学专业学生辅修金融知识转向量化分析）。

拓展阅读

关于对拟发布检验检测管理工程技术人员等职业信息进行公示的公告

为贯彻落实习近平总书记在中共中央政治局第十四次集体学习时关于“大力发展新业态、新模式，积极挖掘、培育新的职业序列，开发新的就业增长点”的重要讲话精神，推动实施人才强国战略，促进就业岗位开发，根据《中华人民共和国劳动法》有关规定，2024 年 8 月，人力资源和社会保障部面向社会公开征集新职业信息，经有关机构和单位申报、专家评审论证、书面征求中央和国家机关有关部门意见等程序，初步确定拟发布的新职业、新工种及拟调整变更的职业（工种）信息。拟新增的职业信息如下。

1. 检验检测管理工程技术人员

定义：从事检验检测机构管理体系制定和运行、内部审核和评审管理组织及实施、技术能力确认和改进的工程技术人员。

2. 养老服务师

定义：从事居家、社区、机构养老服务综合需求评估、方案制订与实施、照护技术实施与培训指导、质量评价管理、服务咨询转介、实务应用研究的专业技术人员。

3. 跨境电商运营管理师

定义：依托互联网平台和数字化工具，从事国际贸易活动，进行国际商品或服务的交易、推广、运营及供应链管理的人员。

4. 无人机群飞行规划员

定义：从事无人机群飞行路线规划、飞行计划与飞行任务制订以及飞行现场管理等工作的人员。

5. 装修管家

定义：从事装修方案咨询、材料检查、工期跟踪、质量监督与施工管理的人员。

6. 工伤预防咨询师

定义：从事工伤事故和工伤保险信息收集、识别分析、事务办理以及工伤预防和保险方案设计、评估、宣传、咨询等服务工作的人员。

7. 电子电路设计师

定义：使用电子元器件和软件工具，进行电子电路原理图、印刷电路板研发与设计的人员。

8. 室内环境治理员

定义：使用检测仪器和设备对室内环境情况进行评估并制订治理方案，采用净化产品和技术手段对环境中的有害物质及病原体进行净化治理以及提升室内环境品质的人员。

9. 家政服务经理人

定义:在家政服务相关组织机构中,从事家政业务管理、企业组织运营等工作的人员。

10. 电力可靠性管理员

定义：从事电力可靠性管理工作，进行电力可靠性数据的采集、统计、核实、分析、应用，进行电力可靠性评价、评估、预测工作，开展电力可靠性管理创新、成果应用的人员。

11. 电力聚合运营员

定义：使用虚拟电厂软硬件系统、专用工具，拓展虚拟电厂业务、挖掘用户资源、监控聚合电力系统运行状态、进行电力交易的人员。

12. 农村集体经济经理人

定义：为发展壮大新型农村集体经济，受农村集体经济组织委托，从事资源发包、物业出租、居间服务、经营性财产运营等经济活动经营管理的人员。

13. 代用茶加工工

操作筛选、烘干等工具设备，加工非茶叶可食用植物根茎、叶蔓、花果（实）等原料，制成茶饮替代品的人员。

14. 咖啡加工工

定义：操作咖啡豆烘焙和加工设备，将咖啡生豆加工成熟豆及其他再制咖啡产品，并运用感官、仪器设备及评分工具对咖啡生豆、熟豆进行评定的人员。

15. 碳纤维制品成型制作工

定义：操作裁剪设备裁切碳纱并贴合模型，操作热压成型设备将预型件制成碳纤维制品的人员。

16. 铁氧体磁体制造工

定义：操作配料机、预烧炉、球磨机、成型机、烧结窑、磨床、充磁机等设备，将磁性铁矿石原料制造成铁氧体磁体的人员。

17. 钢结构装配工

定义：在建筑施工领域，使用设备和工具，将钢材按照图纸进行钢结构零件号料、切割、部件及构件组装、矫正、预拼装的人员。

（资料来源：关于对拟发布检验检测管理工程技术人员等职业信息进行公示的公告[EB/OL].（2025-05-08）[2025-06-05]. https://www.mohrss.gov.cn/SYrlzyhshbzb/zcfg/SYzhengqiuyijian/202505/t20250508_541686.html.）

二、了解行业与产业

（一）行业的概念与分类

行业是指从事相同性质的经济活动的所有单位的集合。中华人民共和国国家质量监督检验检疫总局和中国国家标准化管理委员会联合发布的《国民经济行业分类》（GB/T 4754—2017）将全国范围内的行业分为20类：农、林、牧、渔业，采矿业，制造业，电力、热力、燃气及水生产和供应业，建筑业，批发和零售业，交通运输、仓储和邮政业，住宿和餐饮业，信息传输、软件和信息技术服务业，金融业，房地产业，租赁和商务服务业，科学研究和技术服务业，水利、环境和公共设施管理业，居民服务、修理和其他服务业，教育，卫生和社会工作，文化、体育和娱乐业，公共管理、社会保障和社会组织，国际组织。

（二）产业的概念与分类

产业指很多具有不同分工但利益相互联系的相关行业所组成的群集。这些行业和企业的经营对象和经营范围总是围绕某类共同产品展开，但可以存在不同的经营方式、经营形态、企业模式和流通环节，它们在构成业态的各个行业内部完成各自的循环。

产业是社会分工和生产力不断发展的产物，是国民经济活动中最基本的类型。根据国家统计局2018年修订的《三次产业划分规定》，我国产业分为第一产业、第二产业、第三产业。

第一产业是指农、林、牧、渔业（不含农、林、牧、渔专业及辅助性活动）。

第二产业是指采矿业（不含开采专业及辅助性活动），制造业（不含金属制品、机械和设备修理业），电力、热力、燃气及水生产和供应业，建筑业。

第三产业即服务业，是指除第一产业、第二产业以外的其他行业，包括批发和零售业，交通运输、仓储和邮政业，住宿和餐饮业，信息传输、软件和信息技术服务业，金融业，房地产业，租赁和商务服务业，科学研究和技术服务业，水利、环境和公共设施管理业，居民服务、修理和其他服务业，教育，卫生和社会工作，文化、体育和娱乐业，公共管理、社会保障和社会组织，国际组织，以及农、林、牧、渔业中的农、林、牧、渔服务业，采矿业中的开采辅助活动，制造业中的金属制品、机械和设备修理业。

（三）新兴行业与产业

新兴行业与产业的蓬勃发展，为个人职业发展开辟了广阔天地。这些伴随新技术突破、市场需求升级和商业模式创新而生的领域，不仅代表着未来经济发展的方向，也为新时代大学生提供了极具潜力的就业与成长机遇。新兴行业与产业有低空经济、人工智能全场景应用、新能源与碳中和、生物医药与基因治疗、银发经济、数字经济与内容创作、智能汽车与自动驾驶、节能环保产业、新兴信息技术产业、高端装备制造业、新材料产业等。这些新兴行业与产业的快速发展，创造了多元化的职业机会。大学生应密切关注行业与产业动态，提前做好知识储备与能力培养，在时代发展的浪潮中把握机遇，实现职业理想。

拓展阅读

专业对口的职业及就业形势

部分学科专业相关行业的就业形势

下面简单介绍医学类专业，工学类专业，教育学类专业，管理学类、文学类、经济学类和法学类专业，理学类、农学类和历史学类专业，艺术类、体育类专业相关行业的就业形势。

1. 医学类专业

当前，我国基础医疗总体上还比较薄弱，远远不能满足国内医疗的需求。但是，医学类专业的毕业生对口行业的就业形势依然严峻，最突出的特点有：①用人单位过度关注毕业生的学历和工作经验，许多应届毕业生被拒之门外；②毕业生总量日趋上升与新增岗位不足的矛盾，使得用人层次需求拉高。

2. 工学类专业

工学类专业所涉及的学科专业纷繁复杂，几乎涵盖三大产业的方方面面。工学类专业的毕业生不仅可以成为企业未来的管理者，也可以成为行业的技术骨干。从近年来的就业率来看，工学类专业一直是社会所接受和欢迎的专业类型。加上供给侧结构性改革逐步深入、产业结构的升级对工学类人才的需求稳步提高，各种经济形式的企业都急需具有较高学历层次和综合素质及较强动手实践能力的工科类专业毕业生。

3. 教育学类专业

教育学类专业的人才培养是国家教育事业发展的核心。在人才培养与就业问题上，教育发达地区，人才竞争激烈，就业形势严峻；教育欠发达地区，人才需求比较大。

4. 管理学类、文学类、经济学类和法学类专业

从社会需求来看，这些专业的需求量总体保持稳定，但整体市场需求层次降低。其中，与这些专业相关的大中型企业和传统事业单位，需求量减少。在深化改革的进程中，城乡一体化建设大大增加了乡镇企业法务、高层次社会工作者、基层管理人员的需求，

为这些专业的毕业生实现专业相关就业展现了利好形势。

5. 理学类、农学类和历史学类专业

从各学科在理论与应用两个层面进行探讨，侧重于理论层次的专业，如数学、化学、物理学等专业，就业难度较大，社会需求较少，除了教学与科研领域外，在其他领域不易找到与这些专业相关的工作。然而，侧重于应用型的专业，就业形势相对乐观一些。

6. 艺术类、体育类专业

当前，特殊类型的高等教育已成为大众教育的一部分，以往那些传统对口行业基本趋于饱和，艺术类、体育类专业的毕业生供大于求，用人市场难以消化，多个热门专业均出现过就业红牌。

综观各学科门类的对口就业形势，不难发现，社会对人才的需求呈现多元化，就业市场越来越开放，对专业相关的需求也逐步放开了限制，特别是一些中小微企业、基层就业岗位等。在当前严峻的就业形势下，到基层就业、到祖国需要的地方就业，既是实现就业的机会，又是学以致用、实现自我价值的机会。

三、行业特点与就业行业选择

（一）行业特点

行业具有明显的周期性特征。根据行业发展的时间与社会产出，对行业进行周期性描述，有初创期行业、发展期行业、成熟期行业、衰退期行业 4 个发展周期。

1. 初创期行业

初创期行业的创立投资、产品研究、开发费用较高，而产品市场需求较小，销售收入较低。初创期行业由于刚刚诞生或初建不久，只有为数不多的创业公司投资这个新行业。

2. 发展期行业

新行业的产品经过广泛宣传和消费者试用，逐渐以其自身特点赢得大众的欢迎或偏好，市场需求开始上升，新行业也随之繁荣起来。这一时期企业的利润虽然增长很快，但所面临的竞争风险也非常大，破产率与被兼并率相当高。

3. 成熟期行业

在竞争中生存下来的少数大厂商垄断了整个行业市场，每个大厂商都占有一定比例的市场份额，行业增长速度降到一个更加适度的水平。

4. 衰退期行业

在衰退期，厂商的数目逐步减少，市场逐渐萎缩，利润率停滞或不断下降。当正常利润无法维持或现有投资折旧完毕后，整个行业就逐渐开始解体。

（二）就业行业选择

就业行业选择因人而异、因个人需求而定。在进行就业行业选择时，常采用如下方法。

1. 同等条件下优先选择与自己所学专业相关的行业

选择与自己所学专业相关的行业，不仅在求职时具有较大优势，而且在工作中会更加得心应手。如果恰巧又是自己喜欢的工作，符合自己的职业兴趣，那就是如鱼得水了。

2. 选择持续性增长的行业

持续性增长的行业有一个重要指标就是平均工资的涨幅趋势。一般情况下，企业员工的薪水会每隔一段时间进行上调。工资水平稳步上升的企业，从某种程度上意味着企业处于发展比较好的阶段。

3. 慎重选择不熟悉的行业

俗话说“隔行如隔山”，如果选择不熟悉的行业，在专业知识和技能、行业环境等方面都需要重新学习，这样会增加工作压力和负担，除非是特别有资源、特别感兴趣的行业。

训练活动

活动一　借助 AI 探索专业对应的职业选择

使用 AI 工具（如 DeepSeek、Kimi），输入自己的专业名称，探索与专业相关的职业列表，以及每个职业的职责、技能要求、发展前景、薪酬水平、成功案例等，记录自己感兴趣的职业信息，并对不理解的信息进行持续追问，以深入了解职业详情，并分享自己搜索到的职业信息，讨论不同职业的优缺点、发展机会和挑战。

活动二　借助 AI 完成行业调查

借助 AI，从工作时间、工作内容与职责、工作环境和地点、平均薪酬、发展空间、如何成为从业者、从事该行业的利弊、职业前景、被访谈者的个人情况等角度进行行业信息收集，并做整理分析，填在表 2-2 中。

表 2-2　行业调查记录表

调查项目	具体内容
工作时间	
工作内容与职责	
工作环境和地点	
平均薪酬	

续表

调查项目		具体内容
发展空间		
如何成为从业者	专业方向	
	人格特质	
	知识储备	
从事该行业的利弊		
职业前景	岗位需求	
	人才供给	
被访谈者的个人情况	是否喜欢该行业	
	从事该行业的年限	
	为什么选择这个行业	
	对这个行业的看法	

第二节　探索职业世界的维度

认知职业社会的维度与方法

一、认识职业世界的维度

（一）评估职业

职业社会是由地域、行业、组织、职业、职位所构成的一个生态系统。在该系统中，大系统的变化会引发小系统的变化。例如，财务专员这个职位，在不同行业、不同组织中，其工作内容、工作待遇会有所差别。面对五花八门的职业种类，应该用什么方法来评估职业的各个层面或工作性质是否符合自己的需要或自己各方面的特质是否符合该职业的需要呢？PLACE 职业分析法是一种评估职业的有效方法。

P：职位（position），包括该职业在社会中有哪些具体职位、职位的经常性任务、所需担负的责任、工作层次等。

L：工作地点（location），包括地理位置、环境状况、室内或室外、工作地点的变化性、安全性等。

A：升迁状况（advancement），包括工作的升迁通道、升迁速度、工作稳定性、工作保障等。

C：雇佣状况（condition of employment），包括薪水、福利、进修机会、工作时间、休假情形、特殊雇佣规定等。

E：入职要求（entry requirements），包括所需的教育程度、资格证书、训练、能力、人格特质、职业兴趣、价值观等。

（二）评估组织

1. 企业文化

企业文化是企业在长期生产经营过程中逐步形成与发展的，带有本企业特征的企业经营哲学，即以价值观和思维方式为核心所生成的外化的企业行为规范、道德标准、风俗习惯与传统的有机统一。一般从以下 4 个方面对企业文化进行评估。

1）物质层面。它是组织文化的表层，包括设备、产品等。

2）制度层面。它是组织文化的浅层，包括管理体制、规章制度等。

3）行为层面。它是组织文化的中层，包括会议、活动、行为、语言等。

4）精神层面。它是组织文化的核心层，包括企业愿景、经营理念、标语口号等。

2. 组织结构

评估组织结构是指评估企业对工作任务是如何分工、分组和协调合作的。常见的组织结构如图 2-1～图 2-3 所示。

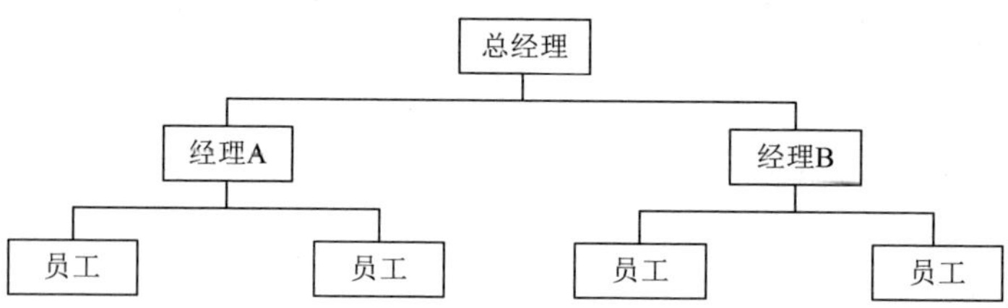

图 2-1　扁平式组织结构

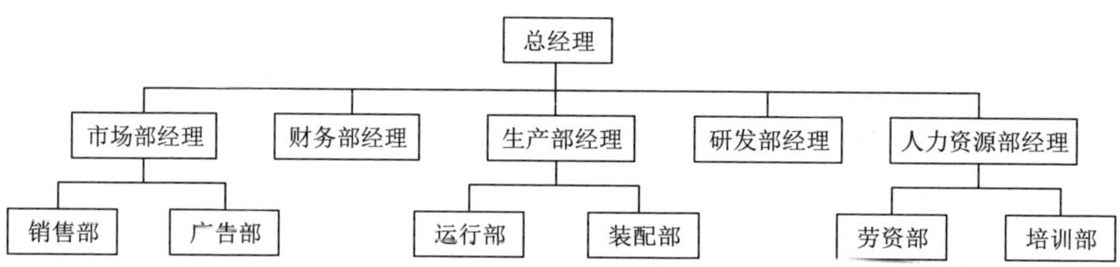

图 2-2　职能型组织结构

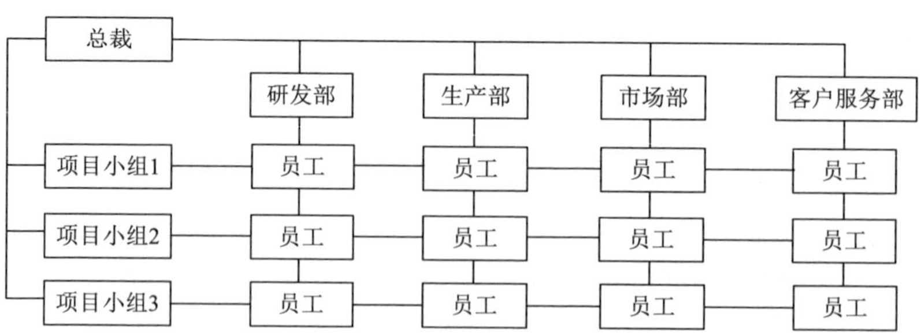

图 2-3　矩阵型组织结构

3. 员工的职业生涯开发

员工的职业生涯开发包括：帮助员工更好地认识自我兴趣、价值观、性格、气质类型等，对员工的职业行为进行有效的反馈评估；为员工提供多种发展可能，如必要的培训、岗位信息、公开竞争机会、岗位轮换机会、不同晋升途径等；帮助员工确立与个人愿望和组织需求相契合的职业目标，为员工设计合理的职业发展路线并提供必要的支持等。

4. 其他

评估组织的其他方面包括评估行业前景、地域发展机会、生活成本、教育医疗、生活方式等。

二、探索职业世界的方法

探索职业世界的方法有很多，大致可以归纳为以下 3 类：静态的资料接触、动态的资料接触和参与真实工作情境。

（一）静态的资料接触

静态的资料接触是指阅读一些有关职业社会状况说明的调查报告、文献、招聘广告等纸质或网络载体的文字材料。由于静态的资料是二手资料，在利用这些资料时一定要有自己的判断力。

（二）动态的资料接触

动态的资料接触是指通过一些实践活动去获取自己感兴趣的职业信息。动态的资料接触可以使大学生获得职业社会的第一手资料，增强自身的体验。例如，生涯人物访谈是大学生获得动态职业社会资料的主要方法。生涯人物访谈是指找多位从事自己感兴趣工作的资深工作者进行面谈。生涯人物访谈可以起到如下作用：①可以印证通过静态的资料接触所收集的职业资讯的可靠性和有效性；②可以更加深入地了解工作者从事该职业的生涯抉择或甘苦经验，以作为审视自己是否投入该职业的重要参考；③如果生涯人物访谈的地点是在其工作场所，则可以观察其实际工作情形、工作内容等，以评估自己对该职业的喜好或适合程度。

（三）参与真实工作情境

参与真实工作情境是指通过参与真实的工作情境来获取职业社会的信息。与动态的资料接触相比，通过参与真实工作情境获得的职业资讯更加深入，在职业体验方面也更加深刻。通过参与真实工作情境还可以培养自己的职业能力，获得工作经验。参加社会实践和创业是大学生参与真实工作情境常见的两种途径。

三、职业环境分析的维度

在进行职业生涯规划时，要充分了解社会环境对个体职业生涯的影响，深入分析社会环境的特点，掌握其发展变化趋势，认识自己在社会环境中所处的位置，以及自身能够胜任该职业的优势和不足等。大学生只有充分了解社会环境的特点和变化趋势，才能在复杂多变的社会环境中为自己选择一份合适的职业，使自己的职业生涯发展具有现实意义。

（一）经济环境

1. 经济发展形势

社会经济形势的发展变化会对职业产生较为明显而复杂的影响：当社会经济萧条时，企业经济效益降低，对人才的需求明显减少，个人进行职业选择的范围变小，职业发展的机会也同时变少；当社会经济繁荣时，企业经济效益显著提高，对人才的需求明显增加，个人进行职业选择的范围扩大，职业发展的机会也随之增多。

2. 人才市场供需

人才市场的供需情况对于择业和职业发展也会产生重要影响。若人才的供应不及社会的现实需求，则择业范围扩大且职业发展机会增多；相反，若人才的供应大于社会的现实需求，则择业范围缩小且职业发展机会减少。

3. 收入水平

人才资源的需求是社会的一种派生需求。当收入水平高时，人们对商品和服务的需求增加，消费能力提高，企业为满足社会需求而扩大生产，增加对人才的需求，择业范围扩大且职业发展机会增多；相反，当收入水平较低时，人们对商品和服务的需求紧缩，消费能力下降，企业生产减少，对人才的需求也随之降低，择业范围缩小且职业发展机会减少。

4. 经济发展水平

在经济较为发达地区，用人单位较为集中，其中不乏优秀企业，为就业者提供了较多的就业机会，有利于个人职业生涯的发展；而在经济不发达地区，择业机会和职业发展会受到一定程度的限制。

（二）政治环境

政治环境主要包括国家的方针政策，如教育制度、政治体制、经济和管理体制、人才流动和扶持政策等。政治和经济是相互影响的，政治体制和方针政策会影响经济体制，从而影响用人单位的组织结构及个体的职业生涯发展。政治制度和政治环境对个体产生潜移默化的影响，直接影响个体的职业选择和职业发展。

（三）法律环境

对职业选择、职业发展及社会职业环境产生影响的法律因素是指国家、地方或有关部门颁布的具有法律效力的法律法规、规章制度、管理条例等，如公务员法、劳动法、工时和最低工资标准、社会保障制度等，它们能够保障个体的平等就业、自主择业和职业竞争的公平性等，但也会影响个体的职业选择和职业发展。

（四）文化环境

文化环境主要包括社会教育资源和教育水平、社会文化基础设施等方面，它影响人们的观念、行为，反映了个体的信念原则、世界观、价值观和人生观。在氛围良好的文化环境中，个体受到良好的专业教育，为个体的职业选择和职业发展打下坚实的基础。

（五）价值观念

人具有社会属性，在社会生活中受到社会观念的熏陶和影响。社会价值观是一个社会的价值观念。个体思想观念的形成、发展和日趋成熟的过程，是认识、认可并接受社会价值观的过程。社会价值观是影响个体进行职业选择和职业发展的价值观。因此，个体要认识并接受社会积极正确的价值观，并将其内化为自身价值观的一部分，指导自己进行职业选择，追求职业发展的成功，实现职业的社会价值。

四、职业信息的内容

（一）工作内容

工作内容是职位信息最关键的部分。入职前需要明确知道入职后该做什么、如何做、做到什么程度等。具体来说，要考虑：工作的对象，即该工作的直接对象及其他所需的活动对象；工作的任务及责任，即要做什么、达到什么状态；作息时间，包括加班情况及出差情况等。

（二）工作环境

在职场中，个体性格和工作环境的匹配越来越受到人们的重视。工作环境是指与工作有关的社会环境和物理环境。社会环境包括人际关系、工作气氛、学习氛围、领导管理方式与风格等。物理环境是指工作的空间环境和工作所使用的设施等。

（三）工作报酬

工作报酬是员工为企业付出劳动所获得的回报与酬劳，包括物质报酬和非物质报酬。物质报酬有工资、奖金、津贴、各种福利、假期等。非物质报酬有乐趣、自信和成就感等。

（四）入职条件

入职所需的条件包括受教育程度、专业水平、经验、性格、能力要求等。不同的职位对性格和能力有不同的要求，用人单位聘用时可能更看重专业技能，但随着工作的长期发展，个人的一般能力和内在素质将会起到举足轻重的作用。

训练活动

活动一　职业信息探索方法图

1. 活动目的

1）关注不同的探索方法在探索过程中的难易程度及精准程度。

2）思考自己的目标岗位，并选择合适的方法去探索。

2. 活动说明

1）所需材料：职业信息探索方法图（图 2-4）。

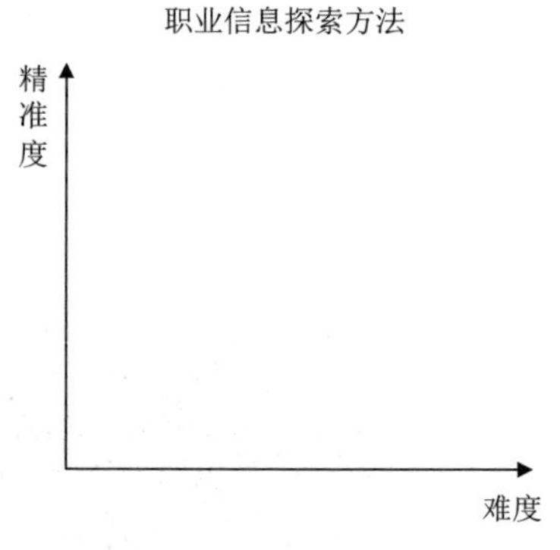

图 2-4　职业信息探索方法图

2）了解职业信息探索方法图的横轴（难度）、纵轴（精准度）的差异。

3）进行头脑风暴，找到职业信息所有可能的探索方法。

4）将所有可能的探索方法填到图中。

活动二　职业信息探索九宫格

职业信息探索九宫格（图 2-5）将职业探索中的核心信息分为 9 个模块。针对你的职业目标，填写职业信息探索九宫格，以全面地了解自己的目标职业。

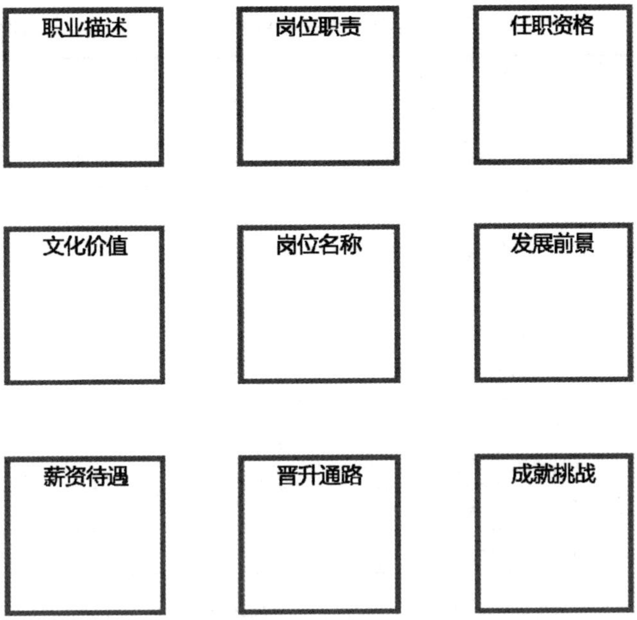

图 2-5　职业信息探索九宫格

第三节　预见职业世界趋势

一、未来的职业世界

（一）新职业涌现

人们用“三百六十行”来指代各行各业，而现实中的职业早就超过了千种，很多古老的职业随着时间消失在历史长河中，而新职业又在不断产生，2024 年官方公布的新增职业就有 19 个。精算师、留学顾问、网络编辑员、动画绘制员、数字视频合成师、景观设计师等，这些在 20 年前无论如何发挥想象力都想不出的职业，正在被越来越多的人所熟悉。

2022 年上海世界技能大赛事务执行局创新策划了“看职业 • 说职业 • 学技能”系列活动。作为系列活动之一的“看职业”，以 15 家单位机构、42 位专家为核心，全国 121 家企事业单位、教育机构、行业协会的 179 位专家参与，历时 11 个月，从世界科技和经济发展的角度，围绕我国经济发展和行业发展趋势，通过对行业发展人才结构与需求的调查分析，对最新的未来职业新技能资讯进行研判。上海世界技能大赛事务执行局发布的 52 个未来职业（表 2-3）“高清画像”，涉及 5G+工业互联网、数字金融、数字化营销、数字乡村、医疗健康、新能源汽车等六大领域。

表 2-3　未来职业列表

领域	职业
5G+工业互联网	边缘计算工程技术人员
	数据安全工程技术人员
	仿真工程技术人员
	工业互联网成熟度评估师
	工业互联网项目管理师
	工业数据交易员
数字金融	数字金融营销师
	数字金融产品运营师
	金融数据安全官
	智能风控管理师
	金融数据分析师
	数据资产管理员
	区块链金融创新官
	金融数字人运营师
	元宇宙资产管理顾问
	元宇宙保险代理人
	碳金融产品经理
数字化营销	市场战略数据分析师
	数字活动策划师
	数字内容营销视频编导
	信息流广告优化师
	虚拟 IP 运营师
	产业互联网运营师
	数字营销私域运营师
	数字内容营销 XR 编导
	全渠道营销策略师
	元宇宙活动策划师
	超级数字场景策划师
数字乡村	乡村买手
	社区支持农业从业者
	数字乡村规划师
	三农数据分析师

续表

领域	职业
医疗健康	网约健康服务师
	网约健康服务平台运维师
	家庭病房看护员
	医疗美容师
	医疗职业经理
	数字医疗技术人员
	医疗机器人系统操作员
	医疗机器人系统运维员
	遗传咨询师
	陪诊师
	医疗保健数据分析师
	数字药品研发人员
新能源汽车	新能源汽车电子系统质检员
	自动驾驶安全员
	新能源汽车数字营销师
	新能源汽车售后远程客服
	新能源汽车充电站运维管理人员
	新能源汽车组件检测回收技师
	新能源智能座舱体验设计师
	V2X 车身通信校准技师

这 52 个未来职业，有新技术、新业态，以及在新模式场景下，原有职业内涵发生变化的更新性职业，也有全新职业，是来自六大领域 52 个不同细分场景需求所产生的对应职业。例如，有针对生活场景个体需求的职业，如家庭病房看护员、医疗美容师、新能源汽车充电站运维管理人员等；有科技进步带来的垂类场景下的专业工作，如信息流广告优化师、工业互联网项目管理师、自动驾驶安全员等；还有数字化场景下专业的数据分析职业，如工业互联网成熟度评估师、三农数据分析师等。

通过归纳可以发现，六大领域的 52 个职业有两个共同特征。一是与互联网存在直接或间接联系。六大领域在互联网行业出现之前就已存在，但互联网的出现极大地提升了行业的发展空间，赋予其新生。52 个职业多数直接与互联网相关，少数如人工智能、深度学习、大数据等技术也是基于互联网发展得以实现和兴盛的。因此，互联网知识将成为未来每个领域劳动者都应掌握的基本知识。二是个性化定制服务将成常态。这 52 个职业，多呈现较显著的分工精细化和技能高端化特征，为实现个性化定制提供支持。从就业角度看，个性化定制在提高劳动门槛的同时，也创造了更多就业岗位；从创业角度看，个性化定制将进一步细分市场，创造更多商机。个性化定制成为一种常态，将促使各种生产要素与资源要素的整合。

此外，通过分析 52 个职业的主要技能要求还可以发现，沟通能力、团队协作能力、情绪管理能力、创新思维和解决复杂问题的能力等非认知技能，越来越成为从业人员在劳动力市场上的重要竞争力。

（二）现有职业消失或重构

技术的进步往往会带来就业市场的变化甚至颠覆，这在人类历史上并不是一个新现象。近年来，人工智能技术的飞速发展，虽然给人类生活带来了便捷和舒适，但引发了新的质疑和焦虑。人工智能是为了模仿人类的认知能力而构建的科技综合体，它的终极目的就是像人类一样思考以及自动执行任务等。2022 年 11 月，ChatGPT 首次公开亮相后迅速走红，并掀起新一轮的人工智能浪潮，数百万人使用该程序写文章、写歌词和写计算机代码。这也带来了一场全球性的讨论：人工智能在未来会影响我们的职业吗?

从过往经验来看，答案是肯定的。以现代工厂为例，机器人和自动化已经成为标配甚至支柱，早先的流水线上大量工人进行重复性劳动的现象不断减少甚至消失。人工智能这种相对新生且发展迅速的技术，未来难免也会产生类似的影响。

1. 消失的职业类型

高度重复性、标准化的低技能岗位正在迅速消失。行政支持类岗位，如数据录入员、电话销售员、银行出纳、秘书、客服等，因自动化技术（如 RPA 机器人、生成式 AI）的应用而快速减少。例如，会计基础核算工作大部分可被 RPA 机器人取代，行政助理需求因流程自动化下降明显。基础服务类岗位，如电话销售员、订单管理员、裁判员等，因 AI 客服系统和智能决策工具的应用而逐渐消失。与此同时，部分白领“安全区”岗位也在瓦解。例如，法律与财务领域的法律文书自动化处理效率大幅提升，专利撰写等工作已被 AI 工具替代。设计与创意领域的平面设计师因 Midjourney 等 AI 工具的效率倍增而面临需求缩减，部分基础设计工作被算法生成内容取代。制造业与物流领域的传统流水线操作工、仓库分拣员等，因工业机器人和智能物流系统的普及而减少。

2. 职业重构的核心方向

与此同时，大量现有职业的工作内容将会被重构。例如，在医疗领域，数智化技术正在深刻改变传统职业的内涵和工作模式，临床医生从“经验依赖”转向“数据+经验”双驱动模式。借助 AI 辅助诊断系统，医生可以更精准地分析影像数据，如肺部 CT 影像中的微小病灶，显著提高早期肺癌的诊断率。制造业的工程师需要运用数字孪生技术优化生产流程，操作员转型为机器人维护工程师。工业机器人和智能物流系统的普及正在改变传统流水线操作工的角色，操作员逐渐转型。

案例

扁担上的泰山：当“挑山工”遇见“机器狗”

清晨 8 点，温暖的阳光照到泰山天街的石阶上，一位 55 岁的挑山工已经挑起百斤重的担子开始了一天的攀登。他那根被磨得锃亮的扁担在晨光中微微颤动，手上也是厚厚的茧。两条粗尼龙绳下悬挂的是山顶宾馆需要的食材和日用品。

在泰山这样的挑山工还有很多，其历史可以追溯到千百年前。在没有索道的年代，正是这些脊梁挺拔的汉子们，用扁担将砖瓦木料挑上山顶，建起了南天门、玉皇顶等著名建筑。如今，科技的进步给物资运输带来了与以往不同的便捷。在泰山，甚至能看到四足机器人稳驮货物，行走在陡峭山路上的场景。对此，泰山景区环卫保洁部门负责人表示：“机器狗的投入成本较高，但从长远看比人工成本低，这是未来的必然趋势。”

“不担心被机器人抢饭碗吗？”面对记者的提问，挑山工笑着说：“山顶那些弯弯绕绕的小路，机器哪有人灵活？再说，有些货主就认我们这些老面孔。”的确，挑山工们有世代相传的独门技艺：扁担要选弹性好的木材，绳结要打成活扣便于调整，上坡时走“之”字形省力，换肩时要借着扁担的弹力一气呵成……这些都凝结着人类智慧的经验。但即便这样回答，挑山工们的眼神中还是流露出一丝忧虑。

（资料来源：扁担上的泰山：当“挑山工”遇见“机器狗”，山脊上的传承与变革[EB/OL].（2025-04-28）[2025-06-05]. https://news.qq.com/rain/a/20250428A08K8D00.）

分析：

泰山挑山工千百年来肩挑背扛，维系着泰山山顶物资的供应，成为泰山独特的文化符号。然而，如今机器狗负重测试的出现，预示着传统挑山工的工作方式正面临挑战。这一现象映射出未来职业世界受 AI 影响的大趋势：重复性、规律性强的工作易被 AI 及自动化设备替代。面对这样的职业变革，大学生应积极采取行动。在技能提升上，要积极学习数据分析、编程、机器学习等相关知识，培养跨学科能力，提高自身灵活性与适应性。在创新培养方面，将创新和创造力作为职业发展的驱动力，利用 AI 工具提高工作效率、获取创新灵感。在职业规划上，通过研读权威行业报告、参加行业研讨会等方式，深入了解行业和职业发展前景，提前预判所在职业是否有被 AI 替代的风险，一旦发现风险及时调整职业规划，向新兴领域转型或提升相关技能。同时，要将 AI 视为提升效率和能力的工具，秉持终身学习的理念，不断提升自身竞争力和适应能力，以在 AI 时代找到自身价值，实现个人与社会价值的双重提升。

（三）自由职业兴起

自由职业是指个人独立承接工作任务或项目，自行安排工作时间和地点的职业。这种工作方式具有较大的自主性和灵活性，但也需要具备较强的业务能力和市场拓展能力。自由职业有四个主要方向，分别是内容型、顾问型、外包型、产品型。

1. 内容型

内容型自由职业者通过创造有价值的内容吸引受众，并在此基础上实现变现，如自媒体博主、播客主持人、数字插画师、在线课程讲师、摄影师、视频主播等。这种类型的自由职业非常适合那些有创造力、擅长表达的人。

2. 顾问型

顾问型自由职业者依赖深厚的专业知识，为企业或个人提供咨询服务，解决复杂问题，如财务顾问、法律咨询师、IT 技术顾问、创业导师等。

3. 外包型

外包型自由职业者通常接受短期或长期项目的委托，为企业完成特定任务而不受雇于单一用人单位，如自由撰稿人、平面设计师、程序开发员、翻译人员等。

4. 产品型

产品型自由职业者致力于开发具有市场潜力的产品，并将其推向市场销售，如独立软件开发者、文创产品设计师、手工艺品制作人、服装设计师等。

二、未来的工作模式

（一）无边界职业

自 20 世纪 90 年代以来，随着信息技术、知识经济和平台经济的迅猛发展，组织结构和用工形式正在发生根本性的变化，从传统科层体制向更具柔性、更扁平的组织形式发展，出现了信息化、分散化、虚拟化、小型化、平台化、共享化等多元发展趋势。在这一背景下，职业的传统边界被打破，出现了无边界职业的概念。无边界职业是指跨越公司界线的一系列工作机会。从事无边界职业的人不再局限于某一特定的组织（公司），而是以完成一个一个的“工程项目”为基础而获得职业道路的发展，他们往往是为某一行业的不同公司完成“工程项目”。根据引起边界变化的原因，可以把无边界分为自愿无边界和非自愿无边界两种情况。非自愿无边界是指由于外界因素，如家庭搬迁、生病、公司裁员、开除或工作性质本身要求等因素而造成的职业生涯的改变，如离职、退休、下岗、改变用人单位、转行等行为，而自愿无边界是指由于个人主观原因，如追求更高的薪酬和职位、性格特征、价值观发生改变、兴趣发生转移、知识积累和持续学习等而带来职业的变化。无边界职业是一种多角度的概念，包括甚至超越了多种边界，而且涉及实体和心理、主观和客观等多种分析层面。

无边界职业与传统职业的比较见表 2-4。

表 2-4　无边界职业与传统职业的比较

比较项目	无边界职业	传统职业
雇佣关系	以良好绩效换得持续学习和竞争力	员工用忠诚换取工作保障
职业边界	在多家公司工作	在一家公司工作
技术	可转移	服务于特定公司
职业管理责任	由个人负责	由组织负责
培训	随时的、自觉的	正式的
成功标准	工作有意义	晋升、薪酬
职业阶段划分	学习导向	时间导向

（二）未来的工作

未来的工作是传统雇佣时代的终结，这是美国学者约翰・布德罗（John Boudreau）和瑞文・杰苏萨森（Ravin Jesuthasan）提出来的概念。他们认为传统雇员社会正在消失，个体价值迅速崛起，组织呈现出更高的平台性和开放性，未来自由职业者将崛起，企业将变成由全职员工和（来自平台的非全职性）自由工作者组成的混合体。

未来工作方式会出现较大的变化，可将其分为 4 个阶段，如表 2-5 所示。

表 2-5　工作方式变化

阶段	工作方式
模式 1.0	工作由企业内部员工完成，为消费者创造价值
模式 2.0	工作由企业内部员工和外部机构（外包公司、合作伙伴）完成，为消费者创造价值
模式 3.0	在模式 2.0 的基础上加入自由工作者，工作被分配给全职员工之外的工作者完成
模式 4.0	在模式 3.0 的基础上出现人力资源平台，可显著降低交易成本，极大提高自由工作者的工作效率

人力资源平台不是传统的“人才超市”，而是能够帮助组织进行工作任务的颠覆和重新解读。对于组织而言，若想打破组织边界，充分利用外部人才，不但要优化全职员工和自由工作者的工作组合，更要优化工作任务本身的设计方式。未来的工作也不一定是全职或兼职，不一定就要局限在办公室的格子间，工作不仅是和自己的专业相关，更多的是促使自己将擅长的技能与专业学习有机地结合在一起。未来的工作具有以下特征。

1. 工作形式不固定

多数大学毕业生在求职时希望自己能够找到一份全职工作，且他们通常认为全职工作具有相对的长期性、稳定性和保证性。用人单位也常常希望能够招聘全职工作人员。

工作之后，很多人会逐步发展出一些新的技能，并尝试在工作之外的时间开展兼职工作，一个人甚至可能兼任几份工作。兼职工作是近些年来增长最快的工作形式之一，这种工作选择在技术和专业领域中也具有上升趋势。

除此之外，还有其他的工作形式，如两个人经过协商同意分享一个全职工作或全职职位，分享工作的两个伙伴各用一半的时间工作，伙伴双方的责任相同，但工作时间不同，和换班工作的安排类型相似。

合同工作是一种增长迅速的工作形式。为了节省成本或保持合理的工作流动，一些用人单位选择保留骨干人员作为核心员工，其他原来需要全职员工完成的工作，改为跟劳动者签订合同来完成，通常根据合同完成情况发放薪水。合同工作的劳动者不算用人单位的员工，不享受用人单位的福利待遇。

在一些产品开发设计、产品营销或部分服务性工作中，还存在个人以工作室等形式参与企业某个项目的工作模式，这也可以算作广义的创业。

2. 工作地点不固定

远程办公是一种正在快速发展的工作方式，它是指在远离办公室或用人单位工作场所的地方工作。这种工作方式已经明显地受到现代科技发展的影响，包括笔记本计算机、传真机、移动电话、互联网和电子邮箱的普及使用等。便利的交通方式和通信技术给人们在不同地点工作提供了可能。早上可能还在北京吃早餐，上午就飞到了上海和客户会面，下午又出现在深圳的宾馆里同全国各地的同事开视频会议通报客户最新的需求，并准备下一个工作的行程——这一切都是在现代办公条件下极为平常的一天。

3. 工作内容不固定

现代社会竞争激烈，单位的主营业务有可能会随着行业的变迁而发生重大的变化。即使是在用人单位主营业务没有变化的时期，也可能会存在工作升迁或岗位轮换等情况，这些必定会引起工作内容的变化。

即便是同一个工作岗位，随着技术的进步和企业的发展，工作内容也会不断发生变化。例如，财会人员最初是用纸笔和算盘进行账目计算的，后来随着高科技产品的不断问世，电子计算器以及计算机日益普及，给财会人员的计算带来了很多便利，未来也许会有更加先进的财会人员专用的软硬件设施问世，那个时候，会计的工作内容又将发生新的变化。另外，即使是同一个工作岗位，在不同行业和地区的工作内容也会有较大的不同。一个人怎么工作、做什么工作将取决于其在什么样的行业、机构和地理区域。

虽然未来的工作世界是不断变化的，而且有变化越来越快的趋势。但具体到现实的生活中，大部分职业还是相对稳定的。认为工作世界是不稳定的或者是无法预测的思想是错误的。大学生应该看到，其实不断变化着的工作世界为大学生的就业提供了更多的工作机会和选择。面对未来工作世界，大学生需要学会如何应对工作的变化，尽早做好职业规划，尽早做好面对工作的心理准备，掌握探索工作世界的主动权。当了解工作世界的变化并知道该用什么样的心态面对它，用什么方法去适应它的时候，就可以成为自己工作世界的主人。

三、未来职场的人才类型

（一）T型人才

“—”象征着广博的知识储备，涵盖多个领域的基础认知；“丨”则代表对某一专业领域的深入钻研，体现知识的纵向延伸。二者相互交融，便构成了备受推崇的“一专多能”人才结构。

这类人才不仅在知识的广度上，拥有丰富多元的通识素养，能够触类旁通；更在专业领域的深度上，展现出透彻的理解能力、独特的思维视角，以及卓越的创新实践能力。

作为T型人才的职场新人，凭借这种复合型的知识与能力架构，往往能更迅速地适应职场环境，精准定位契合自身优势的岗位，在职场发展中抢占先机。

（二）π型人才

π型人才是T型人才的进阶形态。当下，科技浪潮汹涌澎湃，许多行业的顶尖人才可能因技术的快速迭代，在朝夕之间面临职业危机。

相较于T型人才，π型人才多出的另一纵向专长，或由个人兴趣发展而来，或因工作需求培养形成。凭借“双专业支撑”的能力架构，π型人才拥有更强的职业抗风险韧性，能够更加从容灵活地应对市场的风云变幻，在竞争激烈的职场环境中始终保持优势。

（三）梳子型人才

梳子型人才指的是具备多领域专业深耕能力，同时始终践行终身学习理念的复合型人才。这类人才的形象如同梳子的构造：纵向的梳齿象征着在多个专业领域深入钻研、积累的深厚知识体系；而横向贯通梳齿的“—”，则代表终身学习习惯塑造的底层思维与逻辑能力。这一贯穿全局的“—”至关重要，它如同知识网络的中枢神经，直接影响知识迁移的效能——只有底层思维足够坚实、逻辑链条足够完整，才能将分散的专业知识融会贯通，实现跨领域应用。

训练活动

活动一　借助AI了解未来职业世界变革

1. 明确探索方向：选择主题

1）未来5～10年新兴职业有哪些？

2）技术发展会淘汰哪些传统岗位？

3）哪些职业在数字化转型浪潮中需求激增？

2. AI实操搜索

打开AI工具（如DeepSeek、Kimi等），根据选择的主题，输入问题，如“列举5

个最近兴起的职业并说明技能要求”。若 AI 回答不全面，可尝试优化提问方式，如补充限定条件、拆分复杂问题等，以深入了解未来职业世界的变革。

活动二　探索未来难以被 AI 取代的职业

1）分组讨论：参与者 5～6 人一组，结合生活经验和认知，讨论并写下初步认为难以被 AI 取代的职业，如教师、医生、艺术家等，每组记录讨论结果。

2）资料验证：小组成员通过查阅书籍、学术文章，或搜索权威网站、采访从业者，收集相关信息，验证和补充讨论得出的职业，完善清单和理由。

3）分享分析：每组派代表分享职业清单，全体一起讨论这些职业的共性，如需要情感交流、创造力、复杂决策能力等，提炼关键因素。

4）成果汇总：全体共同整理形成一份完整的“未来难以被 AI 取代的职业清单”，标注各职业不可替代的核心原因，最后用文档记录或做成简单海报展示。

课外实践

生涯人物访谈报告

生涯人物访谈是对从事自己目标岗位的人进行采访，这些人物通常在某个岗位上已经工作了 3～5 年甚至更长的时间。选择 1～2 位生涯人物，提前思考要问的问题，以便顺利进行访谈。访谈结束后，及时对访谈的内容进行归纳整理，完成生涯人物访谈报告（表 2-6）。

表 2-6　生涯人物访谈报告

<table>
<tr><td>生涯人物姓名</td><td></td><td>访谈时间及形式</td><td></td></tr>
<tr><td>生涯人物简介</td><td colspan="3"></td></tr>
<tr><td colspan="4">访谈内容</td></tr>
<tr><td colspan="2">职业资讯</td><td colspan="2">职业经验</td></tr>
<tr><td>岗位描述</td><td></td><td>个人储备</td><td></td></tr>
<tr><td>岗位职责</td><td></td><td>决策过程</td><td></td></tr>
<tr><td>任职资格</td><td></td><td>心得体会</td><td></td></tr>
</table>

续表

薪资待遇		主观评价	
晋升通路		成功秘诀	
成就挑战		职业规划	
价值文化		对后辈的建议	
发展前景		畅所欲言	

本章回顾

- 第二章 职业洞察——探秘多彩职业世界
  - 第一节 了解职业世界轮廓
    - 一、认识专业与职业
    - 二、了解行业与产业
    - 三、行业特点与就业行业选择
  - 第二节 探索职业世界的维度
    - 一、认识职业世界的维度
    - 二、探索职业世界的方法
    - 三、职业环境分析的维度
    - 四、职业信息的内容
  - 第三节 预见职业世界趋势
    - 一、未来的职业世界
    - 二、未来的工作模式
    - 三、未来职场的人才类型

第三章 自我剖析——开启内心探索之旅

学习目标

知识目标

（1）掌握气质、职业兴趣、职业能力、职业价值观的基础概念。
（2）理解霍兰德职业兴趣理论、塞利格曼优势理论、职业锚理论。

技能目标

能够通过多种方法及训练活动完成自我剖析。

素养目标

（1）主动培养深度探索的意识，提升自我认知能力。
（2）树立正确的职业价值观。

案例导读

小李的自我剖析与职业蓝图

小李是一名教育学专业的大二学生，在修读大学生职业生涯规划这门课程后，他开启了系统的自我剖析与职业探索之旅。

在气质类型方面，小李通过专业测评，确定自己属于多血质。这种气质使他热情开朗、善于交际，在课堂小组讨论和社团活动中，他总能迅速与他人建立联系，成为团队中的活跃分子。他反应敏捷，能快速理解新知识，但注意力容易分散，做事缺乏持久性。

在职业兴趣方面，小李依据霍兰德职业兴趣测试，得出自己的兴趣代码为 SEC。他喜欢与人交流，热衷于组织和参与各类活动，对教育领域充满热情，希望通过自己的努力影响和帮助他人成长。例如，他曾主动组织同学开展支教活动，在活动中负责课程设计、学生管理和与当地学校沟通协调等工作，活动取得了良好效果，这进一步坚定了他从事教育行业的决心。

在职业能力方面，小李具备较强的语言表达能力和沟通能力，在课堂发言和公开演讲中表现出色。他善于观察和分析学生的行为与心理，能够准确把握学生的需求。同时，小李在教育学专业课程学习中成绩优异，系统掌握了教育理论知识和教学方法。但他也意识到自己在教育技术应用方面存在不足，如多媒体课件制作不够精美、在线教学平台使用不够熟练。

在职业价值观方面，小李非常重视工作的社会价值，希望从事的职业能够对社会和他人产生积极影响。他渴望在教育岗位上培养出优秀的学生，为社会发展贡献力量。同时，他也看重工作中的人际关系和谐，希望在一个团结友爱的团队中工作。

基于以上自我剖析，小李明确了自己的职业目标：短期目标是在毕业后进入一所优质中小学担任教师，积累教学经验；中期目标是成为学科骨干教师，开展教学研究和创新；长期目标是成为一名优秀的教育管理者，推动学校教育改革和发展。

（根据学生真实案例改编）

分析：

小李从气质、职业兴趣、职业能力和职业价值观等多个维度进行自我剖析，全面了解了自己的优势与不足，为制定合理的职业规划奠定了坚实基础。多血质的气质特点与教育工作中需要的沟通能力和组织能力相契合；SEC 型的职业兴趣进一步明确了他在教育领域的发展方向；对职业能力的清晰认知让他能够有针对性地提升自己的短板；明确的职业价值观则为他的职业选择提供了价值导向。通过系统的自我剖析和规划，小李明确了自己的职业方向，增强了学习的动力和目标感。该案例充分展示了自我探索对大学生职业生涯规划的重要意义。

第一节　明晰自我气质类型

一、气质的概念与类型

（一）气质的概念

气质是人的个性心理特征之一，它是指在人的认识、情感、言语、行动中，心理活动发生时力量的强弱、变化的快慢和均衡程度等稳定的动力特征。气质主要表现在情绪体验的快慢、强弱，表现的隐显及动作的灵敏或迟钝方面。人的气质差异是先天形成的，受神经系统活动过程的特性所制约。孩子刚出生时，最先表现出来的就是气质差异，有的孩子爱哭好动，有的孩子平稳安静。气质是一个人所表现的从内到外的一种人格魅力。这种人格魅力（如修养、品德、举止行为、待人接物、说话的态度等）表现有高雅、恬静、文质彬彬、温文尔雅、豪放大气、不拘小节等。

（二）气质的类型

古希腊医生希波克拉底认为人体内有4种体液：血液、黏液、黄胆汁和黑胆汁。根据这4种体液的不同配合比例，人的气质分为4种类型：多血质、胆汁质、黏液质和抑郁质。

1. 多血质

多血质的人情感和行为动作反应很快，变化也快，但较为温和；易于产生情感，但体验不深；善于结交朋友，容易适应新的环境；语言具有表达力和感染力；性格活泼，表情生动，有明显的外倾性特点；机智灵敏，思维灵活，但常表现出对问题不求甚解；注意力与兴趣易于转移，不稳定；在意志力方面缺乏忍耐性，毅力不强。

2. 胆汁质

胆汁质的人反应速度快，情感和行为动作产生得迅速且强烈，性情开朗、热情、坦率，但脾气暴躁，好争论；情感易于冲动但不持久；精力旺盛，经常以极大的热情从事工作，但有时缺乏耐心；思维具有一定的灵活性，但对问题的理解具有粗枝大叶、不求甚解的倾向；意志坚强、果断勇敢，行动利落而又敏捷，说话速度快且声音洪亮。

3. 黏液质

黏液质的人情感和行为动作反应迟缓、稳定，缺乏灵活性；这类人情绪不易发生，也不易外露，很少产生激情，遇到不愉快的事也不动声色；注意力稳定、持久且难以转移；思维灵活性较差，但比较细致，喜欢沉思；在意志力方面具有耐性，对自己的行为有较大的自制力；态度稳重，沉默寡言；办事谨慎细致，从不鲁莽，但对新的工作较难适应，行为和情绪都表现出内倾性，可塑性差。

4. 抑郁质

抑郁质的人有较高的感受性，情感和行为动作反应都相当缓慢、柔弱；容易产生情感，而且体验相当深刻，隐晦而不外露，易多愁善感；往往富于想象，聪明且观察力敏锐，善于观察他人观察不到的细微事物，敏感性高，思维深刻；在意志力方面常表现出胆小怕事、优柔寡断，受到挫折后常心神不安，但对力所能及的工作会表现出坚忍的品质；不善交往，较为孤僻，具有明显的内倾性。

二、气质类型与职业

每种气质类型都有其职业适应性。从事某一类职业活动的人能体现某些共同的气质特征。不同的气质类型的人适合从事的职业也不同。在所适合的职业领域中，不同气质类型的人可以扬长避短，适应并完成一定的工作。

（一）多血质适配职业

多血质的人重大局、不贪小利、不感情用事，他们可以出色地胜任管理工作。多血质的人对谁都能坦诚相待，对新的环境适应能力较强，能以发展的眼光进行谋划、设计，以适应社会的发展。对过于简单和琐碎的工作，以及缺乏竞争和刺激、只要求细致的工作，多血质的人产生不了兴趣和热情，也做不出令人瞩目的成绩。多血质的人不安于现状，总是渴望向上、向前。

该类型的人适合从事社交性、文艺性、多样性、要求反应敏捷且均衡的工作。该类型的人不太适合从事需要细心钻研的工作，可从事较广泛的工作，如适合做外交人员、管理人员、驾驶员、医生、律师、运动员、新闻记者、冒险家、服务员、侦察员、演员等。

（二）胆汁质适配职业

胆汁质的人不拘泥于眼前的胜负，而专注于行动，热情地向自己的极限挑战。胆汁质的人往往对自己的本职工作不那么专注，不少胆汁质的人经常更换工作、更换单位甚至更换职业。也有不少胆汁质的人凭借自己掌握的知识和技能成为自由职业者，自由自在地工作和生活。他们对自己身边发生的事情，总是以旁观者的态度来对待。因此，他们对政治家、外交家、作家、记者、图案设计师、实业家、护士等职业有一定的适应性。另外，在体育界，胆汁质的人也比较活跃。

该类型的人适合从事反应迅速、动作有力、应激性强、难度较高且费力的工作，如适合做导游、勘探工作者、推销员、节目主持人、演讲者、外事接待人员等。该类型的人不适合从事稳重、细致的工作。

（三）黏液质适配职业

黏液质的人工作能力强，对工作岗位的适应性也很强。黏液质的人处世精明，情报搜集能力也出类拔萃。他们不仅能从事学术、教育、研究、医师等内向型职业，而且可以活跃在政治家、外交官、商人、律师等外向型职业领域。他们当中，以其独特才能驰骋在作家、漫画家、艺术家、服装设计、广告宣传、新闻报道领域的也不少。该类型的人适合从事有条不紊、刻板平静、难度较高的工作，如适合做外科医生、法官、管理人员、出纳人员、播音员、会计、调解员等。该类型的人不适合从事剧烈多变的工作。

（四）抑郁质适配职业

抑郁质的人积极认真、努力向上、毫不懈怠，只要肩负了责任，就以所从事的工作为荣，努力解决因不太适应而造成的困难，并把它做好，这是抑郁质人的长处。抑郁质的人归属于集团的意识强烈，富有协调精神，做公务员的较多。他们在学者、教育家、研究人员、技术人员、医生等比较内向的职业领域有较强的适应性，在会计、一般事务性工作等方面的适应性也比较强。

该类型的人适合从事兢兢业业、持久细致的工作，如适合做技术员、打字员、排版工作者、检查员、化验员、刺绣工、机要秘书等。该类型的人不适合从事要求反应灵敏、处事果断的工作。

综上所述，任何一种气质类型都有其积极和消极的方面，所以气质类型没有好坏之分，也不决定一个人的社会价值和成就大小，但气质类型能影响一个人的工作效率。不同领域的工作对人的要求是不同的，了解职业对气质的要求，了解个体的气质类型，有利于发挥个人的长处，提高适应职业的能力。因此，大学生在选择职业时，要根据自己的气质类型来选择合适的职业。

训练活动

活动一　气质类型测试

请认真阅读下列各题，对于每一题，你认为非常符合自己情况的，在题后面写上“+2”，比较符合的写上“+1”，拿不准的写上“0”，比较不符合的写上“−1”，完全不符合的写上“−2”。

1. 做事力求稳妥，不做无把握的事。
2. 遇到可气的事就怒不可遏，想把心里话全说出来才痛快。
3. 宁肯一个人干事，不愿很多人在一起。
4. 到一个新环境很快就能适应。
5. 厌恶那些强烈的刺激，如尖叫、噪声、危险的镜头等。
6. 和人争吵时，总是先发制人，喜欢挑衅。
7. 喜欢安静的环境。
8. 喜欢和人交往。
9. 羡慕那种能克制自己感情的人。
10. 生活有规律，很少违反作息制度。
11. 在多数情况下情绪是乐观的。
12. 碰到陌生人觉得很拘束。
13. 遇到令人气愤的事，能很好地克制自己。
14. 做事总是有旺盛的精力。
15. 遇到问题常常举棋不定，优柔寡断。
16. 在人群中从不觉得过分拘束。
17. 情绪高昂时，觉得干什么都有趣。
18. 当注意力集中于一件事时，别的事很难使我分心。
19. 理解问题总比别人快。

20. 碰到危险情境，常有一种极度恐怖感。
21. 对学习、工作、事业怀有很高的热情。
22. 能够长时间做枯燥、单调的工作。
23. 符合兴趣的事情，干起来劲头十足，否则就不想干。
24. 一点小事就能引起情绪波动。
25. 讨厌做那种需要耐心、细致的工作。
26. 与人交往不卑不亢。
27. 喜欢参加热烈的活动。
28. 爱看感情细腻、描写人物内心活动的文学作品。
29. 工作、学习时间长了，常感到厌倦。
30. 不喜欢长时间谈论一个问题，愿意实际动手干。
31. 宁愿侃侃而谈，不愿窃窃私语。
32. 别人说我总是闷闷不乐。
33. 疲倦时只要短暂的休息就能精神抖擞，重新投入工作。
34. 理解问题常比别人慢一些。
35. 心里有话宁愿自己想，不愿说出来。
36. 认准一个目标就希望尽快实现，不达目的，誓不罢休。
37. 学习、工作同样一段时间后，常比别人更疲倦。
38. 做事有些莽撞，常常不考虑后果。
39. 老师或师傅讲授新知识、新技术时，总希望讲得慢一些，多重复几遍。
40. 能够很快地忘记那些不愉快的事情。
41. 做作业或完成一件工作总比别人花的时间多。
42. 喜欢运动量大的剧烈体育活动，或参加各种文娱活动。
43. 不能很快地把注意力从一件事转移到另一件事上去。
44. 接受一个任务后，希望把它迅速完成。
45. 认为墨守成规比冒风险强一些。
46. 能够同时注意几件事物。
47. 当我烦闷的时候，别人很难使我高兴起来。
48. 爱看情节起伏跌宕、激动人心的小说。
49. 对工作抱认真严谨、始终一贯的态度。
50. 和周围人的关系总是相处不好。
51. 喜欢复习学过的知识，重复做已经掌握的工作。
52. 喜欢做变化大、花样多的工作。
53. 小时候会背的诗歌，我似乎比别人记得清楚。
54. 别人说我“出语伤人”，可我并不这样觉得。

55. 在体育活动中，常因反应慢而落后。
56. 反应敏捷，头脑机智。
57. 喜欢有条理而不甚麻烦的工作。
58. 兴奋的事常使我失眠。
59. 老师讲新概念，常常听不懂，但是弄懂以后就很难忘记。
60. 假如工作枯燥无味，马上就会情绪低落。

计分方法：

各气质类型包括的题目如下。

胆汁质：包括第 2、6、9、14、17、21、27、31、36、38、42、48、50、54、58 题。

多血质：包括第 4、8、1、16、19、23、25、29、34、40、44、46、52、56、60 题。

黏液质：包括第 1、7、10、13、18、22、26、30、33、39、43、45、49、55、57 题。

抑郁质：包括第 3、5、12、15、20、24、28、32、35、37、41、47、51、53、59 题。

把每种气质类型各题得分相加，即得该类型的总分。

结果解释：

如果某种气质得分明显高出其他三种（均高出 4 分以上），则可定为该种气质；如果两种气质得分接近（差异低于 3 分）而又明显高于其他两种（高出 4 分以上），则可定为两种气质的混合型；如果三种气质均高于第四种的得分且相接近，则为三种气质的混合型。

活动二　卡特尔 16PF 测验

16 种人格因素问卷是美国伊利诺州立大学人格及能力测验研究所卡特尔教授编制的用于人格检测的一份问卷，简称 16PF。该测试使用国际通用的 16PF 人格心理测验，同时结合中国常模标准和临床实践作出判断。测验共 187 道题目，能在 45 分钟的时间测量出 16 种主要人格特征。登录江汉大学就业信息网，选择“卡特尔 16PF 测验”，进行测试。

第二节　探索自我职业兴趣

一、兴趣与职业兴趣的概念

（一）兴趣的概念

兴趣既指主体对事物的喜好或关切的情绪，又指人们力求认识某种事物和从事某项活动的意识倾向。它表现为人们对某种事物、某项活动的选择性态度和积极的情绪反应。

兴趣在人们的实践活动中具有重要意义，它可以使人集中注意力，产生紧张而愉快的心理状态。这对人的认识活动会产生积极的影响，有利于提高工作质量和效率。

（二）职业兴趣的概念

职业兴趣是指人们对某种职业活动的关注程度以及乐于从事某种职业活动的稳定、积极而持久的心理倾向。它是一个人探究某种职业或从事某种职业活动所表现出来的特殊性格倾向，使个人对某种职业给予优先的注意，并具有向往的情感。职业兴趣是人们职业生涯取得成功的重要推动力，浓厚的职业兴趣能够最大限度地调动人的潜能，使人们长期专注于某一方向，做出艰苦的努力，并最终取得职业生涯的成功。

二、职业兴趣与职业发展的关系

职业兴趣的本质是内驱力。职业兴趣作为个体职业选择与发展的重要内在驱动力，与职业发展之间存在着紧密且多维的联系，它能激发持续的学习投入与职业探索，深刻影响个人职业生涯的走向与质量。例如，对编程有浓厚兴趣的人，即使面对复杂的代码调试也会产生心流体验，这种正向反馈循环推动技能精进与职业晋升。

在职业定向层面，职业兴趣为职业选择指明方向。它帮助个体在错综复杂的职业版图中，识别出真正契合自身的发展路径。从好奇到投入，最终升华为“志趣”驱动的坚定追求，这种情感递进过程赋予职业选择明确的方向性与持久的行动力。

从能力开发角度看，职业兴趣是激发个人潜能、推动智力发展的强大动力。兴趣驱动的职业选择往往伴随更强的主动探索意愿。当个体对某一职业领域产生浓厚兴趣时，会主动激发探索欲望，全身心投入学习与实践。这种积极主动的探索行为，能充分调动个体的主观能动性与创造性，使其智力与体力发挥到极致，从而更易在职业领域取得突出成就。

职业兴趣还深刻影响工作体验与身心健康。从事感兴趣的职业，即便工作强度大、任务重，个体也能从中获得满足感与成就感，保持积极愉悦的工作状态。相反，若从事不感兴趣的工作，个体易产生消极被动的工作态度，不仅影响工作效率与质量，还可能引发人际关系矛盾，长期处于这种状态会导致工作倦息，对身心健康造成负面影响。

综上所述，职业兴趣贯穿职业发展的全过程，从职业选择的方向指引到职业能力的持续提升，再到工作体验与身心健康的维护，都发挥着不可替代的重要作用。因此，在职业发展规划中，只有充分认识并重视职业兴趣的作用，将其作为职业选择与发展的重要依据，才能实现个人与职业的良性互动，收获充实且有意义的职业生涯。

案例

医路逐梦：从兴趣萌芽到临床深造的成长轨迹

2024届毕业生余同学，自儿时目睹医生救死扶伤的场景后，便埋下从医的种子。2019

年，他以坚定的信念考入临床医学专业，开启了以兴趣为底色的职业探索之旅。

1. 兴趣奠基：从憧憬到专业深耕

受家庭与媒体影响，余同学对医学的兴趣早早萌芽。高考后，他主动研究招生简章，在家人支持下毅然选择临床医学专业。大学期间，他将兴趣转化为学习动力：课堂上系统掌握解剖学、生理学等基础理论，实验室里反复练习外科缝合、穿刺等技能，临床实习中跟随带教老师观察手术流程，甚至主动申请参与社区义诊，为居民普及健康知识。这些经历不仅夯实了他的专业基础，更让“健康所系，性命相托”的誓言融入职业血液。

2. 实践淬炼：在临床中验证兴趣

余同学深知医学是“实践出真知”的学科。大二暑假，他进入武汉市某医院普外科见习，共参与 30 余台手术观摩，从术前消毒到术后护理全程跟进。某次在跟随老师处理创伤患者时，他目睹医生以精湛技术快速止血、缝合伤口，患者转危为安的场景让他深刻体会到外科的魅力，自此明确了主攻外科方向的职业规划。此后，他主动申请加入“创伤修复”科研小组，参与“负压封闭引流技术在慢性创面中的应用”课题，通过动物实验掌握创面修复的基础研究方法，进一步深化了对专业的理解。

3. 研途坚守：以兴趣驱动持续成长

大四时，余同学面临就业与深造的抉择。基于对医学领域深度探索的渴望，他选择考研，并锁定外科方向。备考期间，他将兴趣转化为抗压能力：针对外科综合知识，他自制“疾病-解剖-术式”思维导图，将抽象知识具象化；为提升临床思维，他每日复盘实习中遇到的典型病例，模拟考研复试中的“病例分析”场景。2024 年考研中，他以外科方向面试第一、总分第二的成绩成功“上岸”，成为医学部为数不多的“本校读研”学生。

4. 职业启航：兴趣与责任的双重践行

如今，余同学作为武汉市某医院规培医师，在临床一线继续自己的兴趣与责任。他参与完成阑尾切除、清创缝合等常规手术 50 余例，在带教老师指导下独立完成术前评估、术后康复方案制订。某次夜班中，他凭借扎实的解剖学知识，快速判断一名腹部创伤患者存在脾破裂的风险，及时协助医生完成急诊手术，挽救了患者生命。这段经历让他深刻认识到：兴趣是职业选择的起点，而持续的学习与责任担当才是职业生涯的续航力。

分析：

余同学的成长历程深刻展现了兴趣与职业发展的深度融合与相互赋能。儿时对医生救死扶伤场景的憧憬成为余同学职业选择的原始驱动力，这种纯粹的热爱促使他在高考时坚定选择，开启系统的医学学习。大学期间，他对医学的兴趣进一步转化为主动探索的动力——不仅深耕理论知识、积极参与临床实践，更在患者康复的真实场景中强化职业认同，使兴趣从感性认知升华为对“健康所系，性命相托”誓言的理性践行。面对毕业抉择，兴趣已然内化为对医学领域深入探索的强烈渴望，推动他果断踏上考研之路。备考中，兴趣成为他对抗枯燥与压力的精神支撑，促使他建立个性化知识框架、持续攻坚难点，最终以优异成绩考取硕士研究生。如今作为规培医师，兴趣又转化为他临床工作中精益求精的内在要求，驱动他在技术提升与救死扶伤中不断实现职业价值。从兴趣萌芽到职业坚守，余同学的经历印证了兴趣不仅是职业选择的起点，更是贯穿职业发展全程的核心动能，它通过持续激发内在热情与行动力，引领个体在职业道路上深耕细作、逐梦前行，最终实现兴趣与事业的同频共振。

三、霍兰德职业兴趣理论

约翰·霍兰德将人格类型分为现实型（realistic type，R）、研究型（investigative type，I）、艺术型（artistic type，A）、社会型（social type，S）、企业型（enterprising type，E）和传统型（conventional type，C）（图 3-1）。

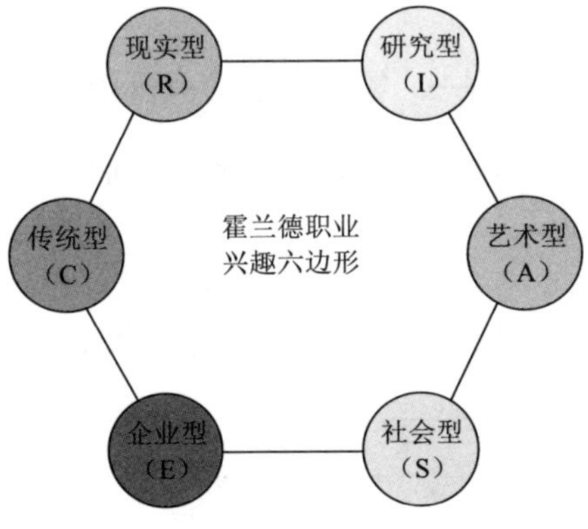

图 3-1　霍兰德职业兴趣六边形

对于个人来说，如果人格类型与职业匹配，就会感到内在的满足，并能充分发挥自己的聪明才智；如果人格类型与职业相近，经过努力也会适应工作，从而取得成就；而如果人格类型与职业相斥，就会觉得工作索然无味，最终无法胜任。

霍兰德 6 种职业兴趣类型之间的关系有相邻关系、相隔关系和相对关系。在六边形上距离越近，心理类型越接近；距离越远，则心理类型差异越大。

1）相邻关系。在六边形上处于相邻位置的类型之间的关系即为相邻关系，如 RI、IR、IA、AI、AS、SA、SE、ES、EC、CE、RC 及 CR。属于这种关系的两种类型的个体之间共同点较多。例如，R 型、I 型的人都不太偏好人际交往，这两种职业环境也都较少与人接触。

2）相隔关系。在六边形上处于相隔位置的类型之间的关系即为相隔关系，如 RA、RE、IC、IS、AR、AE、SI、SC、EA、ER、CI 及 CS。属于这种关系的两种类型的个体之间共同点较相邻关系少。

3）相对关系。在六边形上处于对角位置的类型之间的关系即为相对关系，如 RS、IE、AC、SR、EI、CA。属于这种关系的两种类型的个体之间共同点少。因此，一个人同时对处于相对关系的两种类型职业环境都感兴趣的情况较为少见。

霍兰德的 6 种职业人格类型，分别适合 6 种不同类型的职业和环境。职业兴趣探索常用的工具之一是霍兰德职业兴趣测评，但测评结果只能作为一种参考。在现实生活中，一个人的职业生涯选择与发展是一个不断试错、不断摸索的过程。在这个试错和摸索的过程中，每个人都应该根据自身的价值观、需要、能力等形成较为明晰的职业选择与发展方向。当然，每种测评都有一定的测评误差，霍兰德职业兴趣测评也不能百分之百地反映一个人的兴趣爱好。霍兰德职业兴趣测评不是只用一次，而是在一个人的不同阶段均可以施测。这样，一方面可以减小测评结果的误差；另一方面，兴趣是动态发展的，不是一成不变的，不同阶段测得的结果可能不同。

训练活动

活动一　霍兰德职业兴趣测评

说明：本测评共有 6 个部分，每部分测验都没有时间限制。

1. 你心目中的理想职业

对于未来的职业，你需要尽早考虑，它可能很抽象、很模糊，也可能很具体、很清晰。不论是哪种情况，现在都请你把自己最想从事的三种职业，按顺序写下来。

1）________________

2）________________

3）________________

2. 你所感兴趣的活动

下面列举了若干种活动，请就这些活动判断自己的好恶。喜欢的，请在“是”栏里打“√”；不喜欢的，请在“否”栏里打“×”。请按顺序回答全部问题。这一部分测验旨在确定你的职业兴趣，而不是让你选择工作，你喜欢某种活动并不意味着你一定要从事这项活动。答题时不必考虑过去是否做过和擅长这项活动，根据你的兴趣直接判断即可，请务必答完每一道题。

R：现实型活动	是	否
1）装配修理电器或玩具	□	□
2）修理自行车	□	□
3）用木头做东西	□	□
4）开汽车或摩托车	□	□
5）用机器做东西	□	□
6）参加木工技术学习班	□	□

7）参加制图描图学习班 □ □
8）驾驶卡车或拖拉机 □ □
9）参加机械和电气学习班 □ □
10）装配修理机器 □ □
统计“是”一栏得分，计________。

I：研究型活动　　是 否
1）读科技类图书和杂志 □ □
2）在实验室工作 □ □
3）改良水果品种，培育新的水果品种 □ □
4）调查了解土壤和金属等物质的成分 □ □
5）研究自己选择的特殊问题 □ □
6）解数学题或玩数学游戏 □ □
7）上物理课 □ □
8）上化学课 □ □
9）上几何课 □ □
10）上生物课 □ □
统计“是”一栏得分，计________。

A：艺术型活动　　是 否
1）素描、制图或绘画 □ □
2）参加话剧、戏剧 □ □
3）设计家具、布置室内 □ □
4）练习乐器或参加乐队 □ □
5）欣赏音乐或戏剧 □ □
6）看小说或读剧本 □ □
7）从事摄影创作 □ □
8）写诗或吟诗 □ □
9）进行艺术（美术、音乐）培训 □ □
10）练习书法 □ □
统计“是”一栏得分，计________。

S：社会型活动　　是 否
1）学校或单位组织的正式活动 □ □
2）参加某个社会团体或俱乐部组织的活动 □ □

3）帮助别人解决困难 □ □
4）照顾儿童 □ □
5）出席晚会、联欢会、茶话会 □ □
6）和大家一起去郊游 □ □
7）想获得关于心理等方面的知识 □ □
8）参加讲座会或辩论会 □ □
9）观看或参加体育比赛和运动会 □ □
10）结交新朋友 □ □
统计“是”一栏得分，计________。

E：企业型活动 是 否
1）说服、鼓动他人 □ □
2）卖东西 □ □
3）谈论政治 □ □
4）制订计划，参加会议 □ □
5）以自己的意志影响别人的行为 □ □
6）在社会团体中担任职务 □ □
7）检查与评价别人的工作 □ □
8）结交名流 □ □
9）指导有某种目标的团体 □ □
10）参与政治活动 □ □
统计“是”一栏得分，计________。

C：传统型活动 是 否
1）整理好桌面和房间 □ □
2）抄写文件和信件 □ □
3）为领导写报告或公务信函 □ □
4）检查个人收支情况 □ □
5）参加打字培训班 □ □
6）参加算盘、文秘等实务培训 □ □
7）参加商业会计培训班 □ □
8）参加情报处理培训班 □ □
9）整理信件、报告、记录等 □ □
10）写商业贸易信 □ □
统计“是”一栏得分，计________。

3. 您所擅长的活动

下面列举了若干种活动，如果有你能做的或大概能做的，请在“是”栏里打“√”；反之，在“否”栏里打“×”。注意，如果你从未开展过这一活动，那就请考虑将来是否会擅长该项活动。请务必做完每一道题。

R：现实型活动	是	否
1）能使用电锯、电钻和锉刀等木工工具	□	□
2）知道万用表的使用方法	□	□
3）能够修理自行车或其他机械	□	□
4）能够使用电钻床、磨床或缝纫机	□	□
5）能给家具和木制品刷漆	□	□
6）能看懂建筑设计图	□	□
7）能够修理简单的电气用品	□	□
8）能修理家具	□	□
9）能修理收录机	□	□
10）能简单地修理水管	□	□

统计“是”一栏得分，计________。

I：研究型能力	是	否
1）懂得真空管或晶体管的作用	□	□
2）能够列举三种蛋白质含量丰富的食品	□	□
3）理解铀的裂变	□	□
4）会使用计算尺、计算器、对数表	□	□
5）会使用显微镜	□	□
6）能找到三个星座	□	□
7）能独立进行调查研究	□	□
8）能解释简单的化学现象	□	□
9）理解人造卫星为什么不会落地	□	□
10）经常参加学术会议	□	□

统计“是”一栏得分，计________。

A：艺术型能力	是	否
1）能演奏乐器	□	□
2）能参加二部或四部合唱	□	□
3）能独唱或独奏	□	□
4）能扮演剧中角色	□	□

5）能创作简单的乐曲 □ □
6）会跳舞 □ □
7）会绘画、素描或书法 □ □
8）会雕刻、剪纸或泥塑 □ □
9）能设计板报、服装或家具 □ □
10）写得一手好文章 □ □
统计“是”一栏得分，计________。

S: 社会型能力 是 否
1）有向各类人士说明解释的能力 □ □
2）常参加社会福利活动 □ □
3）能友好地和大家一起工作 □ □
4）善于与年长者相处 □ □
5）会邀请人、招待人 □ □
6）能简明易懂地教育儿童 □ □
7）能安排会议等活动 □ □
8）善于体察人心和帮助他人 □ □
9）帮助护理病人和伤员 □ □
10）安排社团组织的各种事务 □ □
统计“是”一栏得分，计________。

E: 企业型能力 是 否
1）担任过学生干部并且干得不错 □ □
2）工作上能指导和监督他人 □ □
3）做事充满活力和热情 □ □
4）有效利用自己的想法调动他人 □ □
5）销售能力强 □ □
6）曾作为俱乐部或社团的负责人 □ □
7）向领导提出建议或反映情况 □ □
8）有开创事业的能力 □ □
9）知道怎样做能成为一名优秀的领导者 □ □
10）健谈善辩 □ □
统计“是”一栏得分，计________。

C: 常规型能力 是 否
1）能熟练地打字 □ □

2）会使用复印机 □ □
3）能快速记笔记和抄写文章 □ □
4）善于整理、保管文件和资料 □ □
5）善于从事事务性工作 □ □
6）核对数据或文章时既快又准 □ □
7）能在短时间内分类和处理大量文件 □ □
8）会使用电子计算机 □ □
9）能搜集数据 □ □
10）善于为自己或集体做财务预算表 □ □

统计“是”一栏得分，计________。

4. 你所喜欢的职业

下面列举了多种职业，如果有你喜欢的职业，请在“是”栏里打“√”；如果是你不太喜欢的职业，请在“否”栏里打“×”。请回答全部问题。

R：现实型职业　是 否

1）飞机机械师 □ □
2）野生动物专家 □ □
3）汽车维修工 □ □
4）木匠 □ □
5）测量工程师 □ □
6）无线电报务员 □ □
7）园艺师 □ □
8）长途公共汽车司机 □ □
9）机械师 □ □
10）电工 □ □

统计“是”一栏得分，计________。

I：研究型职业　是 否

1）气象学者或天文学者 □ □
2）生物学者 □ □
3）医学实验室的技术人员 □ □
4）人类学者 □ □
5）动物学者 □ □
6）化学学者 □ □
7）数学学者 □ □
8）科学杂志的编辑或作家 □ □

9）地质学者 □ □
10）物理学者 □ □
统计“是”一栏得分，计________。

A: 艺术型职业 是 否
1）乐队指挥 □ □
2）演奏家 □ □
3）作家 □ □
4）摄影家 □ □
5）记者 □ □
6）画家、书法家 □ □
7）歌唱家 □ □
8）作曲家 □ □
9）影视演员 □ □
10）相声演员 □ □
统计“是”一栏得分，计________。

S: 社会型职业 是 否
1）街道、工会或妇联干部 □ □
2）小学、中学教师 □ □
3）精神病医生 □ □
4）婚姻介绍所工作人员 □ □
5）体育教练 □ □
6）福利机构负责人 □ □
7）心理咨询员 □ □
8）共青团干部 □ □
9）导游 □ □
10）职业介绍所工作人员 □ □
统计“是”一栏得分，计________。

E: 企业型职业 是 否
1）厂长 □ □
2）电视剧制片人 □ □
3）公司经理 □ □
4）销售员 □ □

5）不动产推销员 □ □
6）广告部长 □ □
7）体育活动主办者 □ □
8）销售部长 □ □
9）个体工商业者 □ □
10）企业管理咨询人员 □ □
统计“是”一栏得分，计________。

C：常规型职业 是 否
1）会计师 □ □
2）银行出纳员 □ □
3）税收管理员 □ □
4）计算机操作员 □ □
5）簿记人员 □ □
6）成本核算员 □ □
7）文书档案管理员 □ □
8）打字员 □ □
9）法庭书记员 □ □
10）人口普查登记员 □ □
统计“是”一栏得分，计________。

5. 你的能力类型简评

表 3-1 和表 3-2 是你在 6 个职业能力方面的自我评定表。你可以先与同学比较自己在每一方面的能力，然后对自己的能力作出评估。请在表 3-1 和表 3-2 中适当的数字上画圈。数字越大，表示你的能力越强。注意，请勿全部画同样的数字，因为人的每项能力不可能完全一样。

表 3-1　自我评定表（1）

机械操作能力（R 型）	科学研究能力（I 型）	艺术创作能力（A 型）	解释表达能力（S 型）	商业洽谈能力（E 型）	事务执行能力（C 型）
7	7	7	7	7	7
6	6	6	6	6	6
5	5	5	5	5	5
4	4	4	4	4	4
3	3	3	3	3	3
2	2	2	2	2	2
1	1	1	1	1	1

表 3-2　自我评定表（2）

体育技能（R 型）	数学技能（I 型）	音乐技能（A 型）	交际技能（S 型）	领导技能（E 型）	办公技能（C 型）
7	7	7	7	7	7
6	6	6	6	6	6
5	5	5	5	5	5
4	4	4	4	4	4
3	3	3	3	3	3
2	2	2	2	2	2
1	1	1	1	1	1

6. 统计和确定你的职业倾向

请将第二部分至第五部分的全部分数按前面已统计好的六种职业倾向（R 型、I 型、A 型、S 型、E 型和 C 型）的得分填入表 3-3，并做纵向累加。

表 3-3　职业倾向测定表

测试	R 型	I 型	A 型	S 型	E 型	C 型
第二部分						
第三部分						
第四部分						
第五部分（1）						
第五部分（2）						
总分						

请将表 3-3 中的六种职业倾向总分按大小顺序依次排列：________型、________型、________型、________型、________型、________型。

最高分________；你的职业倾向性得分________；最低分________。

得分最高的职业类型意味着最适合你。

活动二　六 岛 环 游

1. 活动介绍

材料准备：兴趣岛岛标、彩笔、白纸等。

2. 活动流程

1）介绍六座岛的特点。

R 岛：自然原始的岛。岛上自然生态保持得很好，有各种野生动物，居民以手工见长，自己种植花果蔬菜、修缮房屋、打造器物、制作工具，喜欢户外运动。

I 岛：深思冥想的岛。岛上有多处天文馆、科技博览馆和图书馆。居民喜好观察、学习，崇尚和追求真知，常有机会和来自各地的哲学家、科学家、心理学家等交流心得。

A 岛：美丽浪漫的岛。岛上有美术馆、音乐厅、街头雕塑和街边艺人，弥漫着浓厚的艺术文化气息。居民保留着传统的舞蹈、音乐和绘画，许多文艺界的朋友喜欢来这里寻找灵感。

S 岛：友善亲切的岛。岛上居民个性温和、友善、乐于助人，各个社区均自成一个密切互助的服务网络，人们重视互助合作、重视教育，关怀他人，充满人文气息。

E 岛：显赫富庶的岛。岛上居民善于经营和贸易，能言善道，经济高度发展，处处是高级饭店、俱乐部、高尔夫球场，来往者多是企业家、政治家、经理人、律师等。

C 岛：现代、井然有序的岛。岛上的建筑十分现代化，是进步的都市形态，以完善的户政管理、地政管理、金融管理见长。岛民个性冷静保守，处事有条不紊，善于组织规划，细心高效。

2）自由选择自己想要去的岛，并组成团队。

3）团队在白纸上设计属于自己的岛画像。

4）画像完成后，请各个岛的代表向大家展示自己所在的岛并介绍岛民。

5）对照个人代码，了解各职业兴趣类型对应的职业类别和典型职业。

第三节　发掘自我职业潜能

评估自己的能力

一、能力与职业能力的概念

（一）能力的概念

能力是指能够顺利完成某些活动所必须具备的个性心理特征。也就是说，能力是直接影响活动效率，使活动得以顺利进行的心理特征。

美国著名的组织行为研究者大卫•麦克利兰将能力素质界定为：能明确区分在特定工作岗位和组织环境中杰出绩效水平和一般绩效水平的个人特征。它分为 5 个层次：知识、技能、自我概念、特质和动机。麦克利兰应用冰山理论，把属于海平面上的知识和技能称为通用性能力素质，把真正能区分优秀者与一般人的自我概念、特质和动机称为鉴别性能力素质。

拓展阅读

能力的分类

能力按照其获得的方式（先天具有与后天培养），可以分为能力倾向和技能两大类。

1. 能力倾向

能力倾向是指每个人与生俱来的特殊才能，如音乐能力、运动能力等。它虽是与生俱来的，但有可能因未被开发而荒废。因此，它是一种潜能。例如，有些人具备和歌唱家一样的音准和节奏，但他们没有机会去发展这方面的能力。

2. 技能

技能是指经过后天学习和练习而获得的能够完成一定任务的动作和智能系统，如表达能力、演讲能力、组织能力、人际交往能力等。

技能与知识不同。知识（如生活常识、物理知识、化学知识、数学知识等）可以通过语言文字等形式传授，而技能必须亲自学习并坚持练习，才能掌握其中的技巧。

美国心理学家辛迪·梵（Scdney Fine）和理查德·鲍尔斯（Richard Bolles）将技能分为 3 种类型：知识技能、自我管理技能和可迁移技能。

1）知识技能。知识技能是指那些需要通过教育或培训才能获得的特别知识或能力。

2）自我管理技能。自我管理技能经常被看作个性品质而非技能，因为它被用来描述或说明人具有的某些特征。它涉及个体在不同的环境下如何管理自己：是勇于创新，还是循规蹈矩；是认真做事，还是敷衍了事；能否在压力下保持镇定；是否对工作有热情；是否自信；等等。良好的自我管理技能能够帮助个体更好地适应周围的环境、应对工作中出现的问题，因此它也被称为适应性技能。

3）可迁移技能。可迁移技能是指在多个岗位、多个企业都可以使用的技能，可以理解为专业技能之外的通用技能，如沟通能力、创造力、领导能力、团队合作能力等。

这 3 种技能的关系可以用盖房子来比喻：知识技能如同各种原材料，如砖、水泥、沙子、钢筋、水等；可迁移技能如同施工的工人，他们用自己的行动把这些零星的原材料变为建筑，为人类所用；自我管理技能如同房子的质量，关系到房子的用途和使用年限。

（二）职业能力的概念

职业能力是指顺利完成某种职业活动所必需的并影响活动效率的个体主观条件。不同类型的职业对从业者所要求的能力结构不同。

拓展阅读

能力与职业

当一个人的能力与工作要求相匹配时，最容易发挥自己的潜能，并能获得满足感；当一个人去做自己力所不能及的工作时，就会感到焦虑，甚至产生挫败感；当一个人的能力超出工作要求太多时，容易感到工作缺乏挑战。因此，在选择职业时，要寻求个人能力与职业要求的匹配，这体现在两个方面：一方面是个人能力水平与职业层次相一致；另一方面是职业必须充分发挥个人的优势能力。例如，从思维能力来看，有些人擅长抽象思维，这类人比较适合从事与哲学、数学、物理学等相关的理论性、逻辑性较强的工作；有些人擅长具体动作思维，这类人比较适合从事体操、机械维修等技能性的工作；

有些人擅长形象思维，这类人比较适合从事写作、音乐、绘画等文学艺术方面的工作。所以，只有根据自己的能力来确定自己的职业方向和领域，才能胜任并快乐地工作。

二、发现职业能力的方法

可以通过以下两种方法发现自己的职业能力。

（一）“STAR”法

“STAR”法是一种通过回顾过往经历来挖掘自身能力的有效方法。具体而言，可以回忆曾经遇到的难题，思考自己是如何应对和解决的，以及最终的结果是成功还是失败。在回顾过程中，可从以下四个方面进行思考。

S（situation，状况）：你曾经面临什么问题？

T（tasks，任务）：你承担了什么任务、责任？

A（action，行动）：你采取了什么行动来解决问题？

R（result，结果）：你的行动取得了什么样的有益结果？

例如，某学生认为自己成功组织了学校毕业晚会，能体现自身职业能力。用“STAR”法来分析：

S：筹备晚会前期，大家想法很多，想在晚会上表达的也很多，但是晚会时长有限，需要精心筛选节目内容。

T：组织一场令大家都难忘的毕业晚会。

A：首先收集毕业生对毕业晚会的想法，根据收集到的内容以及节目的类型划分出几个主题，将相似的节目进行整合，安排演员阵容，动员节目中参与度较低、表演效果欠佳的同学创编新节目或者转到后勤组，协助自己开展后期的工作。逐一审核节目，与节目负责人商量人员安排及节目内容改进的细节等工作。

R：几乎所有毕业生都发挥了自己的特长，每一个同学都在前期用心沟通，找到晚会对应的工作岗位，明确个人工作内容，相互配合。经过前期的筛选，节目内容精致，时间把控严格。这是一场令人难忘的毕业晚会。

通过“STAR”的法则，可以发现该学生具备沟通协作、组织领导等职业能力。

练习

我的过往经历

梳理你的过往经历。然后运用“STAR”法发现自己的职业能力。

（二）书写成就故事

书写成就故事，是梳理自我经历、挖掘职业能力的有效方式。这里的“成就”，并非局限于学习或工作场景，也涵盖娱乐活动、家庭生活中的经历；不一定要是惊天动地的大事，诸如成功组织一次班级出游这类小事，同样值得记录。

判断一个故事是否属于成就故事，可参考以下两条标准：其一，在做这件事的过程中，充分享受其中的体验；其二，完成这件事后，为最终的成果感到由衷自豪。通过书写这些成就故事并加以分析，能够清晰地洞察自己在不同情境下所展现的职业能力。

三、塞利格曼优势理论

积极心理学之父马丁・塞利格曼（Martin Seligman）认为真实的幸福源于自己的优势和美德。幸福就是发现和了解自己最好的品质、最擅长的才华，反复在生活中实践，化枯燥为乐趣，并为更大的意义、更高的目标服务。

塞利格曼与克里斯托弗・彼得森（Christopher Peterson）一起遍览群书，深研全球各个地区的不同文化，最终将人类最终的美德和优势汇成《性格优势与美德》（*Character Strength sand Virtues*），其中详细列举了促进人类历史发展并在社会各个层面为人类所推崇的六种美德：智慧、勇气、仁爱、正义、节制、精神卓越。这些美德有如下特点。

1）无论是在伟人或普通人的身上都会经常出现。

2）它们本身就具有巨大的价值。

3）它们本身就是目标，而不是实现其他目标的手段。

4）它们不会妨碍别人，只会让别人敬仰。

5）它们是社会普遍提倡的美德和优势。

6）这些美德有先天成分在里面，但更多地只能靠后天的努力培养才能获得。

这 6 种美德具有普适性，适合于各种文化，它们可细分为 24 种优势，见表 3-4。

表 3-4　6 种美德及 24 种优势

美德	细分优势
智慧	创造力、好奇心、好学、开放性思维、洞察力
勇气	勇敢、毅力、正直、活力
仁爱	仁爱、爱、情商
正义	社会责任感、公平、领导力
节制	谦虚、谨慎、自我管理、宽恕
精神卓越	美感、感恩、希望、灵性、幽默

案例

看见优势：专升本学生小成的求职信心重塑之路

最后一个学年开学初，工商管理专业的专升本学生小成，通过 QQ 向辅导员发出谈心请求。此时的他，正深陷毕业选择的迷茫泥沼：因专升本身份，在求职过程中屡遭冷眼，就业信心备受打击；同时，刚过去的整个暑假全力投入的考研复习也陷入瓶颈期。

就业与考研的两难抉择，让进入本科最后一年的他焦虑不已。

辅导员在了解情况后，深知帮助小成重新认识自我是破局关键。辅导员先是向小成讲述身边优秀专升本学生考研上岸、考公成功、优质就业的真实案例，用榜样的力量打破"专升本难有发展"的偏见，初步树立其信心。而后，深入挖掘小成自身优势：小成拥有多学科背景，专科与本科专业的差异赋予他更广阔的知识视野；丰富的社会实践经历，让他积累了扎实的实操经验；一直以来，他保持着刻苦的学习态度，取得了较好的学习成绩。辅导员还告诉小成，考研和就业并非对立，完全可以凭借自身优势先求职拿到 offer，再安心备考。

在辅导员的引导下，小成开始重新审视自己。他积极调整心态，带着被发掘的优势走进招聘会。在求职过程中，小成着重突出自己的多学科知识整合能力、丰富的实践经验以及坚韧的学习态度。最终，他凭借自身优势脱颖而出，成为学院第一个拿到 offer 的专升本学生。如今，手握工作机会的小成，正以更从容自信的姿态积极备考，向着考研目标稳步迈进。

分析：

小成的经历展现了自我认知对求职的重要性。他因外界的偏见和自身的迷茫，一度忽视了自己的优势。辅导员通过分享真实案例，帮助他重新审视自身特点，将多学科背景、实践经历等转化为求职竞争力，打破了"专升本就业受限"的固有认知。这一过程印证了，如果求职者能够清晰认识自身优势，就能有效增强求职信心，在就业市场中找到属于自己的机会。小成的故事不仅是个人的成长突破，更为其他面临类似困境的学生提供了宝贵经验，证明了只要善于发现并发挥自身优势，就能在职业发展道路上实现突破。

训练活动

活动一　我 的 愿 望

写出 7 件让你感到高兴、骄傲且希望自己常常从事的活动，你也可以写一些自己很喜欢做但未做过的活动。对于你所提到的每一项活动，问自己如下问题："它与工作或职业有关吗？"如果是，就在该活动后面把职业名称写下来。

1）________________

2）________________

3）________________

4）________________

5）________________

6）________________

7）________________

活动二　我的成就故事

挖掘你经历中某个特别有成就感的事件，找到自己的能力倾向。可参考表3-5的提示梳理你的成就故事。

表3-5　我的成就故事

故事情境	故事提要	具体内容
故事（场景和行动）	当时是什么情景，具体发生了什么？哪些细节让你印象深刻？如何看待你的这些高光时刻？显示了你的哪些特质？这些特质会给你的生涯发展带来哪些价值？这对你来说意味着什么？你觉得未来做什么比较有意义？	
	你是怎么想的？你做了什么？是什么让你有成就感？	
	最终结果如何？你是怎么做到的？	
优势（不同视角）	通过这次事件，你对自己的特质有什么发现？	
	当时在场的有哪些人？他们对你如何评价？	
	如果对你比较重要的人知道这件事，他会怎么评价你？	
智慧（迁移应用）	哪些场景或领域可以运用你的优势？	
	怎样持续运用和突出这些优势？	

第四节　澄清自我职业价值观

认清自己的职业价值观

一、价值观与职业价值观的概念

（一）价值观的概念

价值观是指个人对客观事物及自己行为结果的意义、作用、效果和重要性的总体评价，是对“什么是好的”总的看法，是推动并指引一个人作出决定、采取行动的原则与准则，是个性心理结构的核心因素之一。它使人的行为带有稳定的倾向性。

（二）职业价值观的概念

职业价值观是个体对各种职业价值的基本认识和基本态度。简单来说，职业价值观是指无论从事什么工作，都会努力在工作中追求的东西。每一个求职者由于所受的教育程度和所处环境的差异，其职业目标和要求也不同，这就需要做出选择，而左右其选择的，往往就是其职业价值观。

二、职业价值观与职业发展的关系

“人各有志”的“志”表现在职业选择上就是职业价值观，它是一种具有明确目的性、自觉性和坚定性的职业选择的态度和行为，对一个人的职业目标和择业动机起着决定性的作用。职业价值观在人们的职业生涯发展中起着重要且决定方向的作用，甚至超过了兴趣和性格对人们的影响。例如，著名歌星席琳·迪翁在事业的巅峰时期退出乐坛相夫教子，就是由于她在丈夫生病住院后深刻认识到与家人相处的时间有限，而且她认为与家人相处比事业更宝贵。她的职业价值观导致她做出对自己的职业发展产生重大影响的选择。

在为自己做职业生涯规划之前，一定要清楚和明确自己的职业价值观。职业价值观决定了在进行职业决策时哪些因素对自己是重要的，哪些因素对自己是不重要的，哪些因素是自己优先考虑和选择的，哪些因素不是自己优先考虑和选择的。

职业价值观不是一成不变的，它会随着人们需求、人生阅历和生活环境变化等因素而发生改变。一定时期后，个体需要重新进行选择和排序，来认清自己当前的职业价值观。在这个多元价值体系的时代，个人的职业价值观常常是混乱的，所以需要对自己的职业价值观进行探索。一个人越清楚自己的职业价值观，就越了解自己在工作中想要追求的是什么，职业生涯发展目标也就越清晰，即使是在鱼与熊掌不能兼得的情况下，也能做出比较理智的选择。

拓展阅读

青春赴高原：江汉大学学子的价值择业路

1. 脚步“慢”与干事“快”的高原节奏

美术生黄同学的手机总在凌晨闪烁。作为阿里地区革吉县的纪委干部，他白天翻山越岭走访牧民，夜晚整理乡村振兴档案，日均工作超 14 小时。初到海拔 4500 米的阿里，他爬楼梯都会缺氧，但仍用一年半跑遍 19 个村落。在 5600 米的牧区，他忍着头痛徒步 5 小时核查养殖数据，冻僵的手写下的每一个字，都化作“互助养殖组”30%的出栏率提升。当 80 岁的嘎阿妈用藏语重复“谢谢”时，他懂得：高原的路需要慢走防缺氧，而乡村振兴的事，必须与时间赛跑。

2. 生命重于一切的医者感悟

山南市人民医院 ICU 里，马同学记得那场生死 8 分钟。全身 80%烧伤的女孩命悬一线，他协助老师完成盲插气管抢救，汗湿的手心感受到生命的重量。在急诊室，他曾连续按压心脏 30 分钟，最终目送伤者逝去。带教老师的话让他顿悟：医生必须拼尽全力，但也要学会面对无力感——这份沉重，正是医者担当的注脚。

3. “舍”繁华与“得”真情的藏地坚守

英语专业的曹同学，曾在零下十几摄氏度的西藏山南市琼结县下水乡，靠“一身正气”熬过停电的冬夜。藏族姐姐的热粥、牧民送来的酥油茶，渐渐融化了她对高原的陌生感。当她帮牧民孩子联系内地学校，得到孩子母亲流泪拥抱时，她终于懂得：舍去都市霓虹，换来的是乡亲们一句亲切的“小曹”，这份真情，比任何繁华都珍贵。

当暮色中的拉萨亮起路灯，黄同学收到光伏电站竣工消息，马同学仍在急诊室忙碌，曹同学的朋友圈定格着与藏族孩子的笑容。这群年轻人用选择回答了时代之问：择业不是薪资的权衡，而是内心价值的映照。他们以理想为帆，在高原写下新时代青年的择业答案：遵循内心的价值罗盘，方能在祖国最需要的地方，走出生命的璀璨轨迹。

分析：

对大学生来说，树立正确的职业价值观至关重要。正确的职业价值观能够指导大学生在职业选择和就业过程中更快地找到个人定位，更好地投入工作，充分发挥个人价值，实现人生理想。

职业价值观是个人职业理想的具体体现，反映了个人对职业目标的追求和向往。社会上的不同职业岗位确实存在客观差异，个人在专业特长和兴趣爱好方面也有所不同，因此每个人都有独特的择业预期和就业目标。大学生树立正确的职业价值观首先要怀有平和的心态，综合考虑自身条件和社会需求，增强就业和职业转换的能力。

当代大学生是与新时代同向同行、共同前进的一代，肩负着重任。在平凡的工作岗位上努力实现职业价值，是对人生梦想的有力回应，也是对国家和社会的有益贡献。在时代的大潮中找到自己的位置，在不懈奋斗中尽到自己的责任，必能使个人的奋斗与国家的发展同频共振。

三、职业锚理论

美国麻省理工学院著名的职业指导专家埃德加·施恩（Edgar Schein）提出了职业锚理论。职业锚是指当一个人不得不做出选择时，他不会放弃的职业中至关重要的东西或价值观，即人们选择和发展自己的职业时所围绕的中心。他提出的职业锚理论包括 8 种类型，如图 3-2 所示。对个人而言，尝试各种具有挑战性的工作，在不同的专业和领域进行工作轮换，对自己的资质、能力、偏好进行客观的评价，是使个人的职业锚具体化的有效途径。对企业而言，通过员工在不同工作岗位之间的轮换，了解员工的职业兴趣爱好、技能和价值观，将他们放到最合适的职业轨道上，可以实现企业和个人发展的双赢。

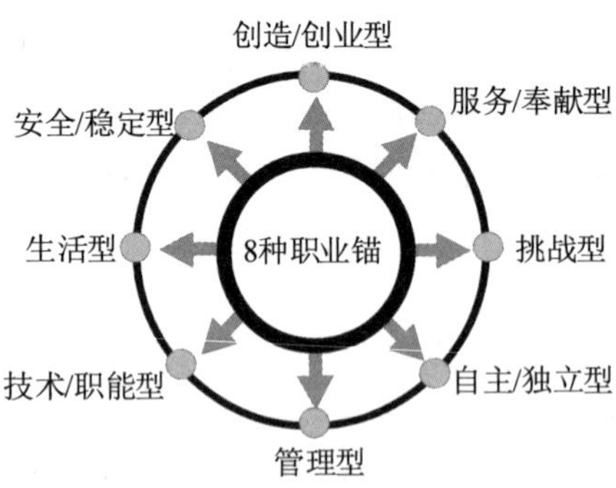

图 3-2　职业锚的类型

拓展阅读

自我探索+AI 分析，助你精准定位天赋

在纷繁复杂的现代社会，许多人常常陷入迷茫，反复追问："我究竟该做什么？""我的天赋在哪里？"事实上，人生之路并非天生注定，而是需要通过持续的自我探索、实践与调整，才能逐步明晰方向。那么，该如何找到真正适合自己的人生方向呢？可通过以下步骤来探索。

1. 深入自我剖析，明确兴趣与价值观

建立深刻的自我认知，是寻找人生方向的首要前提。若对自身的兴趣、能力和价值观缺乏清晰认知，后续行动往往会陷入盲目。

可以通过回答以下 5 个问题，深入剖析内在驱动力，挖掘自身价值观。

1）你尊敬的人、朋友，崇拜的偶像，以及喜欢的角色分别是谁？

2）童年和青春期的哪些经历，对现在的你影响最为深远？

3）你认为当下社会存在哪些不足，亟须改善？

4）在他人眼中，你在人生中最看重、最在乎的是什么？

5）当你培养孩子或给他人建议时，最想分享和最不愿提及的内容分别是什么？

汇总上述问题的答案后，可借助 DeepSeek、Kimi 等 AI 助手提炼核心关键词。这些关键词大概率就是你的核心价值观。

2. 全面了解自身天赋和才能

明晰自己的天赋和才能，同样可以通过回答 5 个问题来实现。

1）在过往人生中，哪些体验让你感到最为充实？

2）最近一次他人无法理解你认为简单的事情，是在什么场景下发生的？

3）询问身边的人，他们认为你的长处体现在哪些方面？

4）假设辞职，之前工作中哪些部分会让你感到留恋？

5）你至今取得过哪些令自己充实的成果，又是如何达成的？

将答案提交给 DeepSeek、Kimi 等 AI 助手，总结出的关键词或内容，就是你的个人"能力说明书"。

3. 探寻内心真正想做的事

结合已梳理出的价值观、天赋和才能，以及内心渴望从事的事情，依据"喜欢的事×擅长的事×重要的事=真正想做的事"这一公式，提炼出潜在的人生方向。

若暂时不清楚自己想做什么，可通过以下 5 个问题寻找线索。

1）哪些事情是你愿意付费深入了解的？

2）你的书架上哪种类型的书籍数量较多？

3）哪个领域的内容最能触动你？

4）你有没有特别想要感谢的人或事？

5）你对这个世界存在哪些不满？

借助 DeepSeek、Kimi 等 AI 助手分析这些问题的答案，便能挖掘出你可能适合的事业。当事业与能力相契合时，潜在的人生方向也就呼之欲出。

最后，以自身价值观为标尺，对潜在的人生方向进行筛选，逐步淘汰不符合的选项，最终留下的，便是属于你的人生之路。

训练活动

活动一　澄清你的职业价值观

参照下面的 13 种价值观，从中选出 5 种对你来说最重要的价值观，把这些价值观的名称写在下面的横线上。

1）利他主义：总是为他人着想，把直接为大众的幸福和利益尽一份力作为自己的追求。

2）审美主义：能不断地追求美的东西，得到美的享受。

3）智力刺激：不断进行智力开发、动脑思考，学习和探索新事物、解决新问题。

4）成就动机：不断创新，不断取得成就，不断得到领导和同事的赞扬或不断实现自己想要做的事。

5）自主独立：能够充分发挥自己的独立性和主动性，按自己的方式、想法去做，不受他人干扰。

6）社会地位：所从事的工作在人们的心目中有较高的社会地位，从而使自己得到他人的重视与尊敬。

7）权力控制：获得对他人或某事的管理权，能指挥和调遣一定范围内的人或事。

8）经济报酬：获得优厚的报酬，使自己有足够的财力去获得自己想要的东西，使生活过得较为富足。

9）社会交往：能和各种人交往，建立比较广泛的社会联系和关系，甚至能结识知名人物。

10）安全稳定：希望不管自己能力怎样，在工作中要有一个安稳的局面，不会因为奖金、加资、调动工作或领导训斥等而经常提心吊胆、心烦意乱。

11）轻松舒适：希望将工作作为一种消遣、休息或享受的形式，追求比较舒适、轻松、自由、优越的工作条件和环境。

12）人际关系：希望一起工作的大多数同事和领导人品好，在一起相处感到愉快、自然。

13）追求新意：希望工作的内容经常变换，使工作和生活显得丰富多彩，不单调枯燥。

我认为最重要的 5 种价值观：

1）____

2）______________________________

3）______________________________

4）______________________________

5）______________________________

现在，如果不得不放弃其中的一种，你会放弃哪一种？划掉，说明理由。

____

请你再放弃其中的一种，你会放弃哪一种？划掉，说明理由。

____

继续下去，直到最后一种，这是你无论如何也不愿放弃的。

____

最后，按重要程度给你的价值观排序：

____

我的价值观重要性排序：______________________________

活动二　舒伯职业价值观测试

舒伯职业价值观测试是由舒伯编制的，用来衡量价值观——工作中和工作以外的——以及激励人们的工作目标。该测试将职业价值观分为三个维度：一是内在价值观，即与职业本身性质有关的因素；二是外在价值观，即与职业性质有关的外部因素；三是外在报酬。该测试共计 13 个因素：利他主义、美感、智力刺激、成就感、独立性、社会地位、管理、经济报酬、社会交际、安全感、舒适感、人际关系、变异性或追求新意。登录江汉大学就业信息网，选择“舒伯职业价值观测试”进行测试。

课外实践

借助 AI 完成自我分析报告

借助 AI 完成一份涵盖气质类型、职业兴趣、职业技能、职业价值观的自我分析报告，帮助你更清晰地认识自己，为职业规划提供有力支撑。以下是操作步骤。

1）选择合适的 AI 工具（如 DeepSeek、Kimi 等），它们知识储备丰富，能依据输入的信息给出多方面分析。你可以直接向它们提出关于自我分析的问题，获取全面的解答与建议。

2）设定精准的 AI 提示词。

① 气质类型分析提示词。在 AI 工具中输入“如何通过常见行为表现判断个人气质类型”“依据心理学理论，分析我的气质类型（列举一些日常行为特点，如做事急性子、社交场合很活跃等）”等内容。若想深入了解某一种气质类型与自身的契合度，可输入“胆汁质气质类型的典型特征有哪些（列举符合胆汁质特征的行为）？我是胆汁质气质类型的可能性有多大”。

② 职业兴趣分析提示词。在 AI 工具中输入“基于我的兴趣爱好（列举兴趣爱好，如喜欢阅读历史书籍、参与编程竞赛等），分析我的职业兴趣方向”“有哪些职业与我喜欢探索新事物、擅长团队协作的特点相匹配”等内容。若对某个特定领域的职业兴趣感兴趣，可输入“在互联网行业中，与我喜欢创意策划、对数据敏感特点相匹配的职业有哪些”“我喜欢户外活动且善于沟通，在旅游行业中适合我的职业兴趣方向是什么”。

③ 职业技能分析提示词。在 AI 工具中输入“根据我所学专业（写出专业名称）和参与过的实践活动（列举实践经历，如实习、项目实践等），分析我具备哪些职业技能”“我掌握了……（列出已掌握的技能，如 Office 办公软件、Photoshop 基础操作等），这些技能在哪些职业中能得到充分应用”等内容。若想了解某一职业所需技能与自身的差距，可输入“成为一名数据分析师，我目前掌握的 Excel 数据处理技能是否足够，还需提升哪些技能”“对比市场营销专员岗位要求，我在市场调研、文案撰写技能方面的水平如何”。

④ 职业价值观分析提示词。在 AI 工具中输入“我重视工作与生活的平衡、追求个人成长空间，符合我职业价值观的职业有哪些”“基于我对团队合作氛围、薪资待遇的看重程度，分析适合我的职业价值观方向”等内容。若想了解某一行业或企业的价值观与自身是否契合，可输入“互联网创业公司的主流职业价值观有哪些？与我追求创新、注重效率的价值观匹配度如何”“传统制造企业的职业价值观对我重视工作稳定性的需求满足程度怎样”。

3）整理与分析 AI 反馈结果。分别对 AI 给出的关于气质类型、职业兴趣、职业技能、职业价值观的分析结果进行整理。将整理好的结果总结成一份条理清晰、内容翔实的自我分析报告。

本章回顾

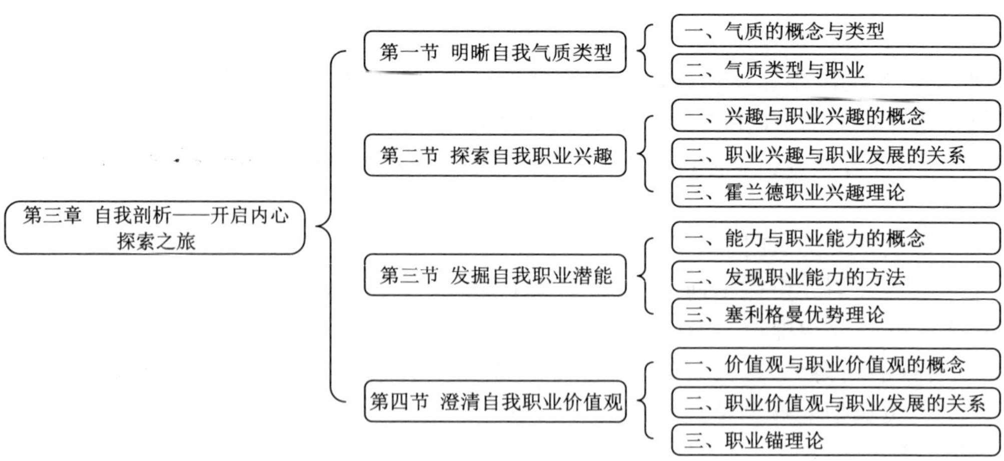

第四章 决策定策——锚定职业生涯航向

学习目标

知识目标

（1）熟悉职业生涯决策风格分类，理解克朗伯兹职业生涯决策理论。
（2）了解职业目标设定原则与职业生涯规划书的基本内容。

技能目标

（1）能够运用职业生涯决策平衡单、SWOT 分析法进行职业生涯决策。
（2）能够科学设定职业目标并进行阶段性分解。
（3）能够熟练撰写职业生涯规划书并根据实际情况进行评估与调整。

素养目标

（1）提升理性决策与目标管理能力，强化职业规划主动性和应变力。
（2）自觉培育职业道德素养，厚植家国情怀。

案例导读

从兴趣到选择：小 T 的外贸职业决策之路

英语专业大四学生小 T，因高考志愿听从家人建议选择外语专业，临近毕业时陷入“考研还是就业”的迷茫：家人希望她考研提升学历，而她通过学长和学姐了解到外语专业在外贸等领域就业前景广阔，加之希望返乡照顾父母，更倾向于直接就业。为厘清思路，她寻求职业生涯咨询，开启了职业决策的探索之旅。

1. 认知破局：兴趣与能力的双重解码

初次咨询中，小 T 以霍兰德职业兴趣测评为参考，了解到自己的兴趣倾向为艺术型、社交型、常规型，与语言文化交流高度契合；在能力探索中，她意识到自己具备跨文化沟通、团队协作和项目管理能力等优势，尤其在学生会任职期间组织过国际文化交流活动，这些能力与外贸行业所需的沟通协调能力直接匹配。职业价值观测试则显示，她既渴望稳定性，又重视个人成长，这使她在考研的学历增值与就业的经验积累间难以抉择。

2. 行业触达：从理论认知到实地验证

为帮助小 T 直观了解就业市场，辅导员推荐她参与学院“访企拓岗”活动，实地参观某高新技术外贸企业。在企业参观时，她深入了解外贸业务流程，目睹跨境电商团队如何通过语言优势对接国际客户，并与招聘负责人交流得知：外贸行业更看重实践能力与跨文化适应能力，语言专业背景辅以商务技能可快速切入岗位。这场实地体验成为关键转折点——她发现外贸工作既能发挥语言特长，又能满足“稳定就业+个人成长”的双重需求，且家乡所在城市近年来外贸企业增多，具备返乡就业条件。

3. 决策落地：量化分析与行动优先

通过职业决策平衡单，小 T 比较了考研与就业的利弊：考研需要投入 1 ~ 2 年时间，存在不确定性；就业则可立即积累经验，且目标企业提供“岗前培训+晋升通道”，符合其职业价值观。权衡利弊后，她决定优先就业，并在活动现场参与面试，凭借“语言能力+组织经验”的组合优势成功获得 offer。同时，她制订“就业+充电”计划：入职后深耕外贸业务，同步备考国际贸易师资格证，为未来晋升储备资本。

（根据学生真实案例改编）

分析：

小 T 的经历生动展现了科学决策过程对职业生涯规划的关键作用。从通过专业测评剖析兴趣、能力与价值观到参与实地访企获取真实行业认知，再到利用决策平衡单理性权衡利弊，每一步都使她逐渐明晰职业方向。这一过程不仅帮助她打破“考研还是就业”的迷茫困局，还让她精准匹配自身优势与市场需求，做出契合个人发展的最优选择。可见，系统的决策过程是连接理想与现实的桥梁，能有效规避盲目选择，助力个体在职业生涯规划中实现目标，获得更具价值的职业发展路径。

第一节　做出职业生涯决策

决策风格与决策类型

一、职业生涯决策风格的类型

不同的人使用不同的方法做决策，人们的决策风格和类型各不相同。丁克里奇（Dinklage）在 1968 年通过访谈研究，将职业生涯决策风格归结为以下 8 类。

（一）痛苦挣扎型

痛苦挣扎型的人会花很多时间和精力来收集信息，确认有哪些选择，向专家询问，反复比较，却迟迟难以做出决定。他们常常喜爱说的一句话是“我就是拿不定主意”。出现这种情况时，收集再多的信息进行分析比较都无济于事。他们需要弄清楚的是，自己被什么样的情绪和非理性信念困住了，如害怕自己做出错误的决定、追求完美等。

（二）冲动型

冲动型的人在遇到第一个选择时就紧紧抓住不放，不再考虑其他选择或进一步收集信息。他们的想法是“先决定，以后再考虑”。例如，先找到一份工作做了再说。冲动型的决策方式可能是出于对困难的回避，不愿意花时间和精力去探索。这种方式的危险在于风险太大，在有更好的选择时会追悔莫及。

（三）直觉型

直觉型的人将自己的直觉感受作为决策的基础。他们通常说不出什么理由，一味地表示“就是觉得这个好”。人们在择业时常常采用这种方式。直觉在人们对环境和情况无法获得充分信息时会比较有效，但它可能不符合事实。有时，人的判断可能会因自身先入为主的偏见而产生较大的偏差。因此，不能仅仅将直觉作为决策的依据。

（四）拖延型

拖延型的人习惯将对问题的思考和行动都往后推迟，“过两天再考虑”是他们的口头禅。大学生常见的“我还没有准备好找工作，所以打算先考研”，就是这种方式的体现。拖延型的人心中暗暗抱有这样的希望：也许过几天问题就自动解决了。然而，问题并不会自动解决，有时甚至会越拖越严重。如果现在不知道该怎么找工作，那么读完研究生也未必就能知道。

（五）宿命型

宿命型的人不能自己承担责任，而将命运寄托于外部形势的变化。他们会说“该怎么就怎么吧”或者“我这个人永远也不会走运”之类的话。人生态度不积极，往往将决定权留给命运，需要做出决定和努力时无力感就会非常明显。这样的人容易成为环境的受害者，怨天尤人，却没想到自己的处境正是自己造成的。

（六）顺从型

顺从型的人倾向于顺从别人的计划而不是独立地做出决定。他们常说“只要他们觉得好，我就觉得好”。例如，很多大学生一窝蜂地争取出国、进外企、考研、参加各种培训班，只因为“大家都这样做”。顺从型的人在追随群体的过程中获得一种虚假的安全感，但忽略了自身的独特性，这就造成他们的选择在很大程度上并不适合自己。他们在不必费心思考的同时，也牺牲了对生命可能的满足感。

（七）瘫痪型

瘫痪型的人在理性上接受了应当自己做决定的观念，却无法开始做决策。他们知道自己应该开始了，可在内心深处总笼罩着“一想到这事就害怕”的阴影。事实上，他们无法真正为决策和决策的后果承担责任，而这种害怕承担责任的心理可能源于家庭在其成长过程中长期的不当养育方式。

（八）计划型

计划型的人能够冷静且客观地分析各种选择的利弊得失，在做决策时使用标准化决策模型所推荐的理性策略。

二、克朗伯兹职业生涯决策理论

美国心理学家克朗伯兹（Krumboltz）在其职业生涯决策的社会学习理论中指出，职业选择过程受 4 类因素的影响：①遗传天赋和特殊能力（如内在素质、身体障碍、音乐和艺术能力等）；②环境条件与事件（如劳动法规、技术进步、社会结构变化、家庭资源等）；③学习的经验（如各种工具性学习、行为和认知反应、观察学习等）；④完成任务的技能（如设定目标、工作习惯、情绪反应方式等）。

克朗伯兹提出的职业生涯决策理论包括以下 7 个步骤。

1）界定问题。描述必须完成的决策，估计完成所需时间并设定确切的时间表。

2）拟订行动计划。描述决策所需采取的行动，并估计所需时间及完成的期限。

3）澄清价值。描述个人将采取的标准，以作为评价各种可能选择的依据。

4）描述可能做出的选择，以确认选择方案。

5）依据所定的选择标准、评分标准，逐一评价各种可能的选择，找出可能的结果。

6）比较各种可能选择符合价值标准的情况，从中选择最能符合决策者理想的决策。

7）描述将采取何种行动达成选定的目标。

三、职业生涯决策的方法

（一）职业生涯决策平衡单

职业生涯决策平衡单将重大事件的思考方向集中到 4 个主题上：自我物质方面的得失、他人物质方面的得失、自我精神方面的得失和他人精神方面的得失。也就是说，从“自我-他人”及“物质-精神”所构成的 4 个范围来考虑。图 4-1 为职业生涯决策平衡的主题。

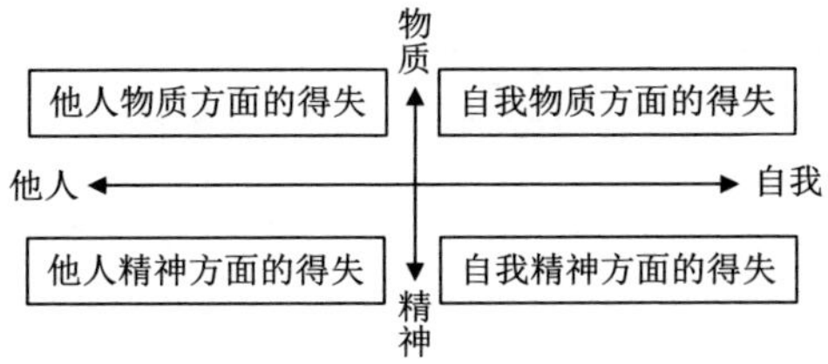

图 4-1　职业生涯决策平衡的主题

职业生涯决策平衡单如表 4-1 所示。

表 4-1　职业生涯决策平衡单

职业生涯方向：

考虑因素（权重-5～+5）		选择一				选择二			
		得（+）		失（-）		得（+）		失（-）	
		原始分	加权分	原始分	加权分	原始分	加权分	原始分	加权分
自我物质方面的得失	1. 收入								
	2. 工作的难易程度								
	3. 升迁的机会								
	4. 工作环境的安全性								
	5. 休闲时间								
	6. 生活变化								
	7. 对健康的影响								
	8. 就业机会								
	9. 其他								
他人物质方面的得失	1. 家庭经济								
	2. 家庭地位								
	3. 与家人相处的时间								
	4. 其他								
自我精神方面的得失	1. 生活方式的改变								
	2. 成就感								
	3. 自我实现的程度								
	4. 兴趣的满足								
	5. 挑战性								

续表

考虑因素（权重-5～+5）		选择一				选择二			
		得（+）		失（-）		得（+）		失（-）	
		原始分	加权分	原始分	加权分	原始分	加权分	原始分	加权分
自我精神方面的得失	6. 社会声望的提高								
	7. 其他								
他人精神方面的得失	1. 父母支持								
	2. 师长支撑								
	3. 男（女）朋友支持								
	4. 其他								
合计									
得失差数									

职业生涯决策平衡单的使用方法如下。

1）在第一行列出自己的职业生涯方向。

2）在“考虑因素”一列中，根据个人关注的内容，填入在选择中需要考虑的因素（表 4-1 中所列因素仅为参考范例，个人可根据各自的实际情况进行罗列）。

3）将表中各项加权打分。

① 根据各方案具有的优点（得分）、缺点（失分），给出每个因素的得分或失分，计分范围为 1～10 分。

② 给每个考虑因素赋予权重：重要性因人、因时、因地而不同。对于此刻的自己，可以根据考虑因素的重要性与迫切性，乘上权数，加权范围为-5～+5。

4）合计每个方案的优点总分和缺点总分，计算出得失差数。

（二）SWOT 分析法

SWOT 分析法又称为态势分析法，SWOT 英文字母分别表示优势（strength）、劣势（weakness）、机会（opportunity）、威胁（threat），是指将与研究对象密切相关的各种主要内部优势、内部劣势、外部机会和外部威胁，通过调查列举出来，并依照矩阵形式排列（表 4-2），然后用系统分析的思想，把各种因素相互匹配起来并加以分析，从中得出一系列相应的结论，而结论通常带有一定的决策性。

一般来说，求职者在进行 SWOT 分析时，应遵循以下 4 个步骤。

1. 评估自己的优势和劣势

每个人都有自己独特的技能、天赋和能力。可以通过列表，列出自己喜欢做的事情和自己的优势所在（如果觉得界定自己的优势比较困难，可以找一些测试题进行测试。测试完之后，可以发现自己的优势所在）。同样，可以通过列表找出自己不喜欢做的事情和自身的劣势。找出自己的劣势与发现自己的优势同等重要，因为可以基于自己的优势和劣势做两种选择：①努力去改正自己常犯的错误，提高自身技能；②放弃那些对自己不擅长技能要求很高的职业。列出自己所具备的重要优势和对自己职业选择产生影响的劣势，然后标出那些对自己很重要的优势和劣势。

表 4-2　SWOT 分析法

内部因素分析	优势 1. 2. 3. 利用优势和机会的组合	劣势 1. 2. 3. 消除劣势和威胁的组合
外部因素分析	机会 1. 2. 3. 改进劣势和机会的组合	威胁 1. 2. 3. 利用优势和监视威胁的组合

2. 找出自己的职业机会和威胁

不同的行业（包括这些行业里不同的企业）都面临不同的外部机会和外部威胁，找出这些外界因素对于大学生成功地找到一份适合自己的工作是非常重要的，因为这些机会和威胁会影响大学生的第一份工作和今后的职业发展。如果企业处于一个常受外界不利因素影响的行业里，则这家企业能提供的职业机会会很少；相反，如果企业处于一个有许多积极外界因素的行业里，则这家企业能为求职者提供广阔的职业前景。

3. 提纲式地列出今后 5 年自己的职业目标

仔细对自己做一个 SWOT 分析评估，列出自己从学校毕业后 5 年内最想实现的 4～5 个职业目标。这些目标可以包括想从事哪种职业，将管理多少人，希望自己拿到的薪水属于哪个级别，等等。

4. 提纲式地列出今后 5 年自己的职业行动计划

拟出一份实现上一步列出的每个目标的行动计划，并详细说明为了实现每个目标需要做的每一件事，以及何时完成这些事。如果觉得自己需要一些外界帮助，则说明需要何种帮助和如何获得这些帮助。例如，个人 SWOT 分析可能表明，为了实现自己理想中的职业目标，需要进修更多的管理课程，那么在职业行动计划中应说明自己何时进修这些课程。

训练活动

活动一　职业生涯决策平衡单

1. 活动目的

熟悉职业生涯决策平衡单的使用。

2. 活动步骤

1）列举职业目标选项。根据个人意向或结合自我探索与职业认知的研究结果，确定 3～5 个备选职业目标，并将这些目标列在表 4-3 的第一行。

表 4-3　职业生涯决策平衡单

职业生涯方向：

考虑因素（权重-5～+5）		选择一				选择二			
		得（+）		失（-）		得（+）		失（-）	
		原始分	加权分	原始分	加权分	原始分	加权分	原始分	加权分
自我物质方面的得失									
他人物质方面的得失									
自我精神方面的得失									
他人精神方面的得失									
合计									
得失差数									

2）修正与完善考虑因素。表 4-1 中所列考虑因素仅为参考，决策者可根据职业决策常见的维度（如兴趣、能力、价值观、环境等），并结合个人情况，对考虑因素进行梳理与修正，确保它们全面且针对性强。将修正后的考虑因素填入表 4-3 “考虑因素”列中。

3）权衡利弊并打分。针对每个职业目标选项在各项考虑因素上的表现，决策者根据利弊得失进行打分。打分标准可以采用五分制或十分制，须保持评分体系一致。得分用“得”表示，用正数记录；失分用“失”表示，用负数记录。将分数填入相应的单元格内。

4）加权计分。由于各项考虑因素对决策者的重要性与紧迫性存在差异，需要赋予其不同的权重。权重通常设定在−5～+5 之间，表示某一因素相对其他因素的重要程度。计算每个考虑因素的加权分，即原始分乘以对应的权重。

5）统计得分并做出决策。首先，对平衡单中各列的加权分进行求和，然后计算每个职业目标选项所有得失分数的总和，得出其得失差数，即该选项的最终总分。按照最终总分由高到低进行排序，得分最高的职业目标选项通常最符合决策者的实际需求，应作为优先考虑的选择。通过这一过程，决策者能够系统化地比较各个职业目标的优劣势，从而做出更为明智的职业决策。

活动二　反思你的职业生涯决策

通过回答以下 6 个问题，反思你的职业生涯决策的质量。

1）你是否使用了一系列的职业生涯决策方法来找出多种可能的职业选择？

2）你是否已经仔细探索并研究了你的最终职业选择，包括它们所体现出的价值观及所要求的技能？

3）你是否对你选择的职业目标前景的正面影响和负面后果都进行了仔细衡量？

4）你是否广泛收集了最新的信息来进一步评价和衡量自己的职业选择？

5）在进行职业选择时，你是否实事求是地将他人（教师、家长、专家等）的意见进行了综合分析，特别是那些反对或不支持的意见？

6）你是否已经做出详细的计划来实现自己的首要职业选择？当第一选择风险太大或不可实现时，是否有第二选择来代替？

第二节　设定与管理职业目标

设定与管理职业目标

一、职业目标的含义与设定原则

（一）职业目标的含义

职业目标对整个职业生涯决策过程起着定向作用。职业目标是决策者的职业期望，是决策者对某项职业的追求和向往，是决策者自身的兴趣、能力、价值观与社会需求不断协调的结果。

（二）职业目标的设定原则

职业目标的设定需要遵循 SMART 原则，这一原则能够确保职业目标的科学性和可行性，避免目标过于模糊或不切实际。

1）具体的（specific）。这是指目标必须是清晰的，可产生行为导向的。例如，“我要成为一个优秀的人”不是一个具体的目标，但“我要完成本月 1000 万的销售量”就是一个具体的目标。

2）可衡量的（measurable）。这是指目标必须可用指标量化。例如，“我要完成本月 1000 万的销售量”就是一个可衡量的目标。

3）可达到的（attainable）。这里“可达到的”有两层含义：①目标应该在能力范围内可达到；②目标应该有一定难度。目标经常达不到会让人沮丧，但太容易达到也会让人失去斗志。

4）相关的（relevant）。这里“相关的”是指目标应与现实生活相关，而不是简单的想法。

5）基于时间的（time-based）。它是指目标必须确定完成的日期。

二、职业目标提升策略

职业目标不仅需要关注个人的职业发展，还需要与国家、社会以及人类的共同福祉相结合。可通过提升职业目标的层次和内涵，使其更具价值和意义。

（一）与人类共同福祉相关

在全球化的背景下，人类的命运紧密相连。职业目标可以与“一带一路”倡议、人类命运共同体等理念相结合。例如，从事国际贸易、文化交流、基础设施建设等相关职业，为促进不同国家和地区之间的合作与发展贡献力量。在人力资源管理领域，可以通过优化人力资源配置，提升企业的国际竞争力，为“一带一路”共建国家的企业提供人才支持和管理经验，促进区域经济的共同发展。

（二）与国家和民族复兴相关

国家的发展和民族的复兴需要各行各业的人才共同努力。职业目标可以与国家的重点区域发展战略、重点领域建设、国防军工、航空航天等领域相结合。例如，选择在京津冀协同发展、粤港澳大湾区建设等重点区域就业，参与高新技术产业、战略性新兴产业的发展，为国家的经济转型升级贡献力量。

（三）与个体相关

职业目标需要与个人的职业理想、生涯愿景和美好憧憬相结合。个人的职业发展应当基于内心的热情和追求，这样才能在职业道路上保持持久的动力和积极性。

案例

医脉相承，育梦前行：张同学的职业理想实践之路

2024届毕业生张同学，出生于医学世家，自小在“健康所系，性命相托”的家庭氛围中成长。这种浸润着医者仁心的环境，使他在心中早早埋下了医学梦想的种子。爷爷翻阅泛黄医书的专注、父亲为患者细心治疗的身影，以及那句“医者仁心，医术乃仁术”的家训，都让他对医学充满敬畏与向往。他立志追随祖辈父辈的脚步，投身医学事业。

2019年，怀揣对医学的满腔热忱，张同学考入大学。大学期间，他不仅在课堂上系统学习医学理论知识，积极参与临床实践提升医术，还走出校园，深入社区、农村开展医疗志愿服务。当看到患者因自己的帮助而展露笑容，听到基层群众对医疗服务的真切需求，他对医学的理解不再局限于家族传承的使命，更感受到医者肩负的社会责任——医学不仅是救治个体，更是守护大众健康的事业。

临近毕业，在职业选择的十字路口，张同学进行了深入思考。他意识到，若成为一名临床医生，虽能延续治病救人的使命，但有限的服务范围难以满足更多人对医学知识的渴求；而家族三代行医积累的经验、自己在医学学习与实践中沉淀的知识，或许能通过教育的方式，培养出更多优秀的医学人才，让守护健康的力量薪火相传。这一思考，让他毅然将职业目标锚定在医学教育领域，希望通过三尺讲台，将医学知识与医者仁心传递给更多人。

在事业单位招聘考试中，张同学凭借扎实的医学功底、丰富的实践经验和坚定的教育信念，以笔试、面试总分第一名的成绩，成功考入某市卫生学校。成为教师后，他将临床实践经验融入课堂，采用理论与实践结合的教学方法，关注每一个学生的成长。在他的教导下，一批批学生走上医疗岗位，在不同领域发光发热，这让张同学更加确信，自己选择的医学教育之路，正是实现职业理想与人生价值的最佳路径。从医学世家的传承者到医学教育的耕耘者，张同学始终以内心的热情为指引，在职业道路上坚定前行，书写着属于自己的精彩篇章。

（根据学生真实案例改编）

分析：

张同学的职业发展历程，生动展现了个人职业目标与理想、愿景深度融合的重要性，其核心亮点在于：一是家族文化的深远影响，医学世家的成长环境赋予他天然的职业认同感和使命感，成为职业理想的源头；二是实践中的认知升华，通过临床实践与志愿服务，他对医学的社会价值产生新思考，推动职业目标从单纯的从医向育人转变；三是基于热爱的主动选择，他没有局限于传统的临床路径，而是结合自身优势与社会需求，主动探索医学教育领域，让职业选择既承载家族传承的意义，又契合个人对社会价值的追求。张同学的经历印证，当职业目标扎根于内心的热情与追求，个体便能在职业道路上保持持久动力，实现个人价值与社会价值的双赢。

（四）与人民福祉相关

职业目标可以与乡村振兴、基层就业、民生保障、养老服务等民生领域相结合。通过在这些领域的工作，为改善人民的生活质量、促进社会公平正义贡献力量。例如，从事农村电商运营、基层医疗卫生服务、养老服务机构管理等工作，为农村地区的发展、老年人的生活保障提供支持。

（五）与社会和经济发展趋势相关

职业目标需要紧跟社会和经济发展的趋势，选择具有发展潜力和前景的行业和领域。例如，突破“卡脖子”技术、高新技术产业、战略性新兴产业、先进制造业、新质生产力等都是当前国家发展的重点领域。

三、职业目标的分解与行动计划

职业目标的分解帮助人们在现实环境和美好愿望之间建立起可以拾级而上的通道。通过对职业目标的分解，可以知道为实现自己的目标现在要干什么、今后要干什么。如果不知道自己应该干什么，那么目标永远只是一个美好的愿望，不可能变成现实。

职业目标可以分为终极目标、长期目标、中期目标和短期目标，当把长期目标分解为一个个短期目标时，就有了具体的行动计划和步骤，这样做有助于个人对自己的职业生涯发展进行管理。

例如，如果现在刚上大二，学的是中文，希望五年后成为大型公司的一名人力资源管理专业人士，那么将这个目标分解：四年后一定要与一家大型公司签约，两年后大学毕业时应当获得一家大型公司人力资源部的初级职位，一年后应当争取进入一家大型公司的人力资源部工作。这样，半年后就应当开始投简历，寻找实习机会。因此，这个学期，应当写好自己的简历，列出有可能向自己提供相关信息的人际资源，并阅读一些与人力资源管理有关的书籍。

案例

从雾里寻梦到清晰逐梦：小王的职业目标确定与行动历程

信息技术处理专业的小王，大三时因专业学习的枯燥艰涩和家庭经济困难，在考研与就业的选择中陷入迷茫。他既担忧不考研不符合社会潮流，又希望本科毕业直接工作以减轻家庭负担，更对专业就业方向感到困惑。带着情感支持与职业规划的需求，他向咨询师求助。

在首次咨询中，咨询师通过对话帮助小王梳理职业价值观。小王坦承，考研虽能带来更好的发展空间，但专业研究压力大，且家庭经济难以支撑读研，自己更希望就业反哺家庭。然而，他担忧专业就业路径窄、自身能力不足。咨询师指出，小王纠结的本质是担忧就业后的职业目标不明确，而非选择本身。此次交流初步厘清了小王重视家庭、希望稳定就业的核心需求，确定后续咨询重点为明确职业目标与规划实现路径。

第二次咨询，小王带着绘制的职业地图而来。结合职业价值观、外向性格及专业特点，他圈定信息技术教师作为重点考虑职业。这一选择既符合他对稳定性和家庭责任的追求，又能发挥他的专业知识与学生工作中锻炼的沟通管理能力。咨询师认可该方向，并建议小王制定职业生涯规划。

第三次咨询，小王信心充足地规划目标实现路径。他计划从深钻专业、提升沟通管理能力、考取职业资格证书、寻找培训兼职等方面提升素养，同时制订备选方案，若未达成目标，先应聘教培机构积累授课经验，再持续提升理论水平。咨询师建议他与志同道合的同学互相督促，共同进步。

通过多次咨询与实践，小王明确了目标并开始高效行动：选修教育技术课程，担任培训助教积累教学经验，考取教师资格证并取得编程认证，参加教师技能大赛打磨教学能力。最终，他成功入职武汉某高中担任信息技术教师，并因表现优异晋升教导主任。

分析：

小王的职业目标确定与行动历程，体现了职业规划在破解就业迷茫中的作用。面对“考研与就业”的抉择困境，小王通过与咨询师的深度对话，完成了从被动纠结到主动选择的认知跃迁：以家庭责任与个人兴趣为出发点，将专业学习压力转化为拒绝学术路径的明确信号，将学生工作经验转化为教育行业所需的沟通管理能力，实现了职业价值观与能力优势的精准对接。在目标锁定阶段，职业地图的绘制帮助他跳出专业限制的思维定式，将信息技术与教育需求结合，找到差异化的职业切入点，体现了“环境扫描—自我匹配”的规划逻辑。行动阶段的“三维提升计划”与备选方案，则展现了“动态反馈—持续优化”的执行智慧，通过课程选修、实践打磨、证书攻坚等具体行动，将抽象目标转化为可量化的能力提升步骤，最终实现从迷茫求职者到骨干教育者的角色转变。

训练活动

活动一　运用 AI 探索职业目标对个人综合素质和专业能力等方面要求

1. 设置 AI 搜索提示词

在 AI 工具（如 DeepSeek、Kimi）中输入“（目标职业）对个人综合素质的要求”“（目标职业）所需专业能力有哪些"，让 AI 作答。

为获取更精准的信息，可加入限定词，如"(目标职业）在（具体行业）中对专业能力的侧重""(目标职业）初级岗位对综合素质的要求"。

2. 分析 AI 反馈信息

对 AI 输出的关于综合素质与专业能力的要点进行分类整理，形成清单。

3. 对比自身情况

对照清单，分析自己目前在各方面的水平。

活动二　完成全国大学生职业规划大赛成长赛道的生涯发展报告部分

生涯发展报告要求介绍设定职业目标的过程、实现职业目标的具体行动和成效、职业目标及行动的动态调整等（PDF 格式，文字不超过 2000 字，图表不超过 5 张）。

第三节　撰写职业生涯规划书

一、职业生涯规划书的基本内容

职业生涯规划书是对职业生涯规划的书面化呈现，不仅能呈现学生个人的宏观职业生涯规划，还能对具体的学习和工作起到指导和鞭策的作用。一般来说，职业生涯规划书的基本内容分为自我认知、职业认知、职业定位、计划实施、评估与调整，如表 4-4 所示。

表 4-4　职业生涯规划书的基本内容

基本内容	要点
自我认知	个人基本情况（专业、年级、年龄、家庭背景、教育背景） 职业兴趣（兴趣爱好有哪些，哪些能与职业相结合） 职业能力（具备哪些专业知识和能力，本行还是改行） 职业价值观（福利待遇和未来发展哪个优先，就业还是创业，就业去哪儿，创业和谁一起，在哪儿创业） 职业性格（性格适合什么职业，性格的优缺点有哪些）
职业认知	行业前景（选择哪个行业，行业未来的发展前景怎样） 职业前景（职业的薪资待遇，职业的替代性，未来 5 年、10 年后职业发展目标能否实现）
职业定位	运用 SWOT 分析法、职业生涯决策平衡单等方法做出职业决策（应充分考虑个人自身情况、家庭环境、学校专业背景、行业发展前景、职业目标实现等多方面的因素，运用科学的方法做出决策）
计划实施	针对目前所处的年级阶段，如何为职业规划做好准备工作 毕业时的选择（如何创造条件实现自己的职业目标） 毕业后短期规划（毕业后 1 年的职业发展目标及措施） 毕业后中长期规划（毕业后 1～3 年、3～5 年的职业发展目标、措施和行动计划）

续表

基本内容	要点
评估与调整	分析职业实施过程中可能会遇到的职业实施阻碍，针对可能发生的情况，计划采取的措施有哪些 如果重新选定职业目标，如何做好备选方案（列出备选方案选择的考虑因素以及可能的职业目标及其实现途径）

二、职业生涯规划书的写作技巧

（一）基本信息清晰，职业路径明了

职业生涯规划书首先应展示大学生的基础信息，以便阅读者迅速把握大学生的背景。这些信息包括姓名、年龄、专业领域、教育机构、职业终极目标、职业发展轨迹、规划时限等，应在职业生涯规划书的首页呈现，确保阅读者在深入阅读之前能对该学生有一个清晰的初步了解。

（二）主客观分析结合，全面了解自我

在自我分析环节，大学生要以科学合理的方法对自己进行评价。首先是自我评估，同时也应包括他人对自己的评价。此外，还可以利用职业评估工具作为辅助，如霍兰德职业兴趣测试。鉴于这些评估工具的可信度存在争议，大学生应将其视为辅助自我认知的工具，而非完全依赖。自我认知的总结部分应包含对自己的综合评价，并与后续的目标设定相连贯。充分利用人职匹配理论，将其作为设定职业目标的理论支撑。

（三）环境分析突出重点，围绕主题

环境分析应突出重点。环境分析的范畴极为广泛，从严格意义上讲，个体之外的一切都是环境。职业生涯规划书的环境分析主要涉及家庭背景、教育环境、地域背景、行业状况等方面，因此，进行环境分析应围绕这些主题进行。

分析内容应围绕主题设定展开，并保持逻辑连贯性。例如，在家庭环境分析中，应通过分析得出家庭环境对职业目标设定的影响或促进作用，以及家庭环境为实现职业目标提供的条件。

（四）目标确定合适，岗位要求明确

在设定职业目标时，首先应基于自我分析和环境分析找到一个与职业相契合的点，这个点即为职业目标。在选定目标时，需要注意目标的适中性，避免过高或过低，确保目标的可操作性。生涯人物访谈是确定目标的有效途径之一。通过访谈，行业专家会根据个人情况分析，并结合自己的成功经验，提出建议，如职业路径的选择等。

（五）目标分解合理，逐步实施计划

目标分解时应将规划按时限划分为短期目标、中期目标和长期目标。短期目标主要包括在校学习计划、专业实践、就业能力提升，以及作为初入职场者的职业能力和认知提升等。关键在于展示个体为实现短期目标所做的努力，如学习成绩、社团活动、技能竞赛、社会实践等。中期目标和长期目标的设定应结合职业路径分析，识别自己与目标岗位的差距，并提出相应的实施计划，如继续教育、技能提升、管理经验积累等。撰写时应清晰表达通过个人努力，如何使下一层职业岗位的要求与上一层岗位的要求相匹配，逐步实现职业规划。

（六）确定评估时间，合理评估反馈

评估反馈是调整和修正职业生涯规划的手段。在撰写评估反馈内容时，应避免原则性描述，而是着重介绍评估的方法和手段。例如，如何在实施过程中克服障碍，如何确定备选方案等。撰写时应明确不同阶段的备选方案，并确保备选方案与原职业目标有一定的相关性。

综上所述，大学生的职业生涯规划书是其职业规划的具体体现。在撰写过程中，大学生应运用各种分析手段，深入理解自我，充分认识环境对职业发展的影响，为自己的职业梦想绘制宏伟蓝图。

三、职业生涯规划的评估与调整

（一）职业生涯规划评估与调整的意义

撰写职业生涯规划书是一个非常重要的过程，但仅仅写一份规划书并不足以保证成功实现职业目标。在职业发展过程中，需要时常对职业生涯规划进行评估与调整，以保证职业方向和目标与自身情况和外部环境相适应。评估与调整可以帮助人们更好地了解自己，确定自己的优势和劣势，并根据实际情况进行职业生涯规划的修正和调整，以便更好地实现职业目标。

在职业生涯规划中，评估与调整的意义不仅在于实现个人职业目标，更在于帮助个人认清职业生涯发展的意义和价值。通过评估与调整，可以更好地寻找自己的职业方向、挖掘自己的潜力，同时也可以发现个人职业发展过程中可能存在的问题和挑战，从而让职业生涯更加有意义、有价值。

（二）职业生涯规划的评估

1. 确定评估的目的

在做职业生涯规划的评估工作时，要先确定评估的目的。从评估内容就可以看出评

估的目的，就是要确定职业生涯目标是否合适，是否需要更改职业生涯路径，策略是否得当。

2. 进行自我评估

自我评估包括两方面的内容：其一是按完成时间评估；其二是按完成性质评估。当做好了职业生涯规划时，都会按照时间来确定阶段性任务。所以，自我评估首先就要看是不是按时完成了计划中的任务。如果在规定的时间内完成了所定目标，说明计划比较合理，目标和策略设定得比较得当，可以继续实施下一个目标。如果在规定的时间内无法完成所定目标，就应该进行反思，找出出现这种情况的原因及对策。在完成任务时不仅要按时，而且要保证质量。如果按时完成了目标，但是完成起来非常困难，或者效率很低，完成的质量不高，就要考虑目标的实施性。若目标定得太高，可以考虑降低目标的难度；若完成计划时未抓紧时间，就应该加强紧迫感。还有一种情况就是，制定的目标过低，这时可以考虑适当地提高目标。需要注意的是，在自我评估的过程中不要单纯地考虑按时完成，还要保证质量，这样才能更好地实现目标。

3. 评价反馈信息

对事先搜集的反馈信息的准确性和可用性进行评价。在搜集反馈信息的过程中，由于客观原因，会存在信息与实际不符的问题，如有些人提供了一些无用的反馈信息，有些人进行恶意批评，有些人未进行客观评价。因此，在搜集好反馈信息以后，要仔细进行甄别和筛选，保留对自己有用的反馈信息，摒弃那些无用的和不真实的反馈信息，这样结论才会客观。

4. 得出结论

运用科学的评估方法，在对反馈信息进行分析后，会得出最终结论。一般来说，只要每个步骤都依据客观事实来执行，得出的结论就比较正确，评估工作也就顺利完成了。

（三）职业生涯规划的调整

职业生涯规划不能轻易改动，但在特殊情况下需要做出调整，如政策转变、时代变化、企业或自身发展需要等。职业生涯规划调整的方法如下。

1. 目标度量法

大学生职业生涯目标是生涯规划的核心，它对大学生职业生涯规划的成功具有直接的帮助。职业生涯目标中的短期目标、中期目标和长期目标一旦确定，就形成了操作性非常强的度量职业生涯规划实现的标准，调整的方法也就直接锁定在现实目标实现和生涯目标之间纠正偏差的动态过程中。

2. 局部调整法

从大学生职业生涯规划的实施基本步骤和方法来看，每一个环节都可能直接影响职业生涯规划的实施效果。如果设定的目标不适合自己（如长期目标和短期目标相脱节，目标缺乏弹性，实现目标太容易或太难，确立的志向和自我评估有偏差），对职业生涯规划机会的把握不准确，对职业的选择把握不好，职业生涯规划路线的选择有问题，制订的具体行动计划方案可操作性较差等，在执行的过程中都需要根据不同的情况进行局部调整。

3. 重新规划法

有些大学生对职业生涯规划的基本概念掌握不够，对具体的职业生涯规划的步骤和方法应用不熟练，导致所制定的规划完全脱离自身实际，这时就需要彻底调整规划，甚至重新进行规划。这种方法不建议多次使用，以避免“常立志而不立长志”，为规划而规划的“教条主义”。

4. 过程评估法

从人生发展的角度来看，大学生职业生涯规划设定的内容，在现实中有时不一定都能够有效实现，这并不意味着职业生涯规划的失败。在自我职业生涯规划的制定和实施的过程中，要注重结果导向，但更应该强调实施过程。

根据职业生涯的理论，定期进行总结评估和反馈调整是做好职业生涯规划不可或缺的一个环节。大学生应该进行周期性的总结和调整，并重点针对学期计划进行反馈调整。未来的长期计划是综合考虑各方面的因素做出的决定，具有一定的客观性和科学性。在没有确实发现自己的长期目标有重大偏差的时候，不应该三心二意，随意改变自己的决定。

训练活动

活动一　撰写个人职业生涯规划书草本

结合实际，撰写一份个人职业生涯规划书草本。

活动二　评估与调整你的职业生涯规划书

评估你的职业生涯规划书草本，找出其中不合理的地方，并针对每一个不合理的地方提出解决方案，调整自己的职业生涯规划。

课外实践

参加全国大学生职业规划大赛成长赛道

参加全国大学生职业规划大赛不仅是展示自我、提升能力的绝佳机会，也是深入了解自己、明确未来职业方向的重要平台。在报名参加全国大学生职业规划大赛成长赛道时，需仔细阅读比赛的官方通知，了解比赛的具体流程、提交材料的要求以及评审标准，根据大赛要求制作参赛材料。确保清楚所有关键日期，如报名截止日期、初赛作品提交时间、决赛答辩时间等，合理安排自己的准备工作。

本 章 回 顾

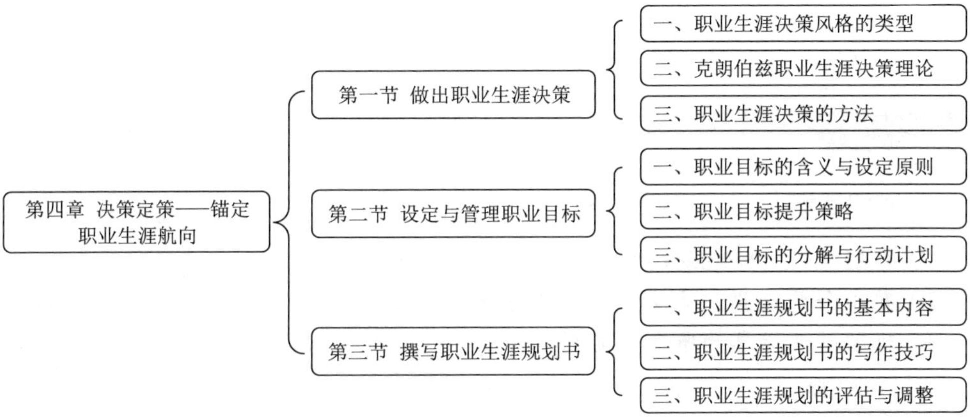

第五章 求职备战——做好求职就业准备

学习目标

知识目标

（1）掌握我国总体就业形势与高校毕业生就业现状。

（2）熟悉企业就业、基层就业及其他就业途径。

（3）理解就业信息的概念与类别。

技能目标

（1）能够根据自身情况选择合适的就业途径。

（2）能够运用 AI 工具搜集就业信息并进行就业信息的筛选与运用。

（3）掌握招聘简章分析方法。

素养目标

（1）培养理性分析的就业思维，提升对就业市场动态的敏感度。

（2）强化自主规划意识，增强求职主动性与执行力。

（3）将个人职业选择与国家发展需求相结合，树立正确的就业观。

案例导读

智探职途：小赵以多维策略备战食品质量与安全专业求职

小赵是一名食品质量与安全专业的学生，大三伊始，他开始为求职做准备。面对日益严峻的就业形势，小赵深知，唯有提前谋划、主动出击，才能在竞争激烈的就业市场中脱颖而出。

为了全面洞察当前就业形势，小赵广泛查阅资料，关注行业动态。他了解到，随着人们对食品安全问题的关注度不断提高，食品质量与安全专业的就业需求虽有所增长，但市场对人才的要求也越来越高，不仅需要扎实的专业知识，还须具备实践操作能力和创新思维。同时，行业内企业竞争激烈，知名食品企业、检测机构等提供的岗位竞争尤为激烈。

在了解就业途径方面，小赵没有局限于传统渠道。除了参加校园招聘会、关注学校就业信息网，他还积极拓展新的求职途径。他利用社交媒体平台，加入食品行业交流群，与业内人士互动，获取内部推荐机会；关注行业协会的官方账号，及时了解行业展会、研讨会等活动信息，从中挖掘潜在的就业资源。

在收集就业信息时，小赵充分发挥 AI 工具的优势。他利用智能招聘平台，输入专业关键词和求职意向后，系统自动筛选出符合要求的岗位信息，并生成岗位匹配度分析报告。此外，他还利用 AI 数据挖掘工具，对各大招聘网站上食品质量与安全相关岗位的招聘信息进行抓取和分析，总结出不同企业的招聘偏好和岗位需求趋势。例如，他发现许多企业越来越注重应聘者的食品安全管理体系认证和实验室检测技能。

对于收集到的就业信息，小赵进行了细致的筛选和运用。他制定了一套筛选标准，从企业规模、行业地位、岗位发展前景、薪资待遇等多个维度对岗位进行评估，挑选出与自己职业规划相匹配的岗位。在分析招聘简章时，小赵不仅关注岗位要求，还深入研究企业介绍和企业文化。他发现，某知名食品企业在招聘质量检测岗时，特别强调团队合作和持续学习能力，于是在准备求职材料时，着重突出自己在团队项目中解决问题的经历，以及不断学习新知识的热情。

小赵还通过线上线下相结合的方式，调研学长、学姐的就业去向。他联系在食品检测机构工作的学姐，了解实际工作中的岗位职责、工作强度和职业发展路径；与进入食品企业从事质量管理的学长交流，了解企业对新人的培养计划和晋升机制。这些宝贵的经验分享，让小赵对不同就业方向有了更直观的认识，也为他的求职决策提供了重要参考。

经过一系列的准备工作，小赵明确了自己的求职方向，精心制作了个性化的简历和求职信，并针对目标岗位进行模拟面试训练。他相信，凭借充分的准备和积极的心态，一定能在求职道路上收获满意的成果。

（根据学生真实案例改编）

分析：

小赵在求职备战过程中，展现出了较强的主动性和创新性。在洞察就业形势方面，他不仅关注宏观行业趋势，还深入分析市场对人才的具体要求，为求职定位奠定了坚实基础。在就业途径拓展上，小赵突破传统模式，积极利用社交媒体和行业平台，拓宽了信息获取渠道，增加了就业机会。利用 AI 工具收集和分析就业信息是小赵求职准备中的一大亮点。AI 工具的运用使他能够高效处理大量信息，精准把握岗位需求，提升了求职的针对性和成功率。对就业信息的筛选和招聘简章的分析，体现了小赵的理性思维和细致态度，确保他将精力集中在最有价值的岗位上。调研学长、学姐的就业去向这一举措，充分发挥了人脉资源的作用。通过借鉴他人经验，小赵减少了信息不对称，对不同就业方向有了更真实的认知，避免了盲目求职。整体来看，小赵的求职准备过程系统、全面，方法科学，为其他大学生提供了极具参考价值的范例，证明了充分的准备和创新的求职策略是应对就业挑战的有效途径。

第一节 洞察就业形势

大学生就业形势分析

一、我国总体就业形势

（一）国民经济发展稳中向好

一个国家、一个地区在一定时期内的经济状况直接影响其社会就业状况。2024 年全年国内生产总值为 1349084 亿元，按不变价格计算，比 2023 年增长 5.0%。从各产业表现来看，工业生产形势良好，装备制造业、高技术制造业、服务业增长迅速；信息传输、软件和信息技术服务业，租赁和商务服务业，金融业等现代服务业增加值增长显著；固定资产投资规模扩大，货物进出口方面也呈现较快增长，贸易结构持续优化。经济增长带动国内消费需求稳步扩大，市场用工需求随之提高，进而促进了就业容量的扩大。

（二）国家高度重视大学生就业

大学生是国家宝贵的人才资源，是现代化建设的重要力量。高校毕业生就业事关国家经济社会发展和社会和谐稳定。党中央、国务院历来高度重视和关心高校毕业生就业工作。党的二十大报告提出要“实施就业优先战略”，指出“就业是最基本的民生。强化就业优先政策，健全就业促进机制，促进高质量充分就业”。国家对大学生就业的重视，不仅体现在政策的顶层设计与持续完善上，更贯穿政策执行的每一个环节，从中央到地方，各级政府部门积极响应、协同发力，构建起全方位、多层次的大学生就业服务体系。

（三）新就业形态蓬勃发展

当前，我国数字经济发展迅猛，在人工智能、自动驾驶等前沿技术领域取得显著进展，在全球竞争中占据领先优势。在此背景下，新就业形态应运而生并呈现蓬勃发展态势。新就业形态是伴随着互联网技术应用和数字经济发展而出现的工作模式，如依托互联网平台就业的网约配送员、网约车驾驶员、互联网营销师等。新就业形态催生了一系列新职业，具有劳动关系灵活、工作内容多样、工作时间弹性等特点。同时，新就业形态借助互联网搭建起了广阔的创业互联通道，为人们创造了更多的创业机遇。新就业形态的蓬勃发展，使得就业容量不断扩大，使众多原本难以进入传统就业体系的劳动力有了施展拳脚的空间，在调节劳动力市场供需关系、优化劳动力资源配置等方面发挥着日益重要的作用，成为构建高质量就业新格局的关键力量。

二、高校毕业生当前就业形势

（一）高校毕业生总量持续攀升

近年来，全国高校毕业生规模不断扩大。2022—2025 年，我国高校毕业生人数均保持在 1000 万人以上。其中，2022 年高校毕业生总量为 1076 万人，2023 年跃升至 1158 万人，2024 年进一步增长至 1179 万人，2025 年高校毕业生人数达 1222 万人（图 5-1）。由此可见，高校毕业生规模呈现持续增长的态势，这无疑给就业市场带来了较大的压力。

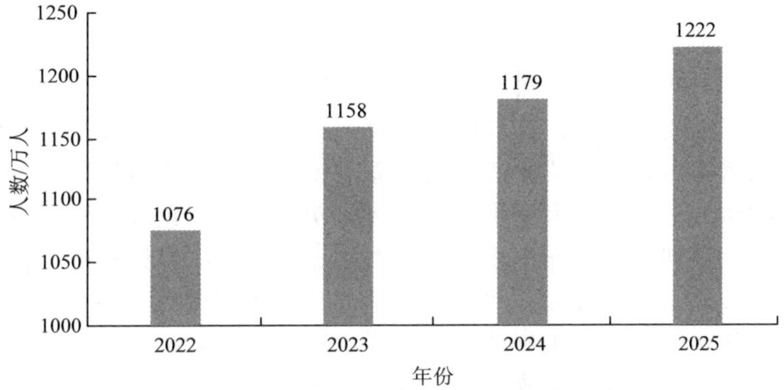

图 5-1　2022—2025 年我国高校毕业生人数

（二）毕业生就业挑战与机遇并存

大学生就业与国家经济发展紧密相连。依据传统经济学理论，劳动力需求水平主要取决于经济增长速度。经济增长能为劳动力市场创造更多就业岗位，降低失业率；反之，劳动力需求减少，失业率上升。在新常态下，我国经济增长从高速转变为中高速，经济下行压力较大，每年新增就业岗位数量存在不确定性。并且，在新常态下产业结构调整优化进程中，传统行业向新领域转型，对从业者的知识和技能提出了更高、更新的要求。若高校毕业生无法适应新的岗位要求，就可能错失一些就业机会。

然而，挑战与机遇并存。当前就业形势也为高校毕业生带来了诸多就业新机遇。一是产业结构调整带来的机遇。随着高新技术产业、新兴产业的蓬勃发展，我国产业结构中第三产业的比重持续上升。相较于传统产业，第三产业、高新技术产业和新兴产业的就业岗位普遍对从业者的素质要求更高，这对毕业生就业较为有利。此外，不断增长的中高端劳动力需求极大地拓展了毕业生的就业市场，在一定程度上有效缓解了毕业生就业问题。二是人才需求转变带来的机遇。当下，社会对创新型、高技能复合型人才的需求极为迫切。产业变革加速催生了“技术+管理”“专业+数字”等复合型岗位。制造业升级以及现代服务业的发展，使得相关行业对掌握交叉学科知识人才的需求增加。同时，职业技能等级认证体系不断完善，工业互联网、数字技术等领域的高含金量证书逐渐成为就业市场的“通行证”，为大学生就业增添了有力筹码。三是就业市场形态变化带来的机遇。近年来，就业市场展现出鲜明的多元化趋势，新就业形态不断涌现，极大地丰富了毕业生的职业选择。与此同时，民营企业和中小企业创造就业的能力日益提升，逐渐成为吸纳高校毕业生的“主力军”，这进一步拓展了毕业生的就业空间，丰富了毕业生的就业渠道。

（三）就业市场更加完善规范

随着高校毕业生就业制度改革的持续推进，就业市场已日臻成熟。在数字化浪潮与政策推动的双重作用下，就业市场呈现更加完善与规范态势。其一，智能科技为就业服务注入新活力，深度嵌入招聘全流程。数智招聘一体机、“直播带岗”等创新形式在人才交流会频繁亮相，海量岗位通过智能设备便捷展示，求职者能轻松浏览职位、一键投递；直播中企业 HR 实时互动，打破地域局限，高效拉近供需双方距离，极大提升了就业服务的质量与效率。其二，就业市场的供需对接迈向精准化新阶段。高校整合线上线下资源，依托学生专业、兴趣及求职意向开展分类指导，借助 AI 简历与面试系统，实现人岗精准匹配。招聘会现场布局更趋合理，按地区、专业等划分展区，并设置职业测评与咨询区，专业人士为毕业生提供即时帮助，优化求职策略，强化职业认知。其三，教育部等部门积极作为，出台系列政策为市场规范发展保驾护航。一方面，要求各地高校定期调研市场需求，与行业主管部门建立会商机制，发布人才需求报告与紧缺人才目录，引导高校优化专业设置，增强学科与市场需求的适配性；另一方面，严格落实校园招聘“三严禁”（严禁发布含有限定 985 高校、211 高校等字样的招聘信息，严禁发布违反国家规定的有关性别、户籍、学历等歧视性条款的需求信息，严禁发布虚假和欺诈等非法就业信息），全力维护毕业生求职的公平公正环境。在此过程中，大学生就业市场功能不断拓展升级，从单一就业媒介转变为集信息发布、岗位推介、职业指导、政策咨询于一体的综合性服务体系，全方位满足毕业生与招聘单位需求。市场机制在毕业生择业中的主导作用日益凸显，推动就业市场朝着规范化、智能化、精准化方向加速前行，有力促进高校毕业生实现高质量充分就业。

三、树立正确就业观念

（一）树立社会责任感，融合个人与国家需求

在就业选择中，将个人职业志向与国家战略布局紧密相连，是实现自我价值与社会价值双赢的关键路径。国家基于经济社会发展的阶段性目标，明确了重点发力的领域，如科技创新前沿、基础设施建设、教育资源普及以及医疗卫生保障等。高校毕业生投身这些关键领域，既能为国家发展注入活力，又能凭借政策扶持与广阔平台实现自身成长。契合国家需求的职业选择，不仅能助力国家事业进步，更能让个人在专业深耕中获得成就感与发展机遇，达成个人与国家发展的同频共振。

案例

从江城到非洲：一名法语学子的家国情怀职业路

法语专业毕业生小吴，初入大学时因不满足转专业条件，未能如愿转入心仪的专业。这一挫折让他对法语专业充满抵触，他认为男生从事外语工作机会少、收入低，一度陷入焦虑低落的情绪，丧失学习信心。

辅导员在日常交流中察觉到小吴的困境，通过结合法语专业课程安排，向他剖析专业发展前景与优势，引导他转变学习态度；同时，鼓励小吴参与外语学院活动。2022年端午节，小吴受邀为留学生讲述端午民俗文化，在传递中国传统文化的过程中，他不仅让留学生感受到中国文化的魅力，自己也逐渐对法语专业产生兴趣。此后，小吴开始主动钻研专业知识，积极备考，顺利通过法语专业四级考试。

2023 年起，小吴在辅导员鼓励下积极投身翻译志愿服务。某动物园开园时，他克服自我怀疑，担任外语翻译志愿者，收获好评；2024 年某市经济技术开发区国际论坛中，作为志愿团队负责人，他运用专业知识助力法国新能源电网企业与经济技术开发区企业洽谈合作，得到高度赞扬。这些经历让小吴深刻体会到语言沟通的价值，也拓宽了他的职业视野。

临近毕业，面对职业选择的迷茫，辅导员以自身经历启发小吴，引导他将个人职业发展与更广阔的需求结合。小吴由此意识到，在国家对外交流与建设不断推进的背景下，外语人才尤其是小语种人才，在国际合作项目中大有可为。他积极向国内外大型外贸、建筑公司投递简历，辅导员全程协助其修改简历、模拟面试。最终，小吴成功获得中国地质工程集团有限公司的工作邀请，将奔赴几内亚，以法语项目翻译的身份参与中国援非建设，把个人职业理想融入国家对外发展战略之中。不仅如此，在辅导员的帮助下，小吴凭借突出表现成功获评学校第十五届感动江汉大学人物，为大学生活画上精彩句号。

分析：

小吴的职业发展历程，生动诠释了个人职业选择与国家需求相融合的重要意义与积极成效。其一，从兴趣重塑到价值认同的转变。小吴通过文化传播、国际交流等实践活动，重新认识法语专业价值，完成从被动学习到主动探索的蜕变；其二，个人职业发展与国家战略需求的契合。在国家对外合作不断深化的背景下，小吴将语言专长与援非建设需求结合，既能实现个人职业理想，又能为国家国际合作贡献力量；其三，成长过程中的引导与支持作用。辅导员通过专业前景分析、实践机会推荐、就业指导等方式，助力小吴打破认知局限，在时代需求中找准职业定位。小吴的故事证明，当个人职业发展与国家需求同频共振时，不仅能拓宽个人职业发展道路，还能在服务国家发展中实现更大的人生价值。

（二）树立多元就业观，拓宽职业发展路径

摒弃传统狭隘的就业认知，拥抱多元就业形态，是顺应时代潮流的明智之举。就业成功的衡量标准并非局限于地域与行业，而是个人才能的充分施展。毕业生应打破固有思维，积极探索灵活就业、自主创业等新兴模式，拓展职业选择的边界。同时，大学生应深刻认识到基层就业的重大意义。基层涵盖西部地区、边远地区以及生产一线、艰苦行业等，这些区域虽条件艰苦，但蕴含着丰富的发展机遇。青年大学生投身基层，既能为地方发展贡献智慧，又能在实践磨砺中积累经验、增长才干。克服对基层的偏见，树立面向基层的就业观，是当代大学生实现职业理想的重要方向。

（三）树立终身学习观念，增强职场核心竞争力

在知识经济时代，持续学习是保持职场竞争力的核心要素。大学生需要主动适应就业市场的动态变化，通过多元渠道不断充实新知识、新技能。随着新兴技术如人工智能、大数据的广泛应用，各行业加速数字化转型，大学生唯有紧跟技术前沿，方能提升自己的职场核心竞争力。此外，大学生还要密切关注行业动态与职业发展趋势，注重跨学科知识与技能的积累，努力将自己培养为创新型、复合型应用型人才，为个人职业发展开辟更为广阔的空间。

（四）树立务实就业观，精准定位职业方向

在就业选择前，大学生需要对自身进行全面、客观的剖析，综合考量身体素质、兴趣爱好、性格特质、专业能力及价值取向等因素，找准自身在职场中的定位，避免过高或过低评估自我。在就业策略上，应理性看待首次就业。在市场经济环境下，就业形势复杂多变，终身固定职业已成为过去式。大学生应将第一份工作视为融入社会、积累经验的起点，秉持“先就业后择业”的理念，做好职业生涯中多次就业的准备。适度的职业流动有助于个人在不同岗位上积累经验、优化职业选择，实现人力资源的高效配置。

案例

锚定科研方向的精准升学之路：小朱的职业规划实践

过程装备与控制工程专业学生小朱，从入学起便以清晰的科研深造目标为指引，结合智能制造行业“智能化、绿色化”发展趋势，确立“出国攻读硕士、聚焦工业碳排放控制”的职业方向。他围绕这一目标制定了四年规划，通过系统性能力构建与精准化院校申请，最终成功斩获爱丁堡大学硕士录取通知书。

大一时期，小朱通过专业学习与行业调研，敏锐认识到能源环保领域对智能制造技术的需求，果断将职业目标定位为科研路径。他以“夯实基础—技能突破—科研实战”

为脉络推进规划：大一专注数学、工程力学等基础课程，取得平均绩点 3.8 的优异成绩；大二自学 Python、MATLAB 等工具，为科研建模筑牢技术根基；大三起全身心投入科研项目与学科竞赛，累计获得 20 余项国内外大奖，其中在数学建模挑战赛中针对电站 NO_x 排放问题提出的优化方案被企业采纳，相关成果为其科研能力提供了实践验证。

在科研深耕方面，小朱以“电站节能减排”为核心研究领域，在 *Energy*、*Computer & Chemical Engineering* 等国内外期刊发表 8 篇论文（5 篇第一作者），其中多篇发表于中国科学院 1 区 SCI 及 T1 核心期刊。此外，他还作为核心成员参与 3 项国家级科研项目，独立承担“工业流程系统优化算法开发”任务。这些经历不仅深化了他对专业领域的理解，更形成了“理论研究—应用实践—成果转化”的完整能力链条。

申请阶段，小朱以“专业契合度”为核心筛选院校，瞄准爱丁堡大学“Process Systems Engineering”（过程系统工程）专业中与自身研究方向高度匹配的“工业碳排放控制”领域。他提前与该专业导师取得联系，有针对性地展示科研成果集，获得导师的积极反馈。在个人陈述中，他以“从数学建模到工业减排”为主线，将竞赛成果、科研论文与职业理想有机串联，突出“运用技术手段解决实际工程问题”的能力特质，区别于传统学术型申请者，最终凭借差异化优势获得录取通知书。

分析：

小朱的职业规划实践表明，树立务实就业观的关键在于立足个人禀赋与行业趋势的深度结合。他拒绝盲目跟随考研或就业大流，而是通过早期目标锚定、中期能力沉淀、后期精准匹配的清晰路径，在科研赛道上建立竞争优势。这一路径不仅为其个人发展开辟了专属通道，更印证了职业规划中“理性定位、系统执行、差异化突围”的重要性，为高校学子在高端就业与深造中提供了“目标驱动—能力支撑—精准对接”的可借鉴范本。

训练活动

活动一　运用 AI 工具分析当前就业形势

1. 明确提示词

可以从宏观经济环境、行业发展趋势、人才供需关系等维度入手，设置“当前全球经济形势对就业市场的影响”“新兴行业与传统行业的人才需求变化趋势”“近五年大学生就业数据及分析”等提示词，引导 AI 从宏观层面梳理就业形势的大背景。

2. 细化行业与岗位提示词

深入了解特定行业或岗位的就业形势，提示词要更加细化。例如，对互联网行业感兴趣，可设置“2025 年互联网行业热门岗位及人才缺口分析”“AI 技术发展对互联网行业就业结构的影响”等提示词。若关注教师岗位，可设置“当前中小学教师招聘需求及竞争态势分析”“‘双减’政策后教培行业转型对教师就业的影响”等提示词，让 AI 给出针对性强的行业与岗位就业信息。

3. 结合地域因素

就业形势在不同地区可能存在差异。若想了解本地就业情况，可在提示词中加入地域信息，如“(所在城市名称)当前就业市场的主要行业及岗位分布”“(省份名称)新兴产业发展带来的就业机遇”。通过这样的设置，AI能分析出具有地域特色的就业形势，帮助大学生更好地把握本地就业机会。

活动二　运用AI搜索毕业生就业政策

运用AI搜索毕业生就业政策时，需要精准设置提示词。例如，搜索补贴政策，可输入“2025年高校毕业生就业补贴政策汇总”“应届毕业生可享受的求职创业补贴政策解读”。若想了解所在地区的特色政策，可在提示词中加入地区或院校信息，如“(所在城市名称)高校毕业生就业创业政策解读”。就业政策会随时间变化，为确保获取最新政策信息，可在提示词中加入时间限定，如“2025年最新高校毕业生就业政策汇总”“近一年内出台的大学生创业扶持政策有哪些”。这样AI给出的政策信息将更具时效性，帮助大学生及时掌握最新的政策动态，为求职就业做好充分准备。

第二节　解锁就业途径

一、企业就业

企业就业是高校毕业生就业的主渠道，包括国有企业就业、民营企业就业、外资企业就业、境外就业等。

1. 国有企业就业

国有企业是指企业全部资产归国家所有，并按规定登记注册的非公有制的经济组织（不包括有限责任公司中的国有独资公司）。国有企业是我国经济发展的命脉，是我国国民经济收入的主要来源，在资金、人员、技术、管理等方面，都有比较雄厚的基础。在科学技术、管理经营、人才培养等方面起着示范和带头作用。国有企业，尤其是国有大型企业通常具有福利待遇优厚、工作环境好、注重对员工的人文关怀等优势，成为许多大学生择业的首选目标。

2. 民营企业就业

民营企业的企业规模一般小于国有企业，工作量较大，福利不是很完善，对人员的要求更加严格一些，工作压力较大。民营企业近年来发展迅速，这为刚刚加入的大学生提供了迅速成长和接受挑战的机会。现在的民营企业发展规模越来越大，福利待遇更趋完善，越来越多的应届毕业生选择民营企业就业。

3. 外资企业就业

外资企业（简称外企）是指依照我国有关法律，在中国境内由外国投资者全额投资设立的企业。现在外企的国籍主体日益多样化。不同外企的经济实力和文化背景差别很大。如果打算进外企，则要对企业的战略及其对中国的定位有所了解，看在这种环境中发展是否符合自我对将来的定位。外企具有薪资待遇较高、效率导向、人际关系相对简单、人才培养机制健全等优势，对很多刚毕业的大学生还是很有吸引力的。外企选才，比较看重学校的排名、学生实习经历和外语口语交流的能力。

4. 境外就业

我国真正意义上的国际劳务合作是从改革开放之后才逐渐发展起来的。我国与其他国家通过签订平等互利的协议，以经济利益作为国际劳务合作的基础，通过各种形式的合作，在很大程度上促进了我国境外劳务合作的发展，在解决我国就业、创汇等方面都取得了很好的效果。当前我国政府通过采取各项适时有效的促进境外国际劳务合作的政策，使我国的国际劳务合作迈上了一个新的台阶。境外就业已经涉及各个行业的各个领域，我国就业人员的足迹已遍及世界各国。

案例

逐梦青马路，扬帆世界 500 强：胡同学的成长之路

2024 届毕业生胡同学，大学四年静耘深耕、奋发进取。她始终以高标准、严要求约束自己，在思想与行动上彰显当代青年学子的责任担当，最终凭借过硬的专业本领与突出的综合素质，成为学院首批斩获世界 500 强某企业 offer 的学子之一。

初入大学，“青年马克思主义培养工程”（以下简称“青马”）成为胡同学大学生活的新航标。三年间，她从对“青马”内涵懵懂的新生，逐渐成长为 2020 级第一批正式中国共产党党员，深刻领悟到“青马”精神就是坚定信仰、扎根专业，展现工科学子的服务与担当。在思想建设方面，她多次参与“她与思政课”系列活动和百生讲坛比赛，积极传播红色文化，做信仰坚定的红色基因赓续者。

作为工科学子，胡同学在学业上成绩斐然，44 门课程达到 4.0 满绩，课程设计均为优秀。疫情期间，她提出开发信息录入及物品分拣系统助力防控；响应绿色发展理念，带领团队设计智能垃圾分类系统，历经多次失败重建，实现近 1 秒内单个垃圾识别且精准率近 100%，该项目成功申请国家级大学生创新训练计划项目。她还发表国际期刊论文、申请软件著作权，并在中国大学生工程实践与创新能力大赛湖北赛区获二等奖。

在学生工作领域，胡同学曾担任学校学生会轮值主席、人工智能学院学生会主席、班级团支书等职务，组织开展 20 余次主题团日活动，参与筹备校级迎新、学代会等众多校园活动，成功打造“江小AI”系列品牌活动，践行为同学服务的宗旨。此外，她深入社区挂职、开展红色学习、调研乡村振兴，积极参加各类社会实践活动，充分发挥青年先锋作用。

凭借大学期间的深厚积累，胡同学大三下学期成功入选世界500强某企业暑期实习生。实习中，她勤恳踏实、爱岗敬业，其综合表现获得企业领导和同事的高度认可，并在结营仪式上作为代表发言。这段宝贵的实习经历，让她提前锁定该企业秋招提前批offer，开启职业新征程。

分析：

胡同学成功入职世界500强某企业，是其多维度成长与努力的必然结果。思想上，“青马”精神为她注入信仰力量，塑造了责任担当意识，使其在行动中保持积极进取的态度；学业与科研上，优异的成绩、创新的项目成果，充分展现了她扎实的专业功底和解决实际问题的能力；学生工作和社会实践经历则锻炼了她的组织协调、团队合作等综合素养。这些优势相互交织，让她在求职竞争中脱颖而出。

二、基层就业

基层就业就是到城乡基层工作。近年来，国家出台了一系列优惠政策鼓励高校毕业生积极参加社会主义新农村建设、城市社区建设和应征入伍。近年来，中央各有关部门主要组织实施了5个引导高校毕业生到基层就业的专门项目。

（一）大学生志愿服务西部计划

大学生志愿服务西部计划由中国共产主义青年团中央委员会牵头，教育部、财政部、人事部共同组织实施。从2003年开始，每年招募普通高等学校应届毕业生，到西部贫困县的乡镇从事为期1～3年的教育、卫生、农技、扶贫以及青年中心建设和管理等方面的志愿服务工作。

案例

扎根西部书写奉献篇章：张同学的逐梦之路

2024届毕业生张同学在大学四年期间，始终以积极进取的姿态拥抱成长，在校期间不仅提升思想觉悟成为中国共产党党员，还凭借出色表现荣获“优秀心理委员”“优秀共青团员”等称号，多次获得优秀学生奖学金，并考取教师资格证等多项专业证书，在心理健康中心、班级、社团等多领域发光发热，策划校园活动、投身志愿服务，展现出新时代青年的责任担当。

然而，张同学并未止步于校园内的成绩。毕业之际，他积极响应国家“到西部去，到基层去，到祖国和人民需要的地方去”的号召，毅然报名参加西部计划，奔赴新疆生产建设兵团，成为一名中学教师，开启扎根边疆的奉献之旅。

初到新疆，巨大的环境差异带来诸多挑战：两小时的时差、与家乡不同的气候、迥异的饮食习惯……但这些都未能动摇张同学的决心。面对非师范专业出身、教学经验匮乏的困境，他在学校安排的师傅带领下，开启了艰辛的学习之路。为上好每一节课，他经常观摩师傅及其他前辈的课堂，熬夜钻研教案；面对棘手的班主任工作，从最初的抗拒到在师傅指导下逐渐掌握管理班级、教育学生的方法，他用实际行动克服重重困难，稳步走上教学正轨。如今，张同学依然秉持初心，在新疆这片土地上，持续用自己的力量为边疆教育事业添砖加瓦。

分析：

张同学投身西部计划的经历，彰显了新时代青年将个人理想融入国家发展大局的崇高追求。他具有坚定的家国情怀，主动响应国家号召，奔赴边疆奉献青春；他具有强大的适应能力与学习能力，面对陌生环境和专业挑战，能快速调整状态，虚心求教，逐步成长为合格的教育工作者；他在大学期间多领域的实践积累，为其在新岗位上发挥作用奠定了坚实基础。张同学为高校学子树立了扎根基层、服务社会的榜样。

（二）“三支一扶”计划

“三支一扶”是支教、支医、支农、扶贫的简称。2006 年，中共中央组织部、人事部、教育部、财政部、农业部、卫生部、国务院扶贫办、共青团中央下发《关于组织开展高校毕业生到农村基层从事支教、支农、支医和扶贫工作的通知》（国人部发〔2006〕16 号），以公开招募、自愿报名、组织选拔、统一派遣的方式，从 2006 年开始连续 5 年，每年招募 2 万名高校毕业生，主要安排到乡镇从事支教、支农、支医和扶贫工作。服务期限一般为 2～3 年。招募对象主要为全国普通高校应届毕业生。2011 年 4 月，中共中央组织部、人力资源和社会保障部等部门下发《关于继续做好高校毕业生“三支一扶”计划实施工作的通知》（人社部发〔2011〕27 号），决定继续组织开展高校毕业生“三支一扶”计划，从 2011 年起，每年选拔 2 万名，五年内选拔 10 万名高校毕业生到基层从事“三支一扶”服务。

案例

从数字课堂到乡村热土：钟同学的“三支一扶”逐梦之旅

2024 届数字媒体技术专业毕业生钟同学，大学四年间积极进取：思想上，系统学习党的理论知识，积极向党组织靠拢；学业上，熟练掌握多媒体技术等专业知识，成绩优异，还曾在 EI（engineering index，工程索引）期刊发表论文；生活中，担任寝室长服务同学，参与社团活动提升能力。全面发展的他成长为综合素质过硬的青年。

毕业之际，钟同学积极响应“到基层去，到西部去，到祖国最需要的地方去”的号召，毅然报考广西壮族自治区“三支一扶”计划。备考期间，辅导员将自身备考经验倾囊相授，帮他合理规划时间，缓解备考及论文写作压力；毕业论文指导老师与班主任在学术和职业规划上给予他有力支持。在多方助力下，钟同学凭借扎实的知识储备和出色的综合能力，顺利通过笔试、面试、体检、公示等环节，成功入选。

如今，钟同学已从数字媒体技术的课堂走向乡村基层，他带着专业所学与青春热忱，在乡村振兴的广阔天地中，开启了服务人民群众的新征程，用实际行动诠释新时代青年的责任与担当。

分析：

钟同学投身“三支一扶”计划的经历，展现了新时代青年将个人发展与国家需求紧密结合的价值追求。钟同学在投身“三支一扶”计划的过程中展现出了以下几个特点：一是坚定的理想信念，主动选择扎根基层，服务乡村振兴；二是扎实的专业素养与综合能力，在校积累的专业知识和实践经验，为其在新岗位上发挥作用奠定了坚实的基础；三是多方协同的成长助力，教师队伍在学术、思想、职业规划上的指导，辅导员在生活与备考中的关怀，形成了全方位的培养支持体系。

（三）农村义务教育阶段学校教师特设岗位计划

2006 年，教育部、财政部、人事部、中央机构编制委员会办公室下发《关于实施农村义务教育阶段学校教师特设岗位计划的通知》（教师〔2006〕2 号），联合启动实施农村义务教育阶段学校教师特设岗位计划（简称“特岗计划”），公开招募高校毕业生到西部“两基”攻坚县县以下农村义务教育阶段学校任教。特岗教师聘期 3 年。

（四）选聘高校毕业生到村任职

2008 年，中共中央组织部、教育部、财政部、人力资源和社会保障部出台了《关于印发〈关于选聘高校毕业生到村任职工作的意见（试行）〉的通知》（组通字〔2008〕18 号），计划用 5 年时间选聘 10 万名高校毕业生到农村担任村党组织书记助理、村委会主任助理或村团组织书记、副书记等职务。从 2010 年开始，扩大选聘规模，选聘的高校毕业生在村工作期限一般为 2～3 年。

选聘对象为 30 岁以下应届毕业生和往届毕业的全日制普通高校专科以上学历的毕业生，重点是应届毕业和毕业 1～2 年的本科生、研究生，原则上为中共党员（含预备党员），非中共党员的优秀团干部、优秀学生干部也可以选聘。

（五）农业技术推广服务特设岗位计划

农业技术推广服务特设岗位计划由农业部（现为农业农村部）牵头，人力资源和社会保障部、教育部和科技部共同组织实施。从 2013 年开始，每年招募一批普通高等学校应届毕业生，到乡镇或区域性农业技术推广机构从事为期 2～3 年的农业技术推广、动植物疫病防控、农产品质量安全服务等工作。

三、其他途径

（一）考公考编

公务员考试是公务员主管部门组织录用担任一级主任科员以下及其他相当职级层次的公务员的录用考试。有关公务员考试的报名时间、考试政策和相关信息可以在当地人力资源和社会保障网、人事考试网和国家公务员局等网站上查询。

案例

从设计赛场到基层舞台：付同学的考公逐梦路

2024届产品设计专业毕业生付同学，在校期间学业表现优异，曾荣获校一、二等奖学金及国家励志奖学金，在设计领域更是成绩斐然，斩获未来设计师•全国高校数字艺术设计大赛省赛与国赛二等奖、中南星设计艺术大赛一等奖、东方设计奖国赛一等奖等多项专业奖项。

毕业之际，付同学结合自身优劣势，审慎规划职业方向，毅然选择踏上考公之路。为实现目标，她开启了长达六个月的备考征程。备考过程中，她科学规划，分阶段推进学习：初期专注基础知识积累，夯实理论根基；中期通过海量刷题强化解题能力；冲刺阶段则通过套题训练提升应试技巧。凭借扎实的准备，付同学顺利通过笔试。

进入面试环节后，付同学面临时间紧迫与毕业设计并行的双重压力。但她从容应对，充分利用大学期间积累的上台汇报经验，在面试高压环境下保持镇定自若，稳定发挥。最终，她在湖北省公务员考试中脱颖而出，以岗位综合第一的优异成绩成功上岸，成为一名街道办事处的公职人员。

如今，在基层岗位上，面对繁杂具体的基层工作任务和直接服务群众的实际需要，付同学始终以强烈的使命担当和高度的敬业精神，以及饱满的热情投入工作，持续为群众提供优质服务，在基层岗位绽放光彩。

分析：

付同学从设计专业学生成长为基层公务员的历程，展现出新时代青年多元化的职业选择与扎实的奋斗精神。付同学在考公务员的过程中做到了以下几点：一是精准的职业规划，能结合自身优势与特长，理性选择发展方向；二是高效的学习能力与坚韧不拔的毅力，通过科学备考策略和持续努力突破考公难关；三是综合素质的迁移运用，将设计专业培养的汇报表达能力灵活运用于面试场景，实现跨领域能力转化。

（二）国内考研

近些年，考研已经成为本科毕业生的重要选择。研究生考试分初试和复试两个阶段，初试由国家统一组织，复试由招生单位自行组织。大学生在考研择校时，应依据自身情况，科学选报合适的专业、导师和学校，理性做出选择。

（三）出国留学

随着社会经济的发展以及国际交流的深入，越来越多的学生选择出国留学。出国留学前，要做好语言、经济和其他准备（如了解意向国家的政治、经济、文化背景，以及申请学校的情况、住宿、交通等情况）。此外，国外院校对学生的 GPA（grade point average，成绩平均绩点）也有明确要求。因此，大学生在本科阶段要注重学习积累，争取获得优异成绩，为留学申请奠定坚实基础。

（四）自主创业

创业就是创业者对自己拥有的资源或通过努力能够拥有的资源进行优化整合，从而创造出更大经济或社会价值的过程。目前，国家对大学生创业教育非常重视，出台了很多大学生创业的激励与优惠政策。大学生创业也正方兴未艾。创业已成为广大学子实现梦想的舞台。

案例

3D 打印创潮玩天地：董同学的创业之路

某学校积极响应“大众创业、万众创新”号召，构建全方位创业就业体系，为学生搭建多元化服务平台，将学生活动室改造成“创意工坊”和“创业孵化器”，提供免费办公场地与设备，成为学子创业的起点。

在学校的支持下，美术学院 2024 届毕业生董同学携手四名同年级学生，创立了一家设计公司。公司聚焦 3D 打印领域，融合美术专业设计，打造专业的原创产品 3D 打印工作室，提供定制服务。工作室配备高精度 3D 打印机、光固化 3D 打印机等先进设备，并组建了由专业教师、技术人员和美术原创设计师构成的运营团队。

公司运营模式独特，客户通过淘宝、闲鱼、小红书等网络平台下单，提出需求与产品规格，客服对接后，团队根据要求设计、建模并反复修改，直至客户满意，再通过 3D 打印完成产品制作。凭借这一模式，公司产品成功获得市场认可，每月流水稳定在 10000 元左右，在生日礼品定制、创意产品市场占据一席之地。

此外，工作室不仅是商业运营体，还成为学校学生创意转化的平台。低年级学生可借助工作室设备，将原创设计打印成实物，在学校社团体验周、艺术节等活动中展示或售卖，激发了学生的创新创作热情。同时，公司深度参与学校教育教学，承担公共艺术专业的建筑模型制作、产品设计原型打印等课程实训任务，让学生在设计构思、模型打印、后期处理等环节亲身体验和实践，实现数字艺术与造型艺术的融合应用。

董同学的创业实践是美术学院 2024 届毕业生创业成果的缩影。在学校的培育下，多名毕业生投身创业，或创办企业、画室，或运营个人自媒体，为社会贡献智慧与力量。

分析：

董同学的创业经历有力印证了创业是就业的重要形式之一。他依托学校搭建的“创意工坊”和“创业孵化器”，将美术专业技能与3D打印技术结合，创办设计公司实现自主就业。公司通过网络平台接单，打造定制化产品服务，既创造了经济价值，又解决了董同学自身及团队成员的就业问题。同时，工作室还为低年级学生提供实践平台，参与学校课程实训，延伸了就业带动效应。这种创业模式不仅实现了个人职业发展，还促进了专业资源转化与就业岗位拓展，充分体现了创业作为就业形式的创新性、多元性和社会价值。

（五）灵活就业

灵活就业即自由职业，是指个人选择独立工作，不依赖于传统的雇佣关系，自行管理和运营自己的职业生涯。这种就业方式的特点是自由度高、灵活性强，个人可以根据自己的兴趣、技能和时间选择工作内容、工作时间和工作地点。灵活就业人员包括自由撰稿人、摄影师、设计师等。灵活就业也存在一些挑战，如不稳定、独自承担风险、缺乏福利保障等。灵活就业适合那些崇尚自由、追求个人兴趣和激情的人，但同时也需要自我管理和规划，并承担一定的风险和责任。

训练活动

活动一　去大企业还是小企业

1. 活动目的

通过案例讨论，理解不同企业对职业发展的影响。

2. 活动步骤

1）结合案例，分小组讨论去大企业好还是去小企业好，时间为3分钟。

案例：小龙近期收到了两家企业的录用通知，这让他在欣喜之余陷入了两难的困境。一家是颇具规模的大型企业，该企业工作环境优良，内部制度完善，薪酬待遇也较为可观，但是提供的职位与小龙所学专业毫无关联。另一家则是规模相对较小的企业，所提供的职位恰恰是小龙一直以来感兴趣的，并且与他的专业契合度较高，只是薪酬水平相较于大企业略显逊色。对于即将走出校园步入职场的小龙而言，这一抉择显得尤为艰难。此时，大企业向小龙发出通知，要求其在一周内完成正式签约流程；而小企业则邀约小龙在三天后面试。小龙在两种选择之间摇摆不定，一方面难以割舍大企业所给予的高薪工作机会，另一方面又不愿放弃与自身专业紧密相关且兴趣浓厚的小企业职位。倘若你处于小龙的境地，你将会如何抉择？

2）各小组派代表阐述观点，时间为10分钟。

活动二　填写求职意向表

根据自身实际情况，按表 5-1 给出的选项进行填写，梳理出个人的就业意向。

表 5-1　就业意向分析表

<table>
<tr><th>方向</th><th colspan="4">前三位选择</th><th>求职方向</th></tr>
<tr><td rowspan="3">行业</td><td colspan="4">1.</td><td rowspan="12">第一类求职方向：
行业：
企业：
职能：
地域：

第二类求职方向：
行业：
企业：
职能：
地域：

第三类求职方向：
行业：
企业：
职能：
地域：</td></tr>
<tr><td colspan="4">2.</td></tr>
<tr><td colspan="4">3.</td></tr>
<tr><td rowspan="3">企业（可用企业简称代表）</td><td>国企类</td><td>企业 1</td><td>企业 2</td><td>企业 3</td></tr>
<tr><td>外企类</td><td>企业 1</td><td>企业 2</td><td>企业 3</td></tr>
<tr><td>民企类</td><td>企业 1</td><td>企业 2</td><td>企业 3</td></tr>
<tr><td rowspan="3">职能（可用具体岗位代表）</td><td>1.</td><td>岗位 1</td><td>岗位 2</td><td>岗位 3</td></tr>
<tr><td>2.</td><td>岗位 1</td><td>岗位 2</td><td>岗位 3</td></tr>
<tr><td>3.</td><td>岗位 1</td><td>岗位 2</td><td>岗位 3</td></tr>
<tr><td rowspan="3">地域</td><td colspan="4">1.</td></tr>
<tr><td colspan="4">2.</td></tr>
<tr><td colspan="4">3.</td></tr>
</table>

第三节　巧用就业信息

一、就业信息的概念与类别

在当今的信息化社会，一个人要想获得成功，必须掌握大量的相关信息，并进行合理的整理和使用。若拥有了有效快捷的信息，就拥有了制胜权。大学生就业也是如此，要想在求职时取得成功，就要在求职前做好充分准备，尤其是要做好求职信息的收集与整理工作，这往往能够起到事半功倍的效果。择业决策的过程实质上就是与择业有关的信息收集、处理和转换的过程。在择业过程中，无论是职业目标的确定、求职计划的设计，还是决策方案的选择，都是以信息的收集和处理为基础的。

（一）就业信息的概念

就业信息是指通过各种媒介传递的有关就业方面的消息和情况，如就业政策、供需双方情况及用人信息等，是毕业生择业所必须收集和掌握的资料。

（二）就业信息的类别

就业信息的种类有两种：宏观信息和微观信息。

宏观信息是指国家的政治经济情况，国家或地区的社会经济方针、政策、规定，国家对毕业生就业政策与劳动人事制度改革的信息，社会各部门需求情况及未来产业、职业发展趋势等信息。掌握这些信息，可以宏观地把握就业方向。大学生在校期间，关心国家政策对于确立宏观的择业方向有着重大意义。

微观信息是指某些具体的就业信息。例如，用人单位的需求情况、发展前景、需求专业、工作条件、工资待遇等，这些信息是大学生就业必须收集的具体资料。

二、借助 AI 搜集就业信息

大学生可以通过高校毕业生就业指导中心、各级毕业生就业主管部门、人才服务机构、大众传播媒介（如报纸、期刊、广播、电视等）、网络、家庭和各种社会关系、各种社会实践和实习获取就业信息。随着数字化时代的发展，还可以借助 AI 搜集就业信息。具体可通过以下步骤和提示词实现高效检索。

（一）选择合适的 AI 工具

推荐使用综合型 AI 工具（如 DeepSeek、Kimi 等），它们能够整合多平台数据，快速响应复杂检索需求；也可选用垂直领域招聘助手，如智联招聘、BOSS 直聘平台内置的智能推荐功能，其算法更贴合招聘场景，可直接输出岗位匹配结果。

（二）设定精准的 AI 提示词

1. 基础岗位检索提示词

在 AI 工具中输入“检索（目标城市）（目标行业）近 1 个月内的校招岗位，列出企业名称、岗位名称、薪资范围及简历投递截止日期”。若需特定职能岗位，可细化为“搜索上海互联网行业，包含数据分析、用户运营方向的实习岗位，要求提供岗位职责与学历要求”等。

2. 企业深度调研提示词

在 AI 工具中输入“分析（目标企业）的人才需求特点，近 3 年招聘岗位的技能关键词分布”。若关注企业文化适配度，可尝试输入“（目标企业）的价值观与员工晋升机制是怎样的？哪些岗位更有发展潜力？”。

3. 政策与趋势洞察提示词

可在 AI 工具中输入“2025 年（省份名称）针对高校毕业生的就业补贴政策有哪些？对应可申请的岗位类型有哪些？”，或“未来 5 年（行业名称）的人才缺口领域有哪些？哪些新兴岗位值得关注？”。

4. 个性化匹配关键词

可在 AI 工具中输入“根据我的简历（输入简历基本内容），推荐匹配度 80%以上的岗位，并标注竞争优势与不足”，也可反向提问，如“（目标岗位）的简历筛选重点是什么？如何优化我的项目经历描述？”。

（三）整理与验证信息

将 AI 输出的岗位信息按优先级分类，重点核查企业官网、招聘平台的原始链接，避免信息滞后。针对政策类内容，需要交叉比对政府官方文件。对 AI 推荐的冷门岗位或新兴领域，可通过行业论坛、从业者访谈进一步验证可行性，最终形成精准有效的就业信息库。

拓展阅读

如何判断 AI 输出结果的正确性

虽然 AI 具备强大的生成能力，但面对大量复杂指令，尤其是一次性输入过多细节时，容易出现信息过载，导致输出结果失去重点、逻辑混乱，甚至编造信息。因此，在使用 AI 时，需要掌握判断其输出结果是否正确的方法。以下为三种实用策略。

1. 翻转互动，引导任务梳理

在工作与日常生活中，人们常借助 AI 解决各类问题。当任务目标模糊不清时，可尝试让 AI 反向提问，以此引导人们思考任务细节，从而减轻自身思考负担，使 AI 最终生成的结果更具条理性。例如，当计划用 AI 撰写一篇旅游攻略，但不知从何入手时，可以向 AI 提问“撰写旅游攻略需要考虑哪些关键问题？”。AI 会反问诸如“旅游目的地是哪里？计划旅行几天？更注重美食、景点还是住宿体验？”等问题。通过这样的互动，逐步明确需求，进而获得更贴合自身需求的攻略内容。

2. 制定明确标准，精准传达需求

以设计师撰写项目报告为例，假设需要提交一份 AI 项目的半年度汇报，若仅向 AI

工具发出“帮我写一份 AI 项目报告”这样模糊的指令，往往难以获得理想的结果。正确的做法是，详细说明报告每个部分应包含的内容，明确指出需要重点呈现的数据。例如：“请生成一份 AI 项目半年度汇报，要求包含：①项目背景与目标简述；②过去半年项目关键技术指标（如算法准确率提升数据、用户增长数据）；③遇到的技术难点及解决方案；④下阶段工作计划与预期成果。数据部分请使用图表辅助说明。”通过设定具体、清晰的标准，AI 能更准确地理解需求，输出符合预期的内容。

3. 限定立场规则，避免误导判断

在实际使用 AI 工具时，人们常期望 AI 能保持中立，客观地辅助决策或评价工作，但 AI 的输出极易受到用户立场的影响。例如，设计师向 AI 展示设计初稿，并提出“这个设计是否完美？”这种带有主观倾向的问题，可能引导 AI 给出偏向肯定的评价；而如果改为“请从色彩搭配、用户体验、行业设计趋势三个维度，客观分析这个设计的优点与不足”，就能促使 AI 基于明确的规则，输出更具参考价值的反馈。

AI 虽为强大的工具，但其输出并非完全可靠。通过运用翻转互动、制定明确标准、限定立场规则，并结合分步骤输入指令等方法，能够更有效地判断 AI 输出结果的正确性，让 AI 真正成为工作与生活中的得力助手。

获取有效的求职渠道

三、就业信息的筛选与运用

（一）就业信息的筛选

就业信息的筛选，即毕业生根据自身的求职需要对所搜集到的就业信息进行一定的筛选。换言之，就是做好去伪存真、去粗取精的工作，这是处理就业信息的关键一步。筛选就业信息需要做到以下三点。

1. 鉴别真伪，进行可信度分析

就业信息的准确性与真实性是影响毕业生职业决策质量的关键因素。从信息可靠性来看，高校就业主管部门提供的信息具有较高的可信度，而其他渠道获取的信息则需经过严格核实。特别是在招聘信息甄别方面，建议采取以下规范化流程：首先，核实信息发布主体的合法性与真实性；其次，重点核查小微企业的经营资质与运营状况；最后，通过多渠道交叉验证信息的时效性与准确性。建立以上信息验证策略，有助于毕业生规避求职风险，做出科学的职业决策。

具体可以使用如下方法查验企业的信息。

（1）查询国家企业信用信息公示系统

该系统是提供全国企业、农民专业合作社、个体工商户等市场主体信用信息的填报、公示、查询和异议等功能的网络平台。系统公示的信息来自市场监督管理部门、其他政府部门及市场主体。通过输入名称或统一社会信用代码，可以查询市场主体的注册登记、许可审批、年度报告、行政处罚、抽查结果、经营异常状态等信息。

（2）查询全国法院失信被执行人信息

中国执行信息公开网是中华人民共和国最高人民法院建设的司法公开三大平台之一，公布了全国法院失信被执行人名单。从该平台上查询被执行人，可以知晓企业在法务或财务方面是否存在重大问题。

（3）查询商务部直销行业管理系统

在该系统上可以查询合法的直销企业及其直销产品。根据国家相关法规规定，从事直销业务的企业必须依法在商务部完成备案登记。未取得商务部直销经营许可备案的企业，均不具备合法直销经营资格。

（4）查询企业官方网站的备案信息

根据《互联网信息服务管理办法》的规定，合法运营的企业网站必须在页面底部显著位置公示 ICP 备案号。该备案号是验证网站合法性的重要标志，求职者应仔细核查并确认备案信息的真实性与有效性。

（5）通过天眼查、企查查等专业企业信息查询平台进行资质核查

这些平台可以提供包括法人信息、注册时间、注册资本、经营范围及市场竞争情况等在内的多维企业数据。求职者可综合运用多个平台的信息进行交叉验证，以确保所获信息的准确性与全面性。

（6）通过职友集与看准网等职业信息平台辅助查询

这些平台提供企业员工评价、面试经验分享及薪酬概况等多元化信息。这些用户生成内容虽具有参考价值，但需注意其可能存在的信息偏差与真实性风险。求职者应结合多方信息进行综合判断，同时注意甄别可能存在的夸大或不实信息，以确保决策依据的可靠性。

2. 分清主次

在对就业信息进行甄别的同时，应依据信息的关键性与重要程度进行排序，从而精准筛选出核心信息，并对其进行明确标注与妥善保存。若无法准确区分信息的主次，容易导致在大量非关键信息上投入过多时间和精力，进而错失择业的有利时机，对职业发展造成不利影响。

3. 深入了解

对于重要的职业信息，通过调研全面了解其具体内容，包括但不限于该职业岗位的发展历史、现状、未来前景、从业条件、工作职责以及行业动态等。此外，还需要结合自身情况，对个人的专业背景、技能特长、综合素质等进行全面评估，分析其是否契合招聘岗位的要求。同时，对招聘信息中涉及的薪资水平、工作环境、工作地点等要素，需要结合个人职业期望与生活需求进行深入考量。只有通过深入、全面且细致的了解与分析，才能精准定位适合自身发展的目标职位。

（二）就业信息的运用

由于就业信息时效性强、数量大、种类多、范围广，因此有效地运用就业信息是非常必要的。在处理和使用就业信息时，应该做到以下几点。

1. 善于挖掘

在就业信息的处理过程中，信息的价值往往并非显而易见，需要通过深入思考与充分论证才能得以显现。因此，信息的效用并非取决于信息本身，而是取决于使用者的分析与应用能力。对于收集到的就业信息，应进行反复研读与深度剖析，以挖掘其中潜在的价值。只有通过系统性分析与批判性思维，才能将看似普通的信息转化为具有实际意义的决策依据。

2. 迅速反馈

就业信息具有显著的时效性，其价值与时间密切相关。及时有效地利用就业信息，能够将其转化为重要的职业发展资源；反之，若未能及时把握，则可能导致就业机会的流失。用人单位的招聘岗位通常具有明确的时间限制，岗位空缺不会长期存在。因此，一旦发现符合自身职业规划和能力条件的理想岗位，应迅速采取行动，及时投递简历或与用人单位进行沟通联系。在决策过程中，应避免犹豫不决，以免错失宝贵的就业机会。

3. 积极分享

面对可能对他人更具价值的就业信息，主动分享是一种互利互惠的行为。共享信息不仅有助于帮助他人拓宽信息获取渠道，同时也能通过真诚交流增加自身的人际关系资源和信息获取机会，从而形成良性循环。

四、招聘简章分析方法

招聘简章一般由以下几部分构成：公司概要、职位描述、任职资格、公司简介、其他事项等。下面通过一则招聘启事分析招聘简章的各个部分。

招 聘 启 事

（公司概要）

招聘企业：××食品有限责任公司

公司行业：食品生产加工/销售/科研/服务

公司类型：国企

公司规模：1000～1500人

招聘职位：市场部市场专员

发布日期：2025年3月5日

招聘人数：3 人

工作性质：全职

薪水待遇：面议

工作年限：1 年以上

最低学历：本科

职位描述：协助市场部完成产品策划、品牌推广等工作，完成市场部下达的业务开展指标，维护客户关系。

任职资格：

（1）市场营销专业大学本科以上学历。

（2）具有市场策划、品牌推广或产品管理、市场管理等 1 年以上工作经验。

（3）熟悉商超业务市场。

（4）熟悉数据统计分析者优先。

（5）具有团队精神，能够承受工作压力，具有发展潜质。

公司简介：我公司是集科研、生产及销售于一体的大型食品科技企业，是北京市科委、北京市科学技术研究院的下属重点企业，为某技术发展总公司和某实业总公司两家国有企业所控股。公司凭借雄厚的资金和较高的技术管理水平，在食品饮料及豆制品开发和市场销售等方面取得了良好成绩。

公司的厂房面积 16000 多平方米，共有 3 个车间、2 个自有品牌，在果汁和豆制品领域分别占有一席之地，产品分布在北京 1300 余家零售店、超市等，半数以上为大型连锁超市及综合商厦。

（其他事项）

有意者请将简历、相关证书复印件及近照 1 张寄往：

某地某公司人力资源部（收）

邮编：1000××

电话：010-××××××××

E-mail:××××123@126.com

（一）从公司概要中看企业整体情况

从行业类别和公司规模来看，该公司属于中型企业，是集科研、生产、销售于一体的企业。从招聘职位和信息发布日期来看，企业目前需要开拓市场的市场专员，急需扩大市场份额。从学历及工作年限来看，企业对员工资历要求不是很高，给刚毕业的大学生提供了好机会。从工作性质来看，要求全职，这就排除了一部分想做兼职的应聘者，也是企业为保障良好市场运作和管理的方式之一。从薪水待遇来看，由于市场专员与市场占有率直接挂钩，大部分企业在这方面比较灵活，提供了有竞争力的薪酬。从企业性质来看，国企是比较稳定的，企业的福利制度也比较完善，这也是吸引求职人员加入的原因。

（二）从职位描述中看工作

从职位描述中可以看出今后在从事的工作岗位上都要做哪些具体工作。在本则招聘信息中，主要是协助市场部完成市场方面的推广工作，它不仅涉及企业产品的营销策划、产品拓展，还涉及客户维护，在这个岗位工作可以得到充分的锻炼和发展。对于员工来说，发展空间还是很大的，这为市场营销方面的专业人才提供了一个全面发展自己的机会。

（三）从任职资格中看要求

本则招聘信息中的任职资格共 5 条。第一条是对学历和专业的要求，这是企业招聘员工最基本的条件。第二条是对应聘者工作经验的要求。第三和第四条分别列出了企业所需的市场专员应具备的特殊经验或技能，这有利于企业选拔合适的人才到相应的岗位工作，同时也便于有相关技能和工作经验的人能够根据自己的特长寻找适合的岗位。可以说，任职资格是企业招聘中最关键的信息，也是求职者胜任企业工作和岗位的关键点，这就需要求职者在个人简历中和面试时重点突出自己的优势，以求得用人单位的青睐。第五条说明了企业要求应聘者应具备团队合作精神和发展潜质，这是每一个职场人士都应该具备的良好品质。

（四）从公司简介中看企业行业地位

从公司简介中可以看出，企业在行业中有一定地位，其产品深得消费者喜爱，属快速消费品行业。同时，这也能帮助求职者更好地了解企业运作、任职资格和岗位需求。

在公司简介中，突出了企业的国企控股特点，为求职者提供了心理上的保障。但同时，国企的管理方式、机构设置、人员安排等特有的管理方法，也要求求职者有心理准备。

（五）从其他事项中看技巧

从其他事项中可以看出，企业为求职者提供了很好的投送求职信息的渠道，除了传统的邮寄之外，还有电子邮件的方式，求职者可以根据自己的需要进行选择。目前，许多企业要求毕业生投递简历时最好采用发送电子邮件的方式。

训练活动

活动一　借助 AI 工具分析一则招聘简章

武汉某培训学校招聘项目专员，信息如下：

公司名称：×××教育集团

招聘人数：5 人

工作地点：武汉

发布时间：2025 年 4 月

工作职责：

（1）负责项目相关课程的班型设置、优化及改进。

（2）协助进行项目人员的招聘、培训及员工关系维护等工作。

（3）负责相关项目教研、教材研发及标准化工作。

（4）其他与部门项目相关的事宜。

职位要求：

（1）经济类、管理类、英语类相关专业本科以上学历。

（2）良好的营销意识、沟通能力、协调能力、设班能力、研发培训能力。

（3）深入了解相关项目考试及培训课程，熟悉客户群体需求。

（4）认同公司文化，积极进取，踏实好学，具有良好的执行力。

联系方式：

公司地址：武汉市经济技术开发区 × 号

传真：027-××××××××

公司主页：http://www.×××.com

请借助 AI 工具，分析以上招聘简章中的工作职责、职位要求，思考自己能否胜任。结合招聘信息，分析自己的竞争优势。为了进一步了解岗位的具体信息，可以打电话咨询该公司负责招聘的人力资源主管。如果打电话，你准备咨询哪些问题？

活动二　建立高权重就业信息库

毕业生可以通过学校就业主管部门、招聘会、新闻媒体、社会关系、AI 工具等渠道搜集就业信息，并将就业信息填写在就业信息库中（表 5-2）。

表 5-2　就业信息库

招聘岗位	岗位职责	岗位要求	工资待遇	公司名称	公司性质	公司规模	公司地址	联系方式	信息来源

课外实践

调研学长、学姐就业去向

通过学校校友网、官方微博、官方微信公众号以及职场社交平台、内容分享平台等，搜索并获取本校本专业往届毕业生的联系方式。通过电话、视频或面对面交流的方式进行学长、学姐就业去向调研。需要提前准备好调研问题，围绕就业单位、职位、就业经历、成功经验、对学弟学妹的建议等展开交流，并做好调研记录。

本 章 回 顾

- 第五章 求职备战——做好求职就业准备
  - 第一节 洞察就业形势
    - 一、我国总体就业形势
    - 二、高校毕业生当前就业形势
    - 三、树立正确就业观念
  - 第二节 解锁就业途径
    - 一、企业就业
    - 二、基层就业
    - 三、其他途径
  - 第三节 巧用就业信息
    - 一、就业信息的概念与类别
    - 二、借助AI搜集就业信息
    - 三、就业信息的筛选与运用
    - 四、招聘简章分析方法

第六章 材料精研——打造优质求职名片

学习目标

知识目标

（1）理解简历的含义与内容，以及求职信的含义，熟知常见求职材料。

（2）掌握优秀简历的制作原则，了解简历设计的要点和创新技巧。

（3）掌握有效投递简历的方式。

技能目标

（1）掌握简历及求职信的写作技巧，能够依据求职目标，制作简历、撰写求职信，以及整理其他求职材料。

（2）能够借助 AI 工具优化简历并通过多种渠道有效投递简历。

素养目标

（1）主动探索和运用 AI 工具，提升个人的求职竞争力。

（2）培养诚信意识与创新意识。

案例导读

简 历 对 比

修改前的简历：

简　　历

李某某

女|2004 年 10 月生|现居住于湖北省武汉市

联系方式：1880001××××

E-mail：1880001××××@163.com

教育背景

2021/09—2025/07××大学|市场营销|本科

工作经历

2023/07—2023/08

武汉××管理咨询有限公司|策划部|实习生

工作描述：在咨询部担任实习生，主要帮助项目负责人搜集并整理资料，协助项目负责人完成区政府的大型项目策划书。其间，主要锻炼提升了自己与团队的沟通协作能力。

2024/07—2024/08

武汉××速递有限公司|运营部|实习生

工作描述：该公司为初创型企业，产品项目受到市领导的关注与关心。在公司担任市场调查员，负责公司产品投入市场前的市场调查工作，任职期间主要从事问卷调查、数据统计及资料整理工作，实习结束时市场调查工作圆满完成，公司顺利投放了第一批产品设备。其间，锻炼了与人沟通交流的能力及数据分析、整理的能力。

在校实践经验

曾担任班级团支书一年，负责组织团支部各种大小活动；

担任某社团宣传部部长，负责组织社团的各种宣传活动；

担任班级团支书和社团宣传部部长，锻炼了良好的组织策划能力。

在校学习情况

优秀学生奖学金一等奖

国家励志奖学金1次

“优秀学生”“优秀团员”荣誉称号|院校级

证书

大学英语四级（CET-4），成绩良好

全国计算机等级考试，成绩良好

自我评价

性格温和、平易近人，喜欢与人沟通。工作认真负责，不畏艰苦劳累，具有不断进取和勇于挑战自我的精神。遇到难题会积极地向他人请教，尽心尽力做到更好。曾担任社团部长、宿舍舍长等职务，还积极参加班级活动、社会实践活动。大学生涯大大提升了自身组织、协调、管理等处事能力与人际交往能力，并磨炼了吃苦耐劳的意志，具备良好的心理素质。

修改后的简历：

简　　历

李某某　　　　　　　　　　　　　求职意向：新媒体运营

女　21岁

联系方式：1880001××××

E-mail：1880001××××@163.com

教育经历

2021/09—2025/07××大学|市场营销|本科

工作经历

校外：

2023/07—2023/08 武汉××管理咨询有限公司|策划部|实习生

主要帮助项目负责人搜集并整理资料，协助项目负责人完成区政府的大型项目策划书。

2024/07—2024/08 武汉××速递有限公司|运营部|实习生

担任公司市场调查员，负责公司产品投入市场前的市场调查工作，任职期间主要从事问卷调查、数据统计及资料整理工作，实习结束时市场调查工作圆满完成，公司顺利投放了第一批产品设备。

校内：

2022/09—2023/07 担任班级团支书，编排并组织了团支部的历史穿越剧之重走建团路。

2023/09—2024/07 担任某社团宣传部部长，主要负责社团英语角的宣传活动。

获得荣誉

2023 学年优秀学生奖学金一等奖

2024 学年国家励志奖学金

2024 学年××大学“优秀团员”

2025 学年××大学“优秀学生”

个人能力

大学英语四级（CET-4），成绩良好

全国计算机等级考试，成绩良好

自我评价

性格开朗，勤奋好学，吃苦耐劳，认真细心，具有良好的交流沟通能力和团队合作能力。

分析：

1. 格式与结构

修改前：整体格式较为传统、简单，各板块区分不够清晰，内容排列稍显松散。

修改后：结构更加清晰、有条理。增加了“求职意向”，明确目标；将工作经历按校外、校内区分，层次更分明；各板块标题突出，便于阅读和查找信息。

2. 内容呈现

（1）工作经历

修改前：表述较笼统，只是简单说明工作内容和能力提升，缺乏具体成果量化。

修改后：在工作内容描述上更细致，如在校外实习经历中明确提及协助完成的项目，在校内经历中增加了具体组织活动内容，使经历更具可信度和吸引力。

（2）获得荣誉

修改前：集中罗列荣誉，未明确时间和所属学校。

修改后：按学年清晰列出获得荣誉，明确了学校，使荣誉信息更完整、规范。

（3）自我评价

修改前：内容冗长，多为泛泛而谈的性格和能力描述，缺乏针对性。

修改后：语言简洁，突出与新媒体运营求职意向相关的性格和能力特点，更具针对性。

3. 整体效果

修改前：简历信息虽然完整，但重点不突出，难以在第一时间吸引招聘者注意，与求职意向的关联性也不够强。

修改后：围绕求职意向“新媒体运营”进行了优化，信息呈现更精准、专业，能更好地展示求职者与岗位的匹配度，提升了在招聘筛选中的竞争力。

第一节　了解求职材料

了解求职材料

一、简历

简历是求职者用于向用人单位展示自身职业形象和竞争力的书面文档。它通过简洁清晰的文字，有针对性地呈现个人的基本信息、教育背景、工作经历、技能水平、所获成就等关键内容，旨在帮助用人单位快速了解求职者的资历和特点，判断其是否符合岗位要求，从而为求职者争取面试机会和潜在的就业机会。

简历主要包括以下内容。

1）个人资料：包括姓名、年龄、政治面貌、兴趣爱好、性格、联系方式等。

2）教育背景：包括毕业学校、所学专业、学位、学业状况、外语和计算机掌握程度等。

3）本人经历：包括大学以来的简单经历，主要是学习经历和社会工作经历等，一般写最近一个层次的学历。

4）技能与特长。技能水平：外语和计算机水平或其他水平。专业特长：专业范围内最突出、最擅长的强项，包括大学期间的论文、成果、发表的文章等。

5）奖励和荣誉：包括大学期间获得的奖学金情况、获得的荣誉称号等，可按时间顺序排列。

6）兴趣爱好：可以展示求职者的喜好、品德修养、社会交往能力、团队合作能力等。个人简历中所填的兴趣爱好应尽量与应聘职位所需的技能相关，否则会弄巧成拙。

7）照片：要正式、大方、得体，要能够清晰地看到求职者的容貌。可以到专业的照相馆拍摄正式的证件照。

个人简历的核心内容如表 6-1 所示。

表 6-1 个人简历的核心内容

核心内容	要素	用人单位想知道的信息	注意事项
基本信息	姓名、年龄、联系电话、其他	基本情况、联系方式	确保信息及时更新，针对应聘行业和岗位对个人信息进行删减
教育背景	学校、学院、专业、学历，成绩与排名，其他培训经历	受过哪些教育，学过哪些方面的知识，成绩如何，所学专业与职位的适配性	按倒序的方式来写（最近的写在最前面）；无须追溯太久，大学阶段即可
实习、实践经历	校外实习、校内实践活动、志愿服务	是否有过类似的工作经验，在过去的实践中获得的成就，担任过什么样的职务	重点罗列与岗位相关的活动，每项活动要写清楚以下几个方面的内容：起止时间、组织名称、岗位、具体开展的工作、收获与业绩
相关技能	语言能力、计算机能力、其他证书（如驾照等）	哪些技能可以适配这个职位	认证情况、应用情况
获奖情况	学术方面、体育方面、管理方面	是否有过人之处	突出在不同领域的成就
兴趣爱好	参加的课外活动、爱好、其他项目	是否有其他方面的才华	突出与岗位适配的内容

二、求职信

（一）求职信的含义

求职信是一种介绍性、自我推荐的信件，它通过表述求职意向和自身能力的概述来引起用人单位的重视。一份好的求职信可以向用人单位说明求职者的才能。

（二）求职信的写作技巧

求职信的内容包含标题、称谓、正文、结尾、署名和日期。下面详细介绍每一部分的撰写要点。

1. 标题

求职信的标题通常只有文种名称，即在第一行中间写上“求职信”三个字。

2. 称谓

称谓是对收信人的称呼，写在第一行，顶格写。在写称谓前，最好确定用人单位招聘部门主管的姓名或姓氏，可称呼为“尊敬的××公司人力资源部张经理”。如果不清楚姓名，也可以称呼“尊敬的××公司人力资源部经理”。

3. 正文

正文是求职信的核心，其形式多样，内容应当包括求职信息的来源及应聘岗位、本人的基本情况、面试请求。

（1）求职信息的来源及应聘岗位

这部分需要清晰传递关键信息，让用人单位快速知晓求职者获取求职信息的渠道及目标岗位，体现求职的针对性和主动性。这部分的写作逻辑是先点明求职信息的来源（如学校的就业网站、具体招聘平台或企业公众号），再明确应聘岗位（如新媒体运营等）。

求职信息的来源及应聘岗位写作范例：

A：获取贵公司×年×月×日在我校公布的招聘（职位）信息后，我寄上简历，敬请斟酌。

B：我希望应聘贵公司招聘的××职位，我很高兴在招聘网站上看到贵公司的招聘信息，我一直期望能有机会加入贵公司。

（2）本人的基本情况

这部分主要阐明求职者能满足用人单位对人才的要求。所以，需要写明求职者对该用人单位或职位感兴趣的原因，以及求职者所特有的可以为用人单位作出贡献的技能、价值等。写这段内容时，语言要中肯，态度要谦虚、诚恳。

（3）面试请求

在正文的最后一段，委婉地向用人单位提出面试的请求，如“希望您能为我安排一个与您见面的机会”或“盼望您的答复”“静候佳音”之类。同时写明自己的联系方式。面试请求写作范例：“如果您在百忙之中回复我，给我面试的机会，我将不胜荣幸。我的联系电话是×××××××××××。”

4. 结尾

另起一行，空两格，写表示敬祝的话，如“此致”，然后换行顶格写“敬礼”或“祝工作顺利”“祝事业发达”等词语。结尾不必寒暄，以免画蛇添足。

5. 署名和日期

写信人的姓名和成文日期写在信的右下方。姓名写在上面，成文日期写在下面。成文日期要年、月、日俱全。

拓展阅读

求职信样例

求 职 信

尊敬的××公司人力资源部张经理：

您好！

我在贵公司发布的招聘信息中了解到贵公司正在招聘实习生，我对这一职位非常感兴趣。在此，我诚挚地向您推荐自己，希望能成为贵公司的一员。

我是一名来自××大学的大四学生，专业是××。在大学期间，我努力学习专业知识，成绩优异，多次获得奖学金。我积极参加各类课外活动，如辩论赛，锻炼了自己的团队协作能力和沟通能力。

在实习实践方面，我曾参加过××实习项目，其间负责××工作。通过与同事的密切合作，我不仅掌握了××技能，还学会了如何高效地解决问题。这次实习经历让我深刻认识到自己的兴趣所在，也坚定了自己在××行业发展的决心。

我认为自己具备以下优势：

（1）扎实的专业知识。我在校期间系统学习了××专业的相关课程，对××领域有较深的了解。

（2）良好的团队协作能力。我在校期间参加了多个团队项目，学会了如何与他人沟通、协作，并共同完成任务。

（3）较强的自学能力。面对新知识和技能，我能够快速学习并掌握，不断提升自己。

（4）良好的沟通能力。我善于倾听，能够准确理解他人的需求；表达清晰，具备良好的说服力。

（5）敬业精神。我对工作充满热情，认真负责，且能承受工作压力，勇于面对挑战。

我相信，若有机会加入贵公司，我能将所学知识运用到实际工作中，为贵公司的发展贡献自己的力量。同时，我也期待在贵公司不断成长、进步。

请您给予我这次宝贵的面试机会，若被录取，我将以饱满的热情和认真负责的态度投入工作中。如有需要，请随时与我联系，期待与您的面谈。

感谢您在百忙之中阅读我的求职信，祝您工作顺利，身体健康！

此致

敬礼！

自荐人：××
××××年××月××日

三、其他求职材料

在求职过程中，除了简历之外，一系列其他求职材料同样发挥着重要作用，能从多个维度展示求职者的能力与资质，为求职成功增添砝码。下面介绍几种重要的求职材料。

1. 学历证明

学历证明能够直观地展示求职者的教育背景，是用人单位衡量求职者知识储备与学习能力的重要依据。在求职时，求职者应准备好从高中及以上阶段的学历证明材料，包括毕业证、学位证的原件及复印件。尚未毕业的学生，可提供学生证以及学校出具的在读证明。

2. 作品集

作品集是求职者专业技能和创作成果的集中展示。对于设计、文案、摄影、编程等创意或技术型岗位，作品集至关重要。求职者可将自己过往的优秀作品分类整理，精心编排，制作成图文并茂、逻辑清晰的作品集，突出自己的专业水平和独特风格，让用人单位更直观地了解自己的能力。

3. 荣誉证明

荣誉证明是对求职者在学业、工作或社会实践中取得优异成绩的肯定。将相关荣誉证书（如奖学金证书、竞赛获奖证书、优秀学生干部证书等）整理成册，在求职时展示不仅能证明求职者具备较强的学习能力和综合素质，还能体现其积极进取的态度。

4. 答辩材料

对于部分应聘科研、技术或管理岗位的求职者，可能需要准备答辩材料。答辩材料通常包括研究报告、项目方案、技术总结等，用于在面试环节向用人单位阐述自己的研究成果、项目经验和专业见解，展示自己的专业深度和思考能力。

5. 技能证书

技能证书是求职者掌握特定技能的有效证明，如语言类证书（英语四、六级等）、计算机技能证书（计算机二级等）、职业资格证书（教师资格证等），这些证书能为求职者的简历增添亮点，增加在求职市场上的竞争力。

6. 毕业生就业推荐表

毕业生就业推荐表由学生所在高校统一发放给毕业生，需要毕业生本人填写，并附有毕业生所在学校及学院签署的意见、鉴定和评价。毕业生就业推荐表作为高校附有推荐意见的正式书面文书，具有较高的权威性和可靠性。由于大部分高校毕业生在求职时尚未取得毕业证，用人单位常将该表作为接收毕业生的主要依据。推荐表栏目因高校侧重不同有所区别，但一般包含个人基本资料、学历、获奖情况、担任社会工作、个人兴趣特长、自我评价以及学校和学院推荐意见等内容。需要注意的是，推荐表和就业协议书对每个毕业生而言仅有一份，求职时应使用复印件，建议多复印几份备用，仅在正式签约时，才将推荐表原件和就业协议书一并交予用人单位。填写推荐表时，务必做到字迹工整、清晰、整洁，避免涂改，以免影响其公信力。

7. 学习成绩单

学习成绩单是毕业生大学学习成绩的证明，由学校或学生所在系（部）的学生成绩管理部门统一打印，并加盖公章。用人单位可通过学习成绩单了解毕业生的专业知识掌握情况、学习态度和能力。对某些专业性较强的岗位，成绩单上的相关课程成绩尤为重要。

训练活动

活动一　根据职业目标梳理简历素材

1. 活动目的

根据职业目标初步撰写个人简历，掌握简历写作技巧。

2. 活动步骤

按照以下提示，梳理你的简历素材。

1）我的职位目标：________________

2）目标职位应该掌握的核心技能：________________

3）我的实习实践经历是否支持我胜任这个职位：

① 我的实习实践情况（组织或公司名称、岗位名称、角色、工作职责等）：

____

② 我曾经处理过的问题：

____

③ 我对工作的投入程度：

____

④ 我取得的工作成绩：

____

4）我能为公司创造的价值：

____

活动二　整理其他求职材料

整理个人目前拥有的求职辅助证明材料，如技能证书、成绩单等。

第二节　撰写求职简历

一、优秀简历的制作原则

求职简历的撰写

制作简历时应遵循一定的原则，以保证其质量和效果。

（一）简洁明了

简历要尽量简洁明了，用词精准。一般来说，以一页或两页 A4 纸为宜，不需要过多文字描述，应以事实为主，注重突出工作经验、能力、成就等关键信息。

（二）格式规范

简历的排版格式应该规范，字体和字号应适中，不能使用过度花哨的格式，如图形和复杂的边框框线等，宜采用合适的分段和有序排版，以帮助招聘人员更好地阅读简历。

（三）重点突出

简历中要突出重要信息，以使简历更加有吸引力。对于特殊技能或经历，应专门列在突出位置。此外，还可以使用粗体、斜体、下划线等方式强调重点内容。

（四）真实可靠

简历上的所有内容都应该是真实可靠的，包括教育经历、工作经验、所获证书和荣誉等。任何虚假的资料都会对个人的信誉产生损害。另外，还需要避免出现拼写和语法等低级错误。

（五）表现差异

简历必须突出个人的优势并且体现自己的独特性，以便在众多求职者中脱颖而出。在简历中，可以通过使用适当的关键字、调整表述方式和特色排版等方式表现差异化。

二、简历的设计

（一）版本

根据求职需要，一般需要准备 Word、PDF、纸质等版本。其中，Word 文件是最基本的格式，适用于很多场合；PDF 文件能够弥补 Word 文件易跑版的缺点，又比较美观；纸质版是参加各类现场招聘会必不可少的。

（二）篇幅

一般来说，对篇幅影响最大的是工作经历。工作经历丰富的人，一般写 2～3 页为宜；工作经历相对较少的人，一般写 1～2 页为宜。对于大学毕业生来说，个人简历内容最好压缩为 1～2 页。

（三）重要内容

1）一定要坚持“重点优先”的原则，重要信息要出现在第一页。

2）写项目标题（如个人信息、教育背景、求职意向等）时可以加粗，按重要性从大到小排序并分行列出；也可以加上项目符号，但同一份个人简历不能使用太多种类的项目符号，避免过于花哨，给人留下不够简练的印象。

3）在个人简历中，可以使用加粗字体来强调某些内容。例如，在英文简历中，可以将公司或机构的名称大写加粗，但为强调而使用的大写字母或黑体字要适量。

（四）照片

照片的使用也要仔细考虑。如果用人单位没有要求，尽量不要使用照片，除非对自己的照片非常满意。

贴在个人简历上的照片最好使用证件照，切忌使用生活照、艺术照或大头照，因为这些照片不够正式。

（五）字体

简历中字体的使用最好不超过两种。例如，中文简历的正文部分可以采用宋体，小标题和题头部分的姓名可以采用黑体。英文简历可以使用“Times New Roman”字体，也可以适当使用一些斜体字（用来突出曾担任过的职位等），但不要太多。在有数字的情况下，要注意数字字体和英文字体相匹配。

（六）字号

个人简历的标题，中文通常用小三号或四号，英文用 14 号或 16 号；项目标题可以用五号黑体字来强调；正文文本最好用五号字，如果为了扩充简历版面，也可以用小四号字。个人简历写完之后，要仔细检查所有项目的字体是否协调一致，做到雅观、得体。

（七）留白

个人简历的篇幅最好是 1～2 页，但如果简历内容确实很多，要注意排版和留白。

（八）对齐

个人简历中的基本信息，如姓名、电话、邮箱地址、住址等可以左对齐、居中或者右对齐。不要几种方式并用，否则会显得版面不够整齐。

（九）一致

个人简历的各项内容写完后，要统一进行行距和缩进量的调整，以确保所有文字的格式是一致的，不要出现对不齐的现象。重点检查以下几方面的一致性：缩进、大写、字体、行距。

（十）纸张

纸张的克重应该选用 80 克/米^{2}或 100 克/米^2，大小选用 A4 纸，这样看起来比较正规。纸张的颜色最好选用乳白色，看起来比较素雅、柔和。

（十一）打印

尽量使用打印的个人简历，少用复印的简历。打印出来的简历要求每页着墨均匀，不要出现条纹或污迹。

拓展阅读

如何使用 AI 高效制作简历

1. 选择合适的起点

首先，挑选一款功能强大的 AI 简历生成工具（如 Canva 可画）。完成注册并登录后，浏览平台提供的多样化简历模板，根据个人喜好和求职领域选择最适合的一个作为起点。

2. 智能编辑与优化简历

在选定的模板基础上进行个性化编辑。可以将现有的简历内容粘贴过来，快速调整布局。利用模板中的“AI 写作”功能，输入关于简历优化的具体要求或提示词，获取 AI 针对你的职业经历、技能特长等量身定制的建议，包括精炼的总结、关键技能描述及工作经验展示等。

3. 精心打磨 AI 生成的内容

对 AI 提供的简历内容进行细致审核，确保所有信息准确无误且措辞得当。反复修改直至所有表述都达到满意标准，然后将最终确定的文字整合到简历中。

4. 导出简历

完成所有编辑工作并对简历的整体设计感到满意之后，可以选择将其导出为 JPG、PDF 等多种格式，方便后续打印或直接通过电子邮件发送给用人单位。

三、简历写作创新技巧

（一）为目标企业量身定做

认真分析所应聘企业的情况，研究招聘人员的心理愿望，再结合自己的情况写简历。在简历中出现招聘人员最想看到的几个要素，是最容易打动人心的个性化简历。

例如，小王想应聘某图书公司的职位，他把自己的简历按公司图书的样式来制作，封面展示的是该企业的 LOGO、企业名称、企业主导色等元素。当招聘人员看到简历上的这些元素时，立刻产生情感的共鸣，这在很大程度上加深了招聘人员对简历主人的认同感，希望能够见到这位应聘者，并进行面谈。自然小王的简历就不会被随手扔在茫茫的简历堆里。有了招聘人员对简历的认同，也就增加了获得面试机会的概率。

（二）结合应聘岗位来创意

可以从求职者应聘岗位需要的职业技能和职业修养的角度对简历进行创新。

例如，小李想应聘某公司的网站设计职位，在仔细了解该公司和该职位的要求后，他发现公司正在对网站进行改版。他利用自己所掌握的专业知识提出了网站改版的思路，并精心设计了网页。当招聘人员看到这样的简历时，很快判断出小李具备所应聘岗位要求的能力、水平和职业意识，马上拿起电话通知他前来面试。

（三）从所学专业上创新

各个专业都有其专业特点和专业语言，从专业角度出发进行求职简历创新，可以通过简历体现专业素养。

例如，小张是会计专业毕业的，在应聘某公司财务人员时，他把求职简历做成了一份会计报表。会计报表是会计人员体现专业技能的主要形式，能表现出极好的专业意识和专业素养。对于招聘人员而言，看到这样的简历，首先不会怀疑小张的专业能力和修养，其次面对千篇一律的求职简历，突然间看到这样一份耳目一新的简历，马上约见就不足为奇了。

简历是一个传递信息的工具，目标就是获得面试的机会。简历创新并不是一件困难的事情，但要注意把握好方向，切不可偏离目标，更不要离谱得使人难以接受。能有效帮助求职者获得面试机会的简历才是优秀的简历。

训练活动

活动一　借助 AI 制作个人简历

1. 选择 AI 简历制作工具

可以选择 Canva 可画、职徒简历等专业工具。这些平台集成了丰富的模板资源与智能编辑功能，能满足多样化需求。

2. 录入个人信息

在选择的工具中，详细填写姓名、联系方式、教育背景、工作经历、专业技能、证书荣誉等信息。工作经历部分建议采用“动作动词+项目成果”的结构化表述（如“主导××项目，实现效率提升 30%”），确保信息清晰直观。

3. 筛选适配模板

结合目标职位特性（如技术岗侧重技能罗列，创意岗强调设计感）及个人风格偏好，从平台提供的经典、简约、创意等模板类型中，选择匹配度最高的版式，提升简历视觉吸引力。

4. 智能优化内容

利用工具内置的 AI 功能，自动检查语法错误，优化文字表达，调整排版逻辑，并通过关键词匹配技术，针对职位描述强化简历相关性，提高求职竞争力。

5. 生成与导出

完成内容与格式调整后，一键生成专业简历，并导出为 PDF 格式（优先推荐，可避免跨设备显示错乱）或 Word 格式的文档，方便投递使用。

活动二　测试你的简历制作水平

1）毕业生个人简历上最重要的因素是（　　）。

A. 课程成绩和主要成就

B. 与职位要求相匹配的技能

C. 工作经历

D. 个人简历上信息的表述方式

2）制作一份令人印象深刻的个人简历，你需要（　　）。

A. 使用具有较高水准的语句

B. 简洁的表述，使用要点陈述并包含与工作相关的关键词

C. 对收集到的成就和经历做深入的描述

D. 使用色彩明亮的纸来打印个人简历

3）毕业生的个人简历始终应包含两个证明人。（　　）

A. 正确　　　　B. 错误

4）你应该提及最低薪资期望，以免以后获得太低的待遇。（　　）

A. 正确　　　　B. 错误

5）不在个人简历上写自己的出生日期是正确的做法。（　　）

A. 正确　　　　B. 错误

6）你没有工作经历，为了给用人单位一个积极而深刻的印象，下列可以用来代替工作经历的是（　　）。

A. 学术成就

B. 校园课外活动的成就

C. 能够转换成任职能力的个人才能

D. 以上全部

7）个人简历写作最重要的因素之一是避免任何字词和语法的错误。（　　）

A. 正确　　　　B. 错误

8）在个人简历中描述课程成绩最好的方式是（　　）。

A. 只有当课程成绩非常突出时才列出

B. 始终应该列出课程成绩

C. 不应该列出课程成绩

D. 只列出主要课程或与应聘职位相关课程的成绩

9）你的教育信息应该包括（　　）。

A. 学校名称、毕业时间、主修专业和辅修专业

B. 主修专业及课程成绩

C. 所有的主修课程和辅修课程、学校的名称

D. 毕业时间、学校名称和完整地址

10）在个人简历中陈述过去经历最好的方式是（　　）。

A. 用要点的方式按照年代递减的顺序陈述，重点叙述与应聘职位相关的工作经历

B. 用段落方式按照年代递减的顺序陈述

C. 除非与要应聘的工作有关，否则不要提及

D. 用要点的方式按照年代递增的顺序陈述

11）当你列出过去的经历时，期望传达给用人单位最为重要的信息是（　　）。

A. 你的技能和专业知识

B. 你承担的职责和工作内容

C. 你曾经工作过的公司及部门

D. 你在每份工作中或每个职位上所取得的业绩

12）你的个人爱好应该始终能与你所申请的工作相协调或相关。（　　）

A. 正确　　　　　B. 错误

13）如果你没有或仅有少许工作经历，则向用人单位证明你有能力胜任工作最好的方式是（　　）。

A. 把你的软性技能作为任职能力来突出

B. 列出你在学校期间完成的所有项目和班级工作

C. 列出你所从事过的所有带薪的或义务的工作（和应聘工作有关系的）

D. 以上全部

14）一份有专业水准的个人简历应该把篇幅控制在一页纸。（　　）

A. 正确　　　　　B. 错误

15）在一份报纸上，你发现了 5 家你感兴趣的公司的招聘广告，你想全部应征这些职位。为了尽可能多地获得机会，你应该（　　）。

A. 立即向所有公司寄出你的标准个人简历和标准求职信

B. 针对不同公司的企业文化和应聘职位的要求，修改标准个人简历和标准求职信，然后寄出

C. 立即向所有公司寄出你的标准个人简历和为每一家公司专门撰写的求职信（最多用两个段落强调并匹配你的技能和对方的工作要求）

D. 寄出标准个人简历和用颜色明亮的纸打印的求职信

16）你希望申请尽可能多的职业机会，以便自己能够尽早开始工作。你认为可以给人留下深刻印象的个人简历应包括（　　）。

A. 简洁且明确的求职目标

B. 能够让人停下其他事情来关注的幽默图片

C. 列在开头的五句有专业水准的内容概述

D. 以上全部正确

17）用人单位首次筛选个人简历只需要 20 秒即可完成，为了确保自己的个人简历通过首次筛选，你需要做到（　　）。

A. 准确列出自己所具备的与应聘工作相匹配的技能

B. 以递减的时间顺序列出自己的经历，陈述的内容尽可能匹配应聘工作的要求

C. 强调自己的学术水平及个人成就

D. 以上全部

18）在个人简历中列出志愿者工作是明智的做法。（　　）

A. 错误　　　　B. 正确

19）吸引用人单位注意的最好方法是用颜色明亮的纸打印个人简历。（　　）

A. 正确　　　　B. 错误

计分方法：

各题对应的正确答案如表 6-2 所示。每道题目回答正确得 5 分，各题得分之和即为总分。

表 6-2　各题对应的正确答案

题号	1	2	3	4	5	6	7	8	9	10
正确答案	B	B	B	B	B	D	A	D	A	A
题号	11	12	13	14	15	16	17	18	19	
正确答案	A	B	D	B	B	A	D	A	B	

结果解释：

0～40 分：欠缺对个人简历的正确理解和基本制作能力。

41～60 分：能够制作基本合格的个人简历，但对于个人简历的理解和良好表达方式的运用还存在较多问题。

61～70 分：能够制作出较好的个人简历，制作出的个人简历能够较好地体现求职者的相关资历。

71～90 分：能够制作出好的个人简历，并且有意识地提高个人简历的针对性且具有出色的措辞和编排能力。

90 分以上：能够制作出优秀的个人简历。

第三节　优化与投递简历

一、借助 AI 工具优化简历

借助 AI 工具优化简历的具体操作如表 6-3 所示。

表 6-3　借助 AI 工具优化简历

优化内容	操作方式	注意事项
表述专业化升级	若已有简历内容存在口语化或表述平淡的问题，将其输入到 AI 工具中，并下达明确指令，要求优化。例如，目标岗位是“新媒体运营”，原始表述为“负责公众号运营”，可下达指令“我想应聘新媒体运营，将‘负责公众号运营’优化为突出运营成果、使用方法和数据的专业表述”	• 指令要清晰明确，准确指出目标岗位和优化方向。 • 对 AI 输出内容进行适当调整，确保符合个人实际经历
量化成果呈现	对于工作或项目成果描述模糊的部分，向 AI 工具输入指令，请求补充具体数据。例如，原始描述为“优化了产品页面，提高了转化率”，目标岗位为“电商运营专员”，可向 AI 工具输入指令“我应聘电商运营专员，对‘优化了产品页面，提高了转化率’补充具体优化措施，使用工具及转化率提升数据，形成专业表述”	• 指令需要明确目标岗位和成果类型。 • 核实 AI 补充的数据是否合理，结合实际情况进行修改
关键词优化	借助 AI 工具，分析招聘信息中的高频关键词，获取针对简历的关键词优化建议，然后依据建议将关键词自然融入简历内容。以应聘“市场营销主管”岗位为例，将招聘信息及相关简历内容输入 AI 工具，下达指令“分析这段招聘信息中的高频关键词，并给出简历关键词优化建议”	• 确保关键词与目标岗位高度相关。 • 关键词融入要自然，避免堆砌
核对与检查	将简历内容粘贴到 AI 工具中，利用其检查语法错误、拼写错误、标点符号错误以及逻辑错误。可下达指令：“请检查这段简历内容的语法错误、拼写错误、标点符号错误以及逻辑错误，并给出修改建议”	• 不同 AI 工具的检查能力可能不同，可多尝试几种工具。 • 即使 AI 工具检查通过，也需进行人工复核

尽管 AI 在简历制作中的作用显著，但人工复核不可或缺。AI 生成的内容可能存在与个人实际经历不符、信息错误或夸大等情况。要仔细核对每一项内容，确保经历真实可靠、信息准确无误，并且要突出自身独特的优势与亮点，避免因过度依赖 AI 而导致简历千篇一律，丧失个性化与竞争力。

二、简历的有效投递

求职者是否能够获得面试机会，除了受个人简历质量的影响外，还受简历投递方式方法的影响。个人简历投递的途径主要有现场投递和网络投递。

（一）现场投递

一般企业不会接受求职者上门拜访，在人才招聘会现场投递是常见的投递方式。在投递个人简历前，要仔细检查各项信息的完整性，不要忘了附上相关证明资料等。现场投递时，还应注意不要盲目乱投简历。大部分用人单位的招聘人员会对招聘会上收集到的简历做一个简单的区分，即哪些是要尽快约见的，哪些是予以考虑的，哪些是不予考虑的。如果放下个人简历转身就走，这样的个人简历很可能被招聘人员放在不予考虑的类别里。因此，投递完个人简历以后，要争取和现场的招聘人员做一个简单的自我介绍与交流，让招聘人员更多地了解自己的具体情况，这样才更有可能争取到面试的机会。

（二）网络投递

网络投递也是很常见的投递方式。求职者可以从知名的大型招聘网站投递，也可以在专场网络招聘会上投递，还可以直接向用人单位的网站或邮箱投递。有的大学生在网上投了几百上千封简历都石沉大海，有的大学生投出为数不多的几份简历就有面试通知，所以网络投递也有技巧，具体如下。

1）要有的放矢。首先，应仔细浏览用人单位简介、招聘职位要求、信息发布时间、有效期等。掌握这些信息后，再结合自己的实际情况决定是否投递简历。在用人单位发布招聘信息的第一时间进行投递是最佳时间。

2）不要向同一家用人单位申请多个职位。招聘人员不会因为某个求职者申请了多个职位而认为其什么都能干；相反，会认为其没有目标，只是盲目地乱投简历。

3）按用人单位的要求投递简历。有的用人单位对简历格式、附件都有特别要求，如果没有按用人单位的要求去做，简历再精彩也会被直接删除而错过机会。

4）电子邮件的主题要醒目。如果没有特殊要求，一般情况下可写“×××应聘×××”，电子邮件标题不要空着。

5）把简历存在各大招聘网站上。使用网络进行招聘的用人单位，有些会主动到网站搜索所需的人才。当需要某方面的应届毕业生时，会主动在网站搜索简历并与相关求职者联系。

6）做好投递记录。有些大学生投递了很多简历，但没有进行记录，当有用人单位通知面试时，却想不起来是哪家企业。这会让用人单位觉得求职者不重视这个工作机会，对求职者的印象会大打折扣。因此，可做一个投递简历的信息记录，以免张冠李戴。

训练活动

活动一 运用AI优化个人简历

选择一款AI简历优化工具，如智一面、秘塔写作猫等，按照要求进行简历优化操作。

活动二　通过网络投递个人简历

将优化后的简历向用人单位投递，并记录投递信息。

课外实践

制作求职综合展示 PPT

大学生在参加全国大学生职业规划大赛就业赛道时，需要提交求职综合展示（PPT 格式，不超过 50MB；可加入视频）。结合你的求职简历，制作求职综合展示 PPT。

本 章 回 顾

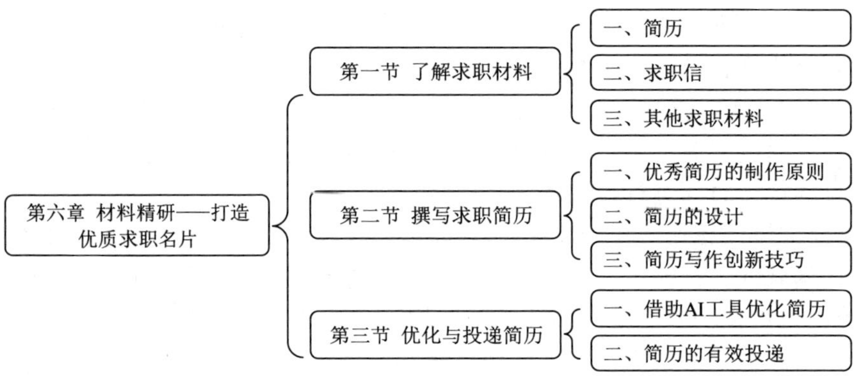

第七章 面试攻略——赢得求职关键战役

学习目标

知识目标

（1）了解大学生面临的求职压力与求职中常见的消极心理。
（2）了解面试的常见类型、面试考查的内容及面试后的注意事项。
（3）了解笔试前的准备工作、笔试的基本类型及典型笔试题。

技能目标

（1）能够运用心理调适方法进行心理调适，保持积极的求职心态。
（2）掌握面试礼仪规范，能够从容应对不同类型的面试。

素养目标

构建积极求职心态，理性应对求职挑战。

案例导读

盲从心理对求职的影响

小唐的专业学习成绩中等。大三时，她看到身边的同学都在准备考研，于是随大流选择了考研。第二年2月，考研成绩出来了，小唐的成绩没有达到国家线，也不够调剂的条件，升学没有希望。

小唐前期专心考研，没有做求职准备。升学无望，小唐的就业压力很大。大四开学后，小唐匆匆准备了一份简历，毫无方向地开始进行网络投递，但大部分没有音信，个别回复的用人单位给出的待遇不符合预期，小唐不愿意去。看到身边的同学或是早早确定了就业单位，或是陆续收到了考研录取通知，或是考公务员顺利通过笔试和面试，就连准备再次考研的同学也开始着手复习，而自己还不知道该何去何从。沉重的压力、巨大的落差、长期的焦虑，以及深深的自我怀疑，让小唐每天闷闷不乐，他吃不下饭，睡不好觉，不想和别人交流，做什么都提不起兴趣。

分析：

小唐在专业成绩中等且未明确自身职业规划的情况下，盲目跟随同学选择考研，缺乏对自身能力、兴趣及职业目标的清晰认知，这是典型的盲从心理表现。考研失利后，由于前期未做求职准备，他又陷入求职盲从状态，随意制作简历、无目标进行网络投递，既没有针对自身优势和岗位需求进行精准匹配，又缺乏对就业市场的深入了解，导致求职屡屡碰壁。面对周围同学的顺利发展，小唐产生了巨大的心理落差，陷入自我怀疑。这种因盲从导致的求职困境和心理问题，不仅影响了小唐当下的就业选择，还对其身心健康造成严重伤害。

第一节　调适求职心理

一、大学生面临的求职压力

就业形势日益严峻，大学毕业生在就业时难免会遇到挫折与压力。大学生面临的求职压力主要有以下两种。

（一）外部求职压力

大学生面临的外部求职压力包括经济发展情况、产业结构变化、人口结构变化等方面。随着高校招生规模的扩大和毕业生人数的增加，大学生总体就业形势面临新的情况和挑战，社会可提供的就业岗位及薪资普遍与大学生的期望存在差距。另外，就业市场不完善、人才市场不规范、高校体制存在弊端、培养的人才不适应社会发展的需求等都是大学生在求职时面对的客观压力。

（二）内部求职压力

大学生面临的内部求职压力包括职业能力评估压力、专业竞争分析压力、自我认知与规划、就业心理预期等。

1）职业能力评估压力是指大学生在评估自我职业素养与就业职位匹配度时产生的压力。

2）专业竞争分析压力是大学生对所学专业就业前景持有的态度，是就业压力高低判别的主要外在指标。若大学生消极对待所学专业，将专业就业面窄、就业机会少等负面思想扎根心底，就会感受到较大的压力。

3）自我认知与规划是指大学生从职业兴趣、职业个性及职业方向和目标等角度深刻剖析自我，从而完善职业生涯规划。换句话说，大学生若对自我就业喜好存在模糊性，那么求职时就会面临较大的压力。

4）就业心理预期是指大学生对自己就业职位、薪酬及人生价值实现的主观愿望。这种期望价值越不符合实际，所呈现的就业压力就越大。

二、大学生求职中常见的消极心理

在求职过程中，大学生常受多种消极心理困扰，这些心理状态对其求职进程和职业发展带来不同程度的负面影响。

（一）盲从

有些大学生由于对社会和自我缺乏足够的认识，在就业时容易产生盲从心理。例如，看到金融、计算机行业薪资高、发展前景好，便不顾自身兴趣和能力，盲目选择相关职业方向。每年公务员考试报名人数众多，不少大学生仅仅因为公务员工作稳定、社会地位高就跟风报考，却不考虑自身性格是否适合体制内工作、对岗位内容是否了解。这些大学生在求职过程中，缺乏独立思考和判断的能力，缺乏科学的求职规划，习惯人云亦云。

（二）焦虑

焦虑指个体因心理冲突或挫折，产生的紧张、恐惧、焦躁不安的情绪状态。在求职阶段，部分大学生由于学习成绩欠佳、实践经验匮乏，面对竞争激烈的就业市场和严苛的录用标准，内心会滋生择业焦虑。这种焦虑不仅干扰他们对自身能力的客观评估，还可能导致决策时犹豫不决，错失就业良机。

（三）妒忌

妒忌是个体对他人的成就、特长或优越条件与地位，怀有的既羡慕又敌视的复杂情感。在求职过程中，当看到身边同学成功获得理想工作时，部分大学生会心生妒忌。这种消极情绪不仅破坏同学间的关系，还会让他们将精力耗费在对他人的攀比上，忽视自身优势与职业规划，阻碍个人发展。

（四）自卑

自卑的大学生常对自己做出过低评价，缺乏自信，认为难以觅得理想工作。在求职时，他们表现得缩手缩脚、言行拘谨，不敢主动争取就业机会，甚至放弃行动。自卑心理的产生，源于对自身认识不够客观，这类消极心态在大学生群体中较为普遍，严重限制了他们的职业选择与发展空间。

（五）自负

部分大学生对自身能力估计过高，因在校期间取得的荣誉奖项、优越家境或自身条件，滋生目空一切、自视甚高的自负心理。在这种心理驱使下，他们在求职时好高骛远，“这山望着那山高”，难以准确评估自身与岗位的匹配度，致使与许多适合自身发展的就业机会擦肩而过。

（六）抑郁

抑郁状态表现为情绪低落、悲观厌世、心情压抑，对事物丧失兴趣，常自我贬低、回避社交。大学生群体的抑郁情绪多源于就业压力。心理承受力较弱、缺乏自我调节能力的大学生，容易将求职挫折完全归咎于自身，长期沉浸在消极情绪中，严重时甚至发展为抑郁症。

（七）失落

当大学生未能找到理想工作时，失落情绪便会随之而来。长期处于失落状态，会削弱他们的求职积极性与自信心，降低应对挑战的能力。

三、心理调适的作用与方法

（一）心理调适的作用

大学生在求职过程中，不可避免地会遇到困难、挫折和冲突。这些困难、挫折和冲突常常会引起心理障碍或心理疾病。心理障碍或心理疾病既不利于择业，也不利于身心健康，甚至还会影响整个人生。心理调适的作用在于帮助大学生在遇到困难、挫折和冲突时，能够客观地分析自我与现实，有效地排除心理障碍，从而使自己保持一种稳定的心态，达到如愿择业的目的。

（二）心理调适的方法

1. 宣泄法

宣泄法，又称为倾诉法，是指在求职过程中遇到困难、挫折和冲突时，将内心的痛苦倾诉和表达出来，以达到缓解心理压力的一种方法。在求职过程中碰壁时，会导致情绪低落，此时过分地压抑自己的情绪反而不妥，不妨把心中的委屈和不平尽情地倾诉出来。采用的具体方式如下。

1）向家长、教师或朋友及时说出心中的感受。第三者的倾听、劝慰、分析、忠告对当事人情绪的改善能起到立竿见影的效果。

2）采取写日记的方式把积压在心中的苦恼写出来，或者以写信的方式向好友倾诉自己的苦恼和困惑。

3）找一个没有人的场所，通过自言自语的方式说出心中一直压抑的想法。

4）通过打球、爬山、游泳等运动方式进行宣泄，释放心里的消极情绪，以恢复心理平衡。

2. 转移法

求职碰壁，暂时的失利是痛苦的，此时减轻痛苦的有效方法是转移注意力，尽量把注意力放到自己感兴趣、较自信的其他活动中。如果长时间沉浸在择业失败的消极情绪中，对身心健康是非常不利的。可以采取以下措施。

1）参加体育活动，如跑步、游泳，或是约几个同学一起打篮球、踢足球，将烦恼抛到脑后。

2）听音乐，轻松舒缓的音乐可以消除疲劳、调节情绪。

3）看书、看电影电视、睡觉或其他休闲方式，也可以达到放松身心的目的。

3. 补偿法

当大学生在就业过程中不能达到目标而受到挫折时，可以用另一种目标来代替，通过其他活动来弥补心理创伤，驱散内心的忧愁和痛苦，以增强前进的信心和勇气。例如，没有考上公务员，可以提醒自己还有其他选择，如进企业、学校等。可以说，正是挫折给人们提供了反思的机会，使人们能够重新认识自己、评价自己，从不利中看到对自己有利的因素，扬长避短，走向成功。具体做法如下。

1）当求职失败后，迅速以另一目标来代替原来尝试失败的目标。在进行职业选择时，确定的职位目标不要太狭窄，要像填志愿一样，有第一、第二、第三志愿，这样在碰壁后才能进行下一步的应聘计划。例如，居里夫人在丈夫不幸去世后，想到的是丈夫生前说过的话："无论发生什么事情，人总得工作。"于是她控制住自己内心的悲痛，更加发奋地工作，终于成为两次获得诺贝尔奖的伟大科学家。大学生在一次求职失败后，要能更加积极主动地投入下一次的求职准备。

2）发掘自己的潜能，克服自身的弱点，实现自己的目标。例如，有一个人因发音微弱和轻度口吃，使演讲受到影响，他下决心练习口才，把小鹅卵石放在嘴里练习讲话，面对大海高声呼喊，最终成为远近闻名的演说家。求职者对于自己的不足，应当及时弥补，以提高就业竞争力，早日实现职业目标。

4. 松弛练习法

大学生在求职面试前要学会放松身心、舒缓紧张情绪。松弛练习法主要有以下几种。

（1）呼吸放松法

呼吸放松法，又称为调息放松法，它简单易学，也非常有效。关键是将"胸式呼吸"

变成“腹式呼吸”。具体方法是：在座位上舒服地坐好，身体后靠并伸直；然后开始长长地、慢慢地吸气，气沉丹田时要保持 2 秒钟，再轻轻地、慢慢地将气呼出。每天两次，每次 4～10 分钟。

（2）想象放松法

想象放松法是通过对一些安宁、舒缓、愉悦情景的想象来达到身心放松的目的。要尽量运用各种感官，观其形、听其声、嗅其味、触其柔……例如，可以想象自己独自在森林中漫步，踩在柔软的草地上，阵阵花香扑鼻而来，然后舒展全身、慢慢地做深呼吸，感到无比轻松舒坦。每天可用 5～10 分钟进行练习。

其他松弛练习法有音乐放松法、肌肉放松法等。

5. 角色扮演法

目前，角色扮演法已成为心理学领域公认的应用广泛而又有效的方法。它是将自己暂时置身于他人的社会位置，并以其要求的态度和方式行事，以增进人们对他人社会角色和自身原有社会角色理解的一种方法。

角色扮演法是培养耐挫折能力的一种好方法。大学生在面临就业挫折后，在教师的指导下可以扮演一些知名人士，体验他们在求职过程中曾经遇到的挫折，这样能更好地理解他人面对挫折时采取的积极态度，体验他人在挫折情境中内心情感的转换。通过角色扮演活动，大学生可以不知不觉地在活动中掌握抗挫折技能，增强自身的抗挫折能力。

6. 自我激励法

自我激励法是指用生活中的哲理、榜样事迹或明智的思想观念来激励自己，同各种消极情绪进行斗争，坚信未来是美好的，勇敢地面对下一次机会。

网上调查表明，有些大学生投出的求职简历多达百份，参加面试的次数平均每人 5 次以上，能一次成功者很少。因此，求职失败对于大学生来说是一种普遍现象。大学生在求职失败后，不要失去信心，而要冷静思考，寻找对策，把每一次失败看作是经验的积累。同时，要不断激励自己，相信“功夫不负有心人”“失败乃成功之母”。

值得注意的是，大学生在求职过程中若自我调节不能发挥作用时，应及时去寻求专业心理咨询人员的帮助，及时排解就业中的心理矛盾和冲突。

拓展阅读

江汉大学人工智能学院的“AI 心灵驿站”

2024 年，江汉大学人工智能学院按照《江汉大学学院心理健康教育工作站工作方案》要求成立了“AI 心灵驿站”，服务大学生健康成长。

“AI 心灵驿站”以“全心全意服务学生”为基本宗旨，以立德树人、促进学生健康成长和全面发展为根本目标，以大学生心理健康教育为主要工作内容，主要活动为宣传普及心理健康知识，开展心理疏导和危机干预，助力学生做好心理问题预防、识别和应对。“AI 心灵驿站”面向江汉大学全体学生提供免费咨询，咨询内容涵盖学习问题、情绪压力问题、人际交往问题、环境适应问题、就业心理指导等。学生可以根据自己的需要自由选择心灵咨询师，大胆倾诉心声、疏解情绪，得到宝贵的指导和建议。

（资料来源：韩金玲. 江汉大学心理健康教育中心和人工智能学院“AI 心灵驿站”简介[EB/OL].（2024-10-18）[2025-06-05].https://sjxy.jhun.edu.cn/96/56/c1512a169558/page.htm.）

四、塑造和保持积极求职心态

（一）明确职业目标，做好规划

大学生在求职前，应深入探索自身兴趣、能力与价值观，结合市场需求，制定清晰的职业目标。可以通过职业测评工具，如霍兰德职业兴趣测试、MBTI 人格测试等，辅助了解自己适合的职业方向。在明确目标后，将大目标拆解为阶段性小目标，制订详细的求职计划。例如，若目标是进入互联网企业从事产品运营岗位，可先规划好在某时间段内掌握数据分析、用户调研等技能，投递多少份简历，参加几次模拟面试等。有了清晰的规划，能减少求职的盲目性，增强行动的方向感与自信心，以更积极主动的心态投入求职中。

案例

早规划、强执行：许同学的职业进阶之路

护理学专业 2024 届毕业生许同学，始终以明确的职业目标引领成长，从入学起便锚定医护行业，通过系统规划与持续行动，最终成功入职某市中西医结合医院。

1. 学业筑基：以专业能力锚定职业方向

许同学深知扎实的专业功底是进入医疗行业的核心竞争力。课堂上，她专心听讲、积极参与讨论，课后通过阅读专业文献、参与实验课程强化理论知识；临床实习中，她主动争取实操机会，在护理操作中积累经验。此外，她还参与“大学生对器官捐献的态度和意愿”科研项目，在团队协作中提升科研思维与问题解决能力，为职业发展筑牢专业根基。

2. 规划先行：从大二开启就业筹备

面对激烈的就业竞争，许同学大二便启动职业规划：密切关注医院招聘信息与行业动态，分析市场对护理人才的技能要求；有针对性地参加职业培训，提升静脉穿刺、急救护理等实操技能；通过学部组织的模拟面试、简历优化指导等活动，提前打磨求职技巧。2024 年实习期间，她主动申请到三甲医院实训，在高强度工作中检验专业能力，积累临床案例。

3. 逆境突围：在挫折中调整策略终获机遇

求职初期，许同学向多家理想医院投递简历却接连碰壁。关键时刻，辅导员与班主任为其定制“求职提升方案”：一方面通过谈心疏导其焦虑情绪，强化其职业信心；另一方面结合其实习表现与技能优势，精准推荐匹配度高的单位，并协助其修改简历、模拟面试场景。许同学及时调整投递策略，聚焦“临床经验+科研潜力”双维度展示竞争力，最终在多轮考核中脱颖而出，同时斩获3家医院录用通知，最终选择其中一家中西医结合医院开启职业生涯。

分析：

许同学的职业进阶之路充分彰显了明确职业目标与科学规划的重要性。从入学锚定医护行业开始，她便以目标为导向，在学业上深耕专业知识与技能，通过科研项目提升综合素养；大二起，结合行业需求提前筹备就业，从技能培训到求职技巧打磨，层层递进完善职业规划。即便遭遇求职挫折，她仍能在他人协助下，依据目标调整策略，将自身优势精准匹配岗位需求，最终成功突围。可见，清晰的职业目标是行动的指引，系统的规划是目标实现的路径，二者相辅相成，助力许同学在激烈的就业竞争中脱颖而出，实现职业理想。

（二）接纳自我，正视不足

每个人都有优点和不足，大学生在求职过程中要学会接纳真实的自己。对于自身优势，应充分挖掘并在求职中展现，如擅长沟通表达，可在面试中突出自己在团队协作、客户沟通方面的经验；而对于不足之处，不要过度焦虑和逃避，而是将其视为成长的空间。例如，专业知识薄弱，可制订学习计划，利用网络课程、书籍等资源进行弥补；实践经验少，可主动寻找实习、兼职机会积累经验。当以平和的心态正视自身不足，并积极采取行动改进时，就能减少求职中的自我否定，保持稳定且积极的心态。

（三）建立积极的自我对话

在求职过程中，内心的自我对话对心态有着重要影响。大学生要避免消极的自我暗示，如“我肯定不行”“竞争太激烈，我没希望了”，而要用积极的语言鼓励自己。例如，在面试前告诉自己“我已经做好了充分准备，一定能展现出最好的自己”；面对求职失败时，对自己说“这只是一次尝试，我又积累了经验，下次会做得更好”。长期保持积极的自我对话，能潜移默化地改变思维模式，增强心理韧性，让自己在面对求职挑战时更加从容、自信。

（四）构建良好的社会支持系统

良好的人际关系和社会支持能为大学生求职提供强大的心理后盾。在求职期间，要与家人、朋友保持密切沟通，分享求职经历与感受。家人的关爱与理解能给予情感上的慰藉，朋友之间的交流可以互相借鉴求职经验、提供建议。此外，还可以积极参加校友聚会、行业交流会等活动，拓展人脉资源。在与他人的互动中，不仅能获取更多求职信息，还能从他人的成功故事中汲取力量，在遇到困难时得到及时的帮助与鼓励，从而以更积极乐观的心态应对求职压力。

（五）保持学习与成长的心态

求职过程本身就是一个学习和成长的过程，大学生应将其视为提升自我的契机。无论是参加企业面试还是与同行交流，都能从中获取新的知识和经验。每次求职结束后，都要进行复盘总结，分析自己在沟通表达、专业知识运用、临场应变等方面的表现，找出不足，以便在下一次求职中改进。同时，关注行业动态和新技术发展，不断学习新知识、新技能，提升自身竞争力。以学习和成长的心态看待求职，能让大学生更注重过程中的收获，而非仅仅关注结果，从而保持积极向上的心态，为未来的职业发展奠定坚实基础。

训练活动

活动一　心理压力测试

适度的压力可以激发自己的潜力，使心理得到锻炼而变得强大，过度的压力则会引起心理和生理的异常反应，导致疾病的产生。人们所承受的压力适当与否可以通过心理压力测试表（表 7-1）来进行测试。请根据自己的情况选择答案，不要在每道题上花太多时间考虑。选 A（总是）计 4 分，选 B（经常）计 3 分，选 C（有时）计 2 分，选 D（很少）计 1 分，选 E（从未）计 0 分。做完测试之后把总分加起来，对照后面的结果解释，看看自己处于哪个压力范围。

表 7-1　心理压力测试表

题目	总是	经常	有时	很少	从未
1. 受背疼之苦	A	B	C	D	E
2. 睡眠不足且睡不安稳	A	B	C	D	E
3. 头疼	A	B	C	D	E
4. 颈部疼痛	A	B	C	D	E
5. 若需等候，会感到不安	A	B	C	D	E
6. 后颈感到疼痛	A	B	C	D	E
7. 比大多数人更容易紧张	A	B	C	D	E
8. 很难入睡	A	B	C	D	E
9. 感到头部发紧或疼	A	B	C	D	E
10. 胃不好	A	B	C	D	E
11. 对自己没信心	A	B	C	D	E

续表

题目	总是	经常	有时	很少	从未
12. 对自己说话	A	B	C	D	E
13. 担心财务问题	A	B	C	D	E
14. 与人见面时感到窘迫	A	B	C	D	E
15. 担心发生可怕的事情	A	B	C	D	E
16. 白天觉得累	A	B	C	D	E
17. 下午感到喉咙痛，并非感冒所致	A	B	C	D	E
18. 心里不安，无法静坐	A	B	C	D	E
19. 感到口非常干	A	B	C	D	E
20. 心脏有毛病	A	B	C	D	E
21. 觉得自己非常无用	A	B	C	D	E
22. 吸烟	A	B	C	D	E
23. 肚子不舒服	A	B	C	D	E
24. 觉得不快乐	A	B	C	D	E
25. 流汗	A	B	C	D	E
26. 喝酒	A	B	C	D	E
27. 很自觉	A	B	C	D	E
28. 觉得自己像四分五裂了	A	B	C	D	E
29. 眼睛又酸又累	A	B	C	D	E
30. 腿或脚抽筋	A	B	C	D	E
31. 心跳加速	A	B	C	D	E
32. 怕结识人	A	B	C	D	E
33. 手脚冰冷	A	B	C	D	E
34. 便秘	A	B	C	D	E
35. 未经医生处方乱吃药	A	B	C	D	E
36. 发现自己很容易哭	A	B	C	D	E
37. 消化不良	A	B	C	D	E
38. 咬手指	A	B	C	D	E
39. 耳朵有嗡嗡声	A	B	C	D	E
40. 小便次数多	A	B	C	D	E
41. 有胃溃疡的毛病	A	B	C	D	E
42. 有皮肤方面的毛病	A	B	C	D	E
43. 喉咙很紧	A	B	C	D	E
44. 有十二指肠溃疡的毛病	A	B	C	D	E
45. 担心工作	A	B	C	D	E
46. 有口腔溃疡	A	B	C	D	E
47. 为琐事忧虑	A	B	C	D	E

续表

题目	总是	经常	有时	很少	从未
48. 呼吸浅粗	A	B	C	D	E
49. 觉得胸部紧迫	A	B	C	D	E
50. 很难作出决定	A	B	C	D	E

结果解释:

93 分以上: 你处于高度应激反应中，身心遭受压力伤害，你需要专业心理治疗师给予一些忠告，帮助你削减对压力的知觉，并帮助你改良生活的品质。

82～92 分: 你正在经历太大的压力，身心健康正在受到损害，并令你的人际关系发生问题。你的行为会伤害自己，也会影响他人。因此，对你来说，学会如何减轻自己的压力是非常必要的。你可能必须花时间做练习，学习控制压力，也可以寻求专业的帮助。

71～81 分: 你的压力程度中等，可能正开始对健康产生不利影响。你可以反省自己面对压力时的反应，并学习在压力出现时控制自己的肌肉紧张，以消除生理应激反应。

60～70 分: 你生活中的压力是适中的。偶尔会有一段时间压力太大，但你有能力去承受压力，并能很快恢复到平衡状态，因此压力不会对你的健康造成威胁。

49～59 分: 你能够控制自己的压力反应，你是一个相当放松的人。你所遇到的各种压力没有对你造成威胁，所以你很容易与人相处，可以毫无畏惧地担任工作，也没有失去信心。

38～48 分: 你对所遭遇的压力不以为意，好像并没有发生。这对你的健康不会有负面影响，但你的生活缺乏适度的兴奋，生活趣味有限。

27～37 分: 你的生活比较沉闷，即使有有趣的事情发生，你也很少做出反应。你必须多参加社会活动或娱乐活动，以增强你的压力激活反应。

16～26 分: 你在生活中的压力较小。你可以在工作中更主动一些，多参加社交、娱乐等活动。

活动二 到“AI 心灵驿站”寻求心理调适

若你面临心理困扰，可前往江汉大学“AI 心灵驿站”，获取专业支持与帮助，进行科学心理调适。

第二节 掌握面试技巧

一、面试的常见类型

企业的面试形式越来越丰富，面试流程也越来越复杂，其目的是提高筛选的准确度和效率，降低招聘成本。对于大学毕业生来说，有必要了解不同企业面试的类型和应对技巧，并结合自身的实际情况做好准备，这样才能在面试中灵活应对，展现出良好的状态，博得面试人员的青睐。

企业在招聘中采用的常见面试类型及特征如表 7-2 所示。

表 7-2　企业在招聘中采用的常见面试类型及特征

面试类型	主要特征
电话面试	面试官通过电话进行提问。一般在笔试之后、正式面试之前，针对某些特定问题进一步了解
视频面试	面试官与求职者利用语音、视频、文字进行即时交流
结构化面试	系统的面试，包括试题、评分标准、评分方法等，其主要目的是评估求职者的工作能力及胜任程度
无领导小组讨论面试	采用情景模拟的方式对求职者进行集体面试。在面试过程中，求职者需要合作完成某个项目，可以是实际商业环境下的案例讨论，也可以是集体游戏
情景模拟面试	面试官设置模拟场景，要求求职者扮演某个角色，针对各种问题和矛盾找到解决的办法

（一）电话面试

很多企业会在正式面试之前，通过一个 10～30 分钟的电话面试考查求职者是否符合要求。电话面试可以有效考查求职者的背景和语言表达能力。通常，面试官会让求职者回答一些常规问题或做自我介绍。在应对电话面试时，应注意以下几个方面。

1. 从容应对，消除紧张

如果接到面试电话时恰巧不方便通话，可以用积极友好的口吻告诉面试官自己当下的情况，请他过几分钟再打过来，或者留下号码回拨给他。一般面试官都会同意这样的要求，不必为此觉得尴尬或紧张。

2. 吐字清晰，礼貌应对

声音可以体现一个人的情绪状态和精神状态。因此，在电话面试时应该吐字清晰，语速适中，富有亲和力，使用简洁明了的语言回答问题。当听不清楚面试官的问题时，可以礼貌地请对方再说一遍。

3. 认真倾听，注意记录

在听的过程中要学会记录重要信息。对面试官提出的问题，如果有不明白的地方要及时提问。同时，需要记录企业名称、面试官姓氏及进一步面试的安排等信息。

4. 不可忽视电话面试的礼仪

在电话面试中要注意的礼仪有：①以问候开始，以感谢结束；②要以热情友好的态度进行交流；③话语中要常常表达出对面试官的尊重。

5. 把握向面试官提问的机会

面试官通常会给求职者提问的机会。这个机会不仅能帮助求职者了解更多信息，而且是一个展示自我的良好机会。在这个环节尽量不要沉默，若能提出一个好的问题，则会给面试官留下善于思考的良好印象。

（二）视频面试

视频面试的准备和注意事项如下。

1. 设备

确保视频面试所用的设备可以正常使用，包括计算机、耳机、摄像头、网络等，还要注意光线是否明亮。

2. 发型、服饰

发型要大方得体；穿着不要过于张扬，应符合求职者的身份，服饰的风格应衬托出求职者阳光、干练的精神面貌。

3. 语言表达

面试官会关注求职者的语言表达能力。在视频面试时，要吐字清晰、条理清晰，语言简洁、精练。

4. 细节表现

在视频面试时，要与面试官有目光交流，注意不要做小动作。

（三）结构化面试

结构化面试又称为标准化面试，由试题、评分标准、评分方法、分数等部分组成。用人单位通过具体的内容模块、测评流程和测评要求，能够有效评估求职者的工作能力。在公务员面试和很多外企面试中多采用这种方式。

结构化面试及策略

在结构化面试中，求职者回答问题时应把握重点，简洁明了，条理清晰，有理有据。一般情况下，回答问题要结论在先，议论在后，先将自己的中心意思表达清楚，然后做叙述和论证，表达时要有个人见解和个人特色。

1. 自我介绍的准备

简单介绍自己的姓名、学历、专业、学习成绩等基本信息还远远不够，这些都是个人简历上有的。企业最希望知道的是求职者能否胜任工作，包括最强技能、最深入研究的知识领域、个性中最积极的部分、做过最成功的事及主要的成就等，这些可以与学习无关，也可以与学习有关。因此，要突出介绍自己拥有的优势、积极的个性和做事的能力。

2. 结构化面试的技巧

下面主要介绍在结构化面试中的10类高频问题的回答技巧。

（1）为什么选择这个行业？

这个问题旨在考查求职者对行业的认知。求职者回答时一定要言之有物，让面试官认为自己确实是了解该行业的。

（2）为什么选择这个职业？

求职者可以把这个问题变成“这个行业里有这么多的职位，为什么你偏偏选择这个职位而不是其他的职位？”。这个问题旨在考查求职者对这个职位的认知。求职者回答时可以从岗位职责及其意义，以及职业期待、职业兴趣的匹配性等方面去回答。

（3）为什么选择这个公司？我们为什么要选择你？

求职者可以把这个问题变成“相比同行业中这么多的公司，为什么你偏偏选择了我们这一家？”。这个问题旨在考查求职者对用人单位的了解情况，如用人单位所属的行业概况、企业文化，以及相较其他企业而言存在的优势等。

（4）讲述一个你过往生活和学习中的经历。

这个问题旨在了解求职者的过往经历。求职者回答时可以贴合用人单位和岗位要求，找一个或两个能力项作为中心思想去讲自己的经历。

（5）用三个关键词来评价自己的优缺点。

尽量说与岗位和用人单位相关的优缺点，用事实证明自己的确具备这些优点。对于缺点，首先要说明是以前某段时间有某个缺点，然后表明在意识到这个缺点后采取了哪些措施来改正，最后谈谈改掉缺点后的收获。

（6）谈谈你的职业规划。

求职者回答这个问题时可以贴近岗位或用人单位需求，结合自己的个性特征、职业价值观、兴趣等，分析自己的优势和劣势，设计未来职业发展路线。要脚踏实地，切忌好高骛远。

（7）谈谈你最喜欢（最不喜欢）的领导。

回答这个问题时，求职者最容易犯的错误是停留在对领导的要求上，表达时没有结合自身。无论是什么类型的领导，求职者要做的都是尽快学习新知识，并运用到工作中，以完成好自己的工作任务。面试官问这个问题是考查求职者的人际交往能力和适应能力。

（8）聊聊你的家乡、父母、兄弟姐妹。

这个问题的回答包括两方面：一是简单介绍自己的家乡、父母和兄弟姐妹的背景和情况；二是谈谈他们对自己的积极影响，尤其是对自己性格形成的影响。

（9）你为什么来面试？

这个问题考查的是求职者的职业期望和职业价值观，可以从自己来面试的动机、对未来的职业规划等方面来回答。如果有哪个方面和用人单位相匹配，还可以说明自己为了面试这个职位所做的努力和准备以及用人单位哪些地方吸引了自己。

（10）你的期望薪资是多少？

在社会招聘中，薪资谈判比较常见。应届毕业生的薪资体系几乎是固定的。对于这个问题，可以这样回答："贵公司在应届毕业生的薪资上有成熟且透明的体系设计，所以按照贵公司的标准定就可以了。如果这个标准中有上限和下限浮动的话，我希望自己能拿到上限薪资，我觉得这也是公司对我个人能力和价值的肯定。"

（四）无领导小组讨论面试

无领导小组讨论面试及策略

无领导小组讨论面试会安排一组求职者讨论一个与工作相关的问题。在这个过程中，能够充分考查求职者多方面的能力，如组织协调能力、语言表达能力、辩论能力、情绪控制能力和人际交往能力等。

在无领导小组讨论面试中，要注意以下几点：在小组讨论中要积极发言，充分表达并坚持自己的观点；表达清晰，语速适中，保持上身略微前倾的坐姿；能合理掌控节奏，时间意识强；切忌不友好地打断别人的讲话；不要盲目地表现自己；结束时，应将自己的座位复原。

1. 积极主动发言

在面试中不能沉默等待，而要积极主动地表达自己的观点。主动"破冰"的人容易给面试官留下深刻印象。发言后，要静下心来聆听他人的观点，取人之长，让自己的思路更加清晰、发言内容更加充实。

2. 把握说服对方的机会

若想试图说服他人，要注意寻找恰当的时机。辩论时，如果出现情绪激动的情况，应适当收敛。

3. 言辞真诚，有理有据

语言表达时要体现真诚的态度，对事不对人，要理解对方的观点，站在对方的角度考虑。经过客观分析，找出充分的论据，从而在辩论中居于优势地位，同时让他人信服。

4. 运用技巧，委婉否定

若想否定对方的观点，要考虑对方的感受。可以先肯定对方的某些方面，再指出不能接纳的观点，这样才能让对方比较容易接受。

5. 善于倾听，后发制人

如果觉得自己的观点尚不完善，可以认真聆听别人的发言，从中找到新的切入点。在别人回答的基础上进行发挥，可以让自己的陈述更加完善。

（五）情景模拟面试

在这类面试中，用人单位会设置一个虚拟的工作场景，让求职者在其中担任一个角色，充分发挥个人特长，分析解决现实问题。在这个过程中，求职者的优势和弱点都能充分体现出来。

在应对情景模拟面试时，要注意调整好自己的心态，从容自如地应对。既不要一言不发、退缩不前，也不要过于放松，而要充分融入情境，发挥分析问题、解决问题的能力。

二、面试考查的内容

面试作为人才筛选的关键环节，系统考查求职者多个维度的素养与能力，具体涵盖基本素质和相关能力两大模块。

（一）基本素质

1. 仪表风度

仪表风度主要涵盖求职者的体型、外貌、气色，以及衣着举止和精神状态等方面。对于国家公务员、教师、公关人员和企业经理等特定岗位，仪表风度是重要的考量标准。通常，仪表端庄、衣着整洁、举止文明的求职者，在工作中更倾向于遵循规律，具备较强的自我约束能力和责任心。因此，求职者需要注重着装的适宜性，保持举止文雅大方，在面试作答时秉持认真诚实的态度。

2. 专业知识

面试官会评估求职者专业知识掌握的深度与广度，并判断其知识更新是否契合目标岗位要求。

3. 道德品行

面试官着重考查求职者的责任感，判断其能否可靠地完成工作任务，思考问题是否客观全面，情绪是否稳定，能否适应复杂的业务要求，以及工作态度是否严谨认真。求职者在应答时，应突出自身的信心、坚强的意志和强烈的责任感。

4. 求职动机

面试官通过了解求职者期望入职本单位的原因、感兴趣的工作类型，以及在工作中的追求，评估本单位提供的职位和工作条件是否能够满足其工作需求与期望。

（二）相关能力

1. 口头表达能力

口头表达能力是指求职者运用口头语言清晰描述信息的能力，包含语速、语调、语气等要素。面试官会观察求职者能否有条理、完整且准确地进行表述，引例和用语是否恰当，发音是否准确，语气是否温和，以及说话时的姿势和表情是否得当。

2. 综合分析能力

求职者须具备全面分析问题的能力，能从多个维度审视问题，并找出最优解决方案。在面试过程中，面试官会考查求职者能否抓住问题的本质，做到说理透彻、分析全面、逻辑清晰。

3. 思考判断能力

思考判断能力即求职者对工作中各类问题进行合理思考、准确判断，并迅速做出决策的能力。面试官通过与求职者互动，观察求职者能否准确且迅速地判断所处状况，妥善处理突发事件，以及能否简洁、贴切地快速回答问题。

4. 反应与应变能力

反应能力体现为求职者在短时间内做出快速反应的水平，应变能力则表现为遇到突发情况时，能够积极调整思路和行动以达成目标的能力。面试官会通过设置非常规问题，考查求职者对问题理解的准确性，回应的速度与精准度，对突发问题的反应是否机智、回答是否恰当，以及对意外事件的处理是否妥善。

5. 学习能力

学习能力指求职者快速学习新技能和知识，理解并接纳新事物、新观念的能力。在快速变化的职场环境中，良好的学习能力是所有岗位的必备素养。只有及时掌握与职位相关的新事物和新观念，才能跟上时代发展，提升工作水平，创造性地履行岗位职责。面试官可能会通过询问求职者过去学习新技能或适应新环境的经历，来判断其学习能力。

6. 人际沟通能力

求职者须具备与他人进行有效沟通、清晰表达自身想法的能力。在面试中，面试官通过模拟对话和交流，或询问求职者参与的社团活动、交往人群类型以及在社交场合扮演的角色，来评估求职者的人际沟通能力，了解其人际交往倾向和与人相处的能力。

7. 实践操作能力

实践操作能力是指求职者熟练掌握各类工具和设备，并运用相关知识和技能解决实际工作问题的能力。在技术性岗位的面试中，面试官常通过模拟实际工作场景，考查求职者的实践操作能力。

8. 职位特定能力

不同职位对特殊能力有不同要求，如组织协调能力、领导能力、项目管理能力等。在招聘过程中，面试官会提前明确这些能力要求，并在面试中进行针对性考察。

三、面试礼仪

（一）仪容仪表

面试礼仪

求职面试是从学校进入职场的必经之路。在面试过程中，求职者的一举一动、一言一行都被面试官尽收眼底。

面试的仪容仪表主要包括以下几方面。

1. 需要准备的服饰

男士需要准备深色西装一套，浅色、单色衬衫一件，深色或暗深色条纹领带一条，深色皮鞋一双，根据自己的需要选择一个合适的包。女士可以搭配深色西装裤、矮跟皮鞋、简单款式衬衫及正装外套，或者搭配单色或不超过 3 种颜色的裙子、休闲小西装外套、丝袜、矮跟皮鞋。

2. 在仪容方面应注意的问题

男士应理短发，保持头发清洁整齐；经常刮胡须，保持面部清洁；精神饱满，保持微笑。西装口袋不放物品，西裤平整、有裤线。在正式场合，女士应穿职业装，着装忌短、忌露、忌透。女士发型应梳理整齐，长发可用发卡等固定好。面部可化淡妆，保持微笑，大方得体。指甲不宜过长，应保持清洁。鞋子保持光亮清洁。

3. 面试时的礼仪

进入面试室时应先敲门，即使门是掩着的也应敲门，不可冒冒失失地推门而进，以免给人莽撞无礼的印象。正确的敲门方法是：用右手指关节轻敲三下，得到允许后再轻轻推门进去。进入后，应面带微笑，以眼神向面试官致意，不要躲闪，否则会给人不自信的感觉。然后，礼貌地问候“您好”或“大家好”。见到面试官时不要先伸手去握，只有对方伸手时，才可以伸出右手相握，晃动两三下即可。拒绝或无视面试官的握手都是失礼的。面试时应站有站姿，坐有坐相，自信大方，举止得体，这样才会给面试官留下良好印象。

（二）言谈举止

1. 候场礼仪

求职者应提前 15 分钟到达面试地点，如果提前到达，不要在用人单位内部溜达。

应面带微笑向接待员说明身份、要拜访的对象和目的，从容地等待接待员将自己引到会客室或受访者的办公室。如果是雨天，不要将雨具带入办公室。在会客室等候时，不要看无关的资料。接待员奉茶时，要表示谢意。

2. 面试过程中的仪态礼仪

在面试中，正确的站姿应是自然挺拔，给人一种可靠而干练的形象。男士双腿自然分开，双臂自然下垂，五指并拢垂放在双腿两侧，给人以阳刚之美。女士可站成丁字步，也可双腿并拢，双脚微分呈“V”形，双手轻握于腹前，给人以贤淑之美。入座、落座都要轻，左进左出，一般坐满椅子的2/3，上身可稍微前倾。需要注意的是：女士两膝并拢，不要把双手夹在两腿中间或双手垫在臀部下；男士不要抖腿或双腿叉开过大。

（三）电话礼仪

在接听电话时需要注意：铃声响起三声接听，礼貌地问候并说出自己的姓名，确认来电方公司及姓名，认真记录确认来电事项，礼貌地结束通话。

在拨打电话时需要注意：确认要拨打的电话号码，准备 1～3 分钟要说的内容，电话接通后自报家门，一句话说明主要内容，询问对方意见并确认，礼貌地结束通话。

四、面试后注意事项

面试后应注意的主要事项如下。

（一）写信感谢

写信感谢旨在加深招聘人员的印象，增加求职成功的可能性。感谢信的开头应提及自己的姓名、简单情况及面试时间，并对招聘人员表示感谢等。

（二）不打听结果

一般情况下，用人单位最后确定录用人选可能需要 3～5 天。求职者在这段时间要耐心等候消息，不要过早打听面试结果。

（三）调整心情

如果同时向几家用人单位求职，在一次面试结束后要注意调整自己的心情，全身心地投入第二家用人单位的面试，不要放弃其他机会。

（四）查询结果

一般来说，如果求职者在面试两周后或主考官许诺的时间到来时，还没有收到对方的答复，就应写信或打电话给用人单位，询问面试结果。

（五）做好再冲刺的准备

如果在竞争中失败了，千万不要气馁，而要及时总结经验教训，并积极改进不足之处，以谋求“东山再起”。

拓展阅读

AI 模拟面试的步骤

选择一个 AI 模拟面试工具，进行一场 AI 模拟面试。下面以多面鹅 AI 模拟面试软件为例，说明大学生进行 AI 模拟面试的步骤。

1. 注册与登录

访问多面鹅官网，单击“注册”按钮，填写相关信息完成注册，如姓名、邮箱、手机号等，并设置密码。注册成功后，使用注册的账号和密码登录系统。

2. 选择职位类别

根据自己的求职意向，在系统提供的职位分类中选择对应的类别。例如，如果是机器人工程专业的学生，可以选择“机器人工程师”“机器人研发岗”等相关职位。

3. 导入简历

单击“导入简历”按钮，选择提前准备好的个人简历文件（支持多种常见格式，如 PDF、DOC、DOCX 等）上传。系统会自动识别简历中的关键信息，如教育背景、实习经历、项目经验、技能特长等，用于生成个性化的面试问题。

4. 开始模拟面试

单击“开始模拟面试”按钮，进入模拟面试环节。AI 面试官会根据职位要求和简历内容提出一系列问题，问题类型可能包括技术问题、行为问题、项目经验相关问题等。例如，可能会问到“请介绍一下你在机器人项目中负责的具体工作”“你对机器人运动控制算法有哪些了解”等。在回答问题时，要注意语言表达清晰、有条理，结合自己的实际经历和专业知识进行回答。

5. 查看反馈与改进

模拟面试结束后，系统会生成详细的反馈报告。报告内容包括对回答的流利度、内容准确性、逻辑性等方面的分析，以及具体的改进建议。例如，可能会指出回答中存在的语言卡顿问题，或者某个技术点回答不够准确等，并给出相应的改进方向。大学生可以根据反馈报告，有针对性地进行学习和练习，不断提升自己的面试能力。

训练活动

活动一　自我介绍训练

1. 活动目的

了解自我介绍在面试中的重要性，做好充分准备；通过模拟训练，掌握自我介绍的技巧，提升面试自信心。

2. 活动步骤及说明

根据目标职业，分析自身优势，并整理自我介绍的思路，上台做自我介绍。其他同学打分并评价，老师点评总结。

活动二　面试礼仪训练

以班级为单位，将全体学生分为若干个小组。每组选出一名代表展示面试中的站姿、坐姿、行姿。其他组的成员对展示的成员进行点评、指正。

第三节　掌握笔试策略

掌握笔试策略

一、笔试前的准备

（一）研究职位要求，熟悉笔试题型

在接到用人单位笔试通知之后，可以先通过多种渠道和方式了解用人单位历年招聘笔试的题型，并模拟真正笔试时的状态做一些模拟题，看看自己能否在规定的时间内完成，正确率有多少，找出错误原因，总结笔试经验，针对自己的弱项进行突击练习。

如果确实找不到往年笔试的题型，则可以通过研究职位招聘中对相关技能要求的说明，间接判断笔试考核的题型和内容。

在做模拟题的时候，建议模拟真实笔试时的状态，尤其是一些考场的特殊规定，如时间的限制、不允许使用计算器等。对多数求职者来说，如果给予充足的时间，招聘的笔试题是能够拿高分的。但很多情况下，为了在笔试阶段尽可能全面、综合地考查求职者的素质能力，用人单位设计的笔试题题量很大，有些求职者在有时间限制的情况下，没有掌握答题的技巧，容易导致不能合理利用时间，情绪受影响，从而发挥失常。

（二）复习相关基础知识和专业知识

在熟悉了笔试题型之后，求职者应该就考核的知识面进行延伸复习，毕竟在真实笔试时碰到做过的笔试题的概率是比较小的。实际上，用人单位招聘笔试题中出现的一些

基础知识及专业知识点很多是在大学课堂上学习过的。笔试前，将相关的知识点复习一遍，有助于从容应对笔试。

（三）明确注意事项

在接到笔试通知之后，一定要把笔试的时间、考场都先确定好，如果不放心，可以事先到考点去“踩点”，以熟悉环境，以免错过笔试。同时，根据笔试通知中的要求，带好相关的物件，包括一些个人证明（如身份证、学生证或者申请职位时的 ID 号等）、笔试用具、计算器（如果允许）等。

笔试注意事项如表 7-3 所示。

表 7-3　笔试注意事项

注意事项	详解
注意时间管理	要有策略地做题，先做擅长的，保证答题率和正确率
营造良好的考试环境	如果在网上考试，要给自己营造一个安静、不被打扰的环境，手机静音，电话拔线，门口挂上“请勿打扰”的标牌，把光线调节到舒服的程度
注意考场纪律	如果是在现场考，一定要遵守监考人员的指示，在没有得到指令的情况下翻阅试卷，很有可能被取消笔试资格

（四）调整好状态

笔试前一天晚上一定要休息好，并在笔试前调整好状态，使自己能够以放松的心态去应对笔试。

二、笔试的基本类型

（一）按考查目标分类

按考查的目标分类，笔试可以分为辅助测试、综合能力测试和英语测试三种类型。

1. 辅助测试

辅助测试包括性格测试、职业能力倾向测试等，通常在求职者投递简历、网上申请时进行，有的用人单位则可能将这类测试安排在面试后进行。这类测试的目的是寻找符合企业文化、具备职位要求的个人特质的理想求职者。如果求职者不符合相应标准，即使其他方面达标也会被淘汰。虽然这种办法有点残酷，却是一种筛选人才的有效方法。

2. 综合能力测试

综合能力测试就是考查求职者各方面的综合素质及能力。这类测试通常以各种题型做任意组合，组合成相应的考查部分。例如，信息技术、电子、通信、机械等方面的企业，在招收技术人员时，就会着重考查逻辑推理能力、数字计算能力及行业相关综合知识。行政能力测试是极具代表性的综合能力测试，用来测试求职者与拟任职位相关的知识、技能和能力。考试题型有言语理解与表达、数量关系、判断推理、常识判断、资料分析等。多做一些行政能力测试题，对于应聘银行、事业单位是非常有帮助的。

3. 英语测试

有些用人单位为评估求职者的英语实际运用能力，会通过设计英文试卷或安排英语听力测试等方式，对求职者的英语水平进行全面考核，其中英语测试的常考题型主要包括英语阅读题和英语写作题。

（1）英语阅读题

英语阅读题在题型设置上，虽然与大学生熟悉的大学英语四、六级考试阅读理解有相似之处，但在阅读材料与考查核心上有着本质区别。英语阅读题的阅读内容多采用商业英文，其行文风格注重规范与清晰，以高效传递关键信息为首要目标，摒弃复杂修辞与繁复句式。在考查要点方面，英语阅读题着重检验求职者的逻辑思维能力，要求其能够突破文字表层含义，通过分析、推理，精准把握文本背后的深层逻辑与核心观点，这与职场中快速理解商务资料的能力要求相契合。

（2）英语写作题

英语写作题是衡量求职者英语运用能力的重要指标。通过英语写作，企业能够直观评估求职者的语言组织、语法掌握、词汇运用以及对特定主题的理解与表达能力。在实际写作过程中，求职者需要展现出严谨的逻辑架构、准确的词汇选择和规范的语法句式，从而满足企业对员工英语书面表达能力的要求，体现自身在职场书面沟通场景下的英语应用水平。

除了上述传统的英语笔试题型，部分企业为更精准地选拔具备商务英语能力的人才，还会采用权威的商务英语测试题，如剑桥商务英语考试、托业考试等。这些测试题紧密围绕商务场景展开，从商务沟通、商务写作、商务谈判等多个维度，全面考查求职者在真实商务环境中的英语实际运用能力。由于不同的商务英语测试各有侧重、适用范围不同，大学毕业生需要结合自身职业发展方向、目标岗位的英语能力要求以及个人英语基础，有针对性地选择备考方向，制订合理的复习计划，从而在求职笔试的英语测试中脱颖而出，提升求职成功率。

（二）按考查内容分类

笔试根据内容可分为技术类笔试和非技术类笔试两大类。

1. 技术类笔试

技术类笔试对求职者相关专业知识的掌握程度要求比较高，所以其题目主要是实际工作中用到的技术性问题，专业性非常强。不同企业技术类笔试题目考查的范围和深度可能会根据求职者学历的不同而有所区别。但一般情况下，对本科生来说，技术类笔试主要考查基本技能和专业基础知识，而不是很难的理论或者非常高深的学问。求职者在笔试前把以前学习过的专业笔记或者考试时用的复习提纲找出来，把一些名词术语、理论定义以及经典例题复习一遍，不用看得太细，熟悉一些基本的知识点即可。同时，保持稳定的心态也是非常重要的。要相信自己的实力，克服自卑心理，增强自信心。

2. 非技术类笔试

非技术类笔试的考查内容非常广泛。除了考查求职者的写作能力、英文阅读及数理分析能力、逻辑思维能力、案例分析能力外，还有可能涉及日常生活常识、时事政治、情景演绎，甚至智商测验等。

三、典型笔试题型解析

（一）解难推理题

这一类题通常会给求职者造成复杂混乱的局面，考查求职者对现有条件的梳理和分析能力，以及通过推理解决问题的能力。推理过程其实不难，但是需要求职者细心和有足够的耐心。解决这类问题就像拼图一样，要把每个图片安排到适当的位置。

【例题】

S 先生、P 先生、Q 先生，他们知道桌子的抽屉里有 16 张扑克牌：红桃 A、Q、4，黑桃 J、8、4、2、7、3，草花 K、Q、5、4、6，方块 A、5。约翰教授从这 16 张牌中挑选出一张，并把这张牌的点数告诉 P 先生，把这张牌的花色告诉 Q 先生。这时，约翰教授问 P 先生和 Q 先生：你们能从已知的点数或花色中推知这张牌是什么牌吗？

于是 S 先生听到如下的对话：

P 先生：我不知道这张牌。

Q 先生：我知道你不知道这张牌。

P 先生：现在我知道这张牌了。

Q 先生：我也知道了。

听罢以上的对话，S 先生想了想后，正确地推出这张牌。

请问：这张牌是什么牌？

【解析】

由“P 先生：我不知道这张牌”可知，此花色牌的点数只能包括 A、Q、4、5，如果此牌只有一种花色，P 先生知道这张牌的点数，P 先生肯定知道这张牌。

由“Q 先生：我知道你不知道这张牌”可知，此花色牌的点数只能包括 A、Q、4、5，符合此条件的只有红桃和方块。Q 先生知道此牌的花色，只有红桃和方块花色包括 A、Q、4、5，Q 先生才能做此判断。

由“P 先生：我现在知道这张牌了”可知，P 先生通过“Q 先生：我知道你不知道这张牌”判断此花色为红桃和方块，P先生又知道这张牌的点数，P先生便知道这张牌。据此，排除A，此牌可能是Q、4、5，如果此牌点数为A，P先生还是无法判断。

由“Q先生：我也知道了”可知，花色只能是方块。如果是红桃，Q先生排除A后，还是无法判断是Q还是4。

综上所述，这张牌是方块5。

（二）数学推理题

认真阅读题目，明确题目类型、已知条件和所求问题。特别注意题目中的关键信息、限制条件以及可能隐藏的规律。

【例题】

有一种体育竞赛共含M个项目，有运动员A、B、C参加。在每一个项目中，第一、第二、第三分别得X、Y、Z分，其中X、Y、Z为正整数且X>Y>Z。最后A得22分，B与C均得9分，B在百米赛跑中取得第一。求M的值，并问在跳高中谁得第二名。

【解析】

因为A、B、C得分共40分，前三名得分都为正整数且不等，所以前三名得分之和最少为6分，40=5×8=2×20=1×40，不难得出，项目数只能是5，即M=5。A得分为22分，共5项，22=5×4+2，说明有4项各得5分，有1项得2分。又在百米赛跑中B得第一，则A只能得第二。所以每一项第一名得分只能是5，第二名得2分。故A应得4个第一名、1个第二名。B的5项共9分，其中百米赛跑第一得5分，其他4项全是1分，9=5+1+1+1+1，即B除百米赛跑第一外全是第三，跳高第二必定是C。

（三）智力题

这类题主要考查求职者解决问题的创造性思维和逻辑分析能力。

【例题】

开关控制灯问题：在房内有三盏灯，房外有三个开关，在房外看不见房内的情况下，只能进门一次，用什么方法来区别哪个开关控制哪一盏灯？

【解析】

首先在房外随便打开一个开关，过一段时间将刚才打开的开关关闭，再从另外的两个开关中任意打开一个。然后进入房间，摸摸灯泡，最烫的就是第一次打开的开关所控制的，现在正在亮着的灯泡就是第二次打开的开关控制的，剩下的一个灯泡就是没动过的那个开关控制的。

（四）逻辑推理题

逻辑推理题几乎是所有企业招聘笔试中必考的题型。顾名思义，逻辑推理题就是考查求职者逻辑思维及推理能力的考题。这类题型多种多样，形式丰富，从基础到专业到高级，层出不穷。更有甚者，嵌套复杂的数学问题，要求求职者编制出程序来解决。逻辑推理题有语言推理、解难推理、编程推理等。

【例题】

绿色壁垒是指一些国家和国际组织通过制定环境标准和法规，为保护生态环境、人类以及动植物生命安全与健康而直接或间接采取的各种限制或者禁止贸易的措施，它是能对进出口贸易产生影响的一种非关税贸易壁垒。

根据上述定义，下列属于绿色壁垒行为的是（　　）。

A. 某大型连锁超市只销售通过绿色食品检验的进口农产品

B. 一家纺织品进出口公司销往欧洲的10余吨棉纱，因检测出含有禁用的偶氮染料而停止出口

C. 某公司向国外出口大蒜，因途中货轮上的温控设施出问题，部分大蒜到港后变质，结果所有大蒜被退回

D. 一家工厂生产的木质卧室家具在美国市场的销量非常可观，但由于美国提高了木质卧室家具的关税，其出口量大受影响

【解析】

定义的关键词句是：①主体为国家和国际组织；②为保护生态、人类以及动植物生命安全与健康；③非关税贸易壁垒。A项行为是超市的自主商业决策，并非由国家或国际组织强制实施的环境法规或标准而引起的，应排除；“绿色壁垒”是非关税贸易壁垒，由此可排除D项；C项停止出口是因为产品变质，也不属于②范畴；只有B项符合定义的各项要求。故答案为B。

笔试的题目林林总总，解题的方法各式各样，但都离不开熟能生巧的基本法则。只要平时多积累、常思考，在丰富多样的笔试中总结经验、举一反三，求职笔试就能轻松应对。

训练活动

活动一　搜集目标岗位笔试题

公务员、事业单位考试及技术性较强的企业岗位会要求笔试，根据目标岗位搜索历年各企业笔试题做练习，熟悉笔试题型和内容。

活动二　笔试之综合测试卷

1. 活动目的

锻炼综合笔试能力。

2. 活动步骤及说明

下面是常见的笔试综合测试题，请分别作答。

1）谈谈你最近关注的热点问题（至少5个）及其看法。

2）谈谈你自己的 3 个优点和 3 个缺点，并举例说明。

3）想想你手中笔的作用有哪些，越多越好。

4）画一幅画描述自己求职时的心情，并用简单文字说明。

5）你是否愿意接受 45 天的基层锻炼安排？说出自己的看法，200 字以上。

课外实践

借助 AI 模拟面试

选择一款 AI 模拟面试软件，进行至少三次模拟面试。每次模拟后，根据软件反馈，分析自身在语言表达、回答内容、肢体语言等方面的不足，制定有针对性的改进措施。

本 章 回 顾

第八章 权益守护——筑牢就业安全防线

学习目标

知识目标

（1）了解毕业生享有的就业权益与就业义务以及常见的求职陷阱。

（2）了解就业协议书与劳动合同的含义及签订要点，清晰把握违约责任与劳动争议的界定及处理方式。

技能目标

（1）能够熟练运用所学知识，维护自身就业权益。

（2）熟练掌握应对求职陷阱的方法，有效规避求职风险。

素养目标

（1）培养在求职就业过程中理性分析、冷静应对风险的心理素质。

（2）增强知法、守法、用法的法律意识，积极维护自身合法权益。

案例导读

小周的就业波折

小周是一名即将毕业的大学生，在校期间成绩优异，综合表现也不错。在大四上学期的校园招聘季，他成功获得了一家心仪企业的录用意向。企业通知他，在毕业取得毕业证和学位证后，按照企业规定的流程办理入职手续即可。

小周满心欢喜，觉得自己的工作已经尘埃落定。毕业后，他没有仔细去了解企业发送给他的报到须知邮件，也没有主动联系企业的人力资源部门确认报到的具体细节。他想当然地认为，只要带着毕业证和学位证直接去就行。

当小周在7月初，自以为准备妥当前往企业报到时，却发现问题重重。首先，企业要求提供的报到材料除了毕业证和学位证，还有就业推荐表，小周发现自己找不到这个表了，只能找学校补办。其次，企业规定的报到期限是6月20日至6月30日，他报到时已经超过了报到时间。

小周急忙联系学校补办就业推荐表，但由于毕业季办理手续的学生很多，流程烦琐，需要一定时间。同时，他向企业解释自己的情况并请求宽限报到时间，企业表示需要向上级请示，而且可能会因为他未按时报到影响入职流程。

经过一番波折，小周最终在7月底才成功办理入职手续，比同期入职的同学晚了近一个月，这一个月的就业延期让小周错失了一些初期培训和项目参与的机会，也让他懊悔不已。

（根据学生真实案例改编）

分析：

首先，小周在收到录用通知后，没有认真阅读企业发送的报到须知邮件，对于报到所需的材料、时间、地点等关键信息没有进行详细了解和确认。在就业过程中，企业发送的通知往往包含完整的就业程序说明，认真阅读并确认是确保按时、顺利报到的第一步。其次，小周对就业推荐表重视程度不够，反映出他在就业前没有对整体的就业程序进行学习和了解，不熟悉毕业流程与就业报到流程之间的衔接。大学生在就业报到前，应熟知大学生就业程序、用人单位的招聘程序及毕业生报到程序，以实现顺利就业。

第一节　维护就业权益

维护就业权益

一、毕业生的择业与就业权益

择业与就业权益是指劳动者在择业与就业过程中所拥有的权利和所应该获得的利益。劳动者在国家法律允许的范围所实现的择业与就业及其权益受到法律保护。

（一）大学生在择业过程中享有的权益

除了普通劳动者所享有的一般权利外，大学生在择业过程中还享有以下权益。

1. 接受就业指导权

接受就业指导权，是指大学毕业生有权从学校、社会、国家获得及时、有效的就业指导与就业信息服务。接受就业指导对大学生来说意义重大，就业指导工作会直接影响大学生的就业方向、就业意识、就业技巧等。

《中华人民共和国高等教育法》规定：“高等学校应当为毕业生、结业生提供就业指导和服务。”高校除了应将就业指导纳入大学生课程体系外，还应当成立专门的就业服务机构，安排专业人员对毕业生进行就业指导，包括向毕业生宣传国家有关就业的方针政策，对毕业生进行择业技巧的指导，引导毕业生根据国家和社会的需要、结合个人实际情况进行择业等，使毕业生通过接受就业指导，准确定位并合理择业。由此可见，接受就业指导和服务是大学毕业生的一项重要权益。

2. 就业信息知情权

就业信息知情权，是指大学毕业生拥有及时全面地获取各种公开就业信息的权利。从广义上来说，就业信息既包括与毕业生求职择业相关的国家有关方针、政策与法规，也包括国家宏观经济发展状况和各个地区与行业的发展情况，还包括用人单位的规模、性质、产品、市场、企业文化、工作环境、学习培训、福利待遇等情况，以及专业需求、上岗条件、未来发展前景等工作岗位的具体信息，这些都是毕业生择业、就业的基础。

大学生就业信息知情权包括三方面含义：①信息公开，即就业信息对任何毕业生来说都应该是公开透明的，任何团体、组织和个人都不得隐瞒、截留用人信息或者公布虚假用人信息；②信息及时，即毕业生获取的就业信息必须是及时、有效的，不能将过时的无利用价值的信息传递给毕业生；③信息全面，即毕业生有权获得准确、完整、全面的就业信息，以便对单位、职位情况有更加深入和全面的了解，进而根据自己的实际情况做出恰当的职业选择。

3. 接受就业推荐权

接受就业推荐权，是指高校毕业生拥有被学校如实、公正、及时推荐到用人单位就业的权利。学校的推荐对毕业生的就业有着重要影响。事实证明，学校的推荐往往在很大程度上影响用人单位对毕业生的态度。

毕业生享有被推荐权包括以下几方面内容。

（1）如实推荐

如实推荐是指高校在对毕业生进行推荐时，应实事求是，根据毕业生本人的实际情况向用人单位进行介绍、推荐，不能故意贬低或随意抬高毕业生的在校表现。

（2）公正推荐

学校对毕业生进行推荐应做到公平、公正，应给每一个毕业生以就业推荐的机会，不能厚此薄彼。

（3）择优推荐

学校应根据毕业生的在校表现，在公正、公开的基础上，择优推荐。用人单位在录用毕业生时也应坚持择优标准，真正做到优生优用、人尽其才。

4. 就业选择自主权

就业选择自主权，是指在国家就业方针、政策的指导下，高校毕业生有按照自己的意愿选择职业的权利，包括自由选择是否从事职业劳动，从事何种职业劳动，何时从事职业劳动，在哪一类或哪一个用人单位从事职业劳动等权利。毕业生的就业选择自主权，否定了行政安置和强制劳动，充分体现了毕业生在人才市场自主择业的权利。

5. 平等就业权

平等就业权，是指根据国家相关法律法规及政策，高校毕业生在择业过程中享有平等权利，不因民族、种族、性别、信仰、身体条件、社会出身等原因，受到就业歧视或被排斥，被剥夺就业机会。这种平等不仅体现在符合招聘条件的毕业生都可以平等地接受学校推荐，参加单位公开招聘，进行公正、平等竞争，而且要求用人单位在录用毕业生和确定福利待遇时要做到公平、公正，一视同仁。

6. 隐私保护权

隐私保护权，是指毕业生在求职择业过程中，不可避免地要将自己的部分信息提供给用人单位，但这些信息仅限于与应聘岗位招聘条件密切相关的范围之内。不经毕业生同意，任何单位或个人都不得将毕业生的个人信息随意发布和使用，用人单位更无权以招聘考核为名过问毕业生的各种隐私。

（二）大学生在就业过程中享有的权益

1. 过渡期保障权

过渡期保障权，是指大学毕业生在实习期、试用期、见习期所应享有的保障个人各方面利益的权利。大学毕业生相对用人单位来说处于弱势地位，由于相关法律法规还不健全，大学生在从学校到职场的过渡期中的许多权益往往会受到一些用人单位的侵害。《中华人民共和国劳动合同法》首次规定了试用期期限的设定和试用期工资的最低水平，在一定程度上为劳动者试用期的各种权利提供了保障。

2. 就业签约权

就业签约权，是指大学毕业生与用人单位达成就业意向后，需要通过签订就业协议将双方已经达成的约定，以书面形式落实下来，并对双方的责任、权益进行明确的书面说明。不签订就业协议或协议的内容和条款过于笼统甚至违法违规，都是对大学毕业生就业权益的侵犯。法律更不允许单位或个人采取欺诈和胁迫的方式要求大学毕业生签订就业协议。

3. 违约求偿权

违约求偿权，是指大学毕业生在与用人单位签订就业协议后，如果用人单位无故违约或解约，大学毕业生有权要求用人单位进行相应的赔偿。大学毕业生就业协议一经签订，毕业生、用人单位、学校三方都应严格履行，任何一方不得擅自毁约。如果用人单位无故要求解约，大学毕业生有权要求对方严格履行就业协议；否则，用人单位应对毕业生承担违约责任，并支付违约金。

二、毕业生的就业义务

（一）遵守法律法规与政策规定

毕业生在就业过程中，必须严格遵守国家和地方的就业法律法规、政策规定，不得通过伪造学历证书、编造虚假实习经历等不正当手段获取就业机会。例如，如实填报个人信息，确保提交的简历、证明材料真实有效，避免因违规行为导致就业协议无效或承担法律责任。同时，应主动了解并贯彻国家就业方针，积极响应基层就业、乡村振兴等政策号召，履行作为公民的社会责任。

（二）履行诚信签约义务

毕业生与用人单位签订就业协议，应信守承诺，不得无故单方面毁约。在签约前应充分了解用人单位情况，审慎做出就业选择；签约后若因特殊原因需要解除就业协议，应提前与用人单位沟通协商，按照约定程序办理相关手续，并妥善处理善后事宜，维护就业市场的信用秩序。

（三）配合学校就业工作

毕业生有义务配合学校完成就业相关工作，及时提供准确的就业信息，如实反馈就业进展情况。在接受学校就业指导和推荐过程中，应尊重指导教师意见，积极参与学校组织的就业培训、双选会等活动，主动完善职业素养，提升就业竞争力。

（四）维护自身与他人就业权益

毕业生在维护自身合法权益的同时，不得损害他人就业权益。不得通过不正当竞争手段干扰他人求职，如恶意诋毁竞争对手、窃取他人求职信息等。在就业过程中发现用人单位存在违法违规行为，应通过合法途径反映问题，共同维护公平有序的就业环境。

三、维护就业权益的方法

增强自我保护意识有助于维护大学生的就业权益。增强自我保护意识主要从增强法律意识、契约意识、维权意识、证据意识、诚信意识等方面入手。

（一）增强法律意识

市场经济是法治经济，大学毕业生就业也受到法律体系的保护。因此，大学毕业生必须了解与就业相关的法律法规、政策制度，了解劳动用工的相关规定，逐步增强法律意识，学会使用法律武器维护自身权益。

（二）增强契约意识

契约意识包括两方面内容：①通过就业协议来保护自己合法权益的意识；②必须严格遵守就业协议的意识。大学毕业生与用人单位签订的协议是一种合同，是确立双方当事人之间劳动关系的一种契约，具有法律效力。因此，大学毕业生要谨慎签约、积极履约。协议一旦订立，双方都必须遵守，任何一方未经对方同意都不得擅自毁约、违约等，否则将承担违约责任。

（三）增强维权意识

由于大学生就业市场发育还不够成熟，法律制度尚不健全，损害大学生合法权益的现象时有发生。因此，具有强烈的维权意识，在碰到问题时能够拿起法律的武器积极保障自己的权益，是大学毕业生自我权益保护的实质性一步，是由观念转化成行动的重要一步。大学毕业生只有在掌握法律政策、具有良好法律意识和积极维权意识的情况下，才能平等地与用人单位进行对话，据理力争，从而保障自己的权益免遭侵害。

（四）增强证据意识

大学毕业生在求职就业过程中，应当树立证据意识。

1. 收集证据的意识

大学毕业生在求职时要有意识地要求用人单位出示或提供相关资料，如要求用人单位出示营业执照、要求对方出示表明身份的证件等。

2. 保存证据的意识

大学毕业生要注意保存现有的证据，如招聘海报、往来传真、邮件等，以便将来在仲裁法庭或进行诉讼时维护权益。

3. 运用证据的意识

大学毕业生要有用证据证明事实的意识，知道什么样的事实需要什么样的证据，要明确举证责任是在对方还是在己方。

（五）增强诚信意识

大学毕业生诚信意识的培养和权益的自我保护，主要包括两方面：①大学毕业生在求职过程中必须如实向用人单位介绍自己的情况，如果故意隐瞒自己的情况、欺骗用人单位，则可能导致就业协议无效，由此会承担缔约过失责任；②能够意识到用人单位是否诚信。目前，大学毕业生就业形势严峻，一些毕业生不敢向用人单位问太多问题、提过多要求，而认为用人单位说的都是对的，用人单位要求的就应该去做，从而在不知不觉中使自己的权益遭受侵犯。

训练活动

活动一　试用期内的权益

1. 活动目的

阅读下面的案例，讨论求职者在试用期内享有哪些权益。

应届毕业生黄同学被一家公司录用，与他一起被录用的还有6名职员，他们7人被分配到不同的部门实习，黄同学被分配到一家电子商城售卖电子产品。经理让他在公司柜台销售电子产品，一是为了让他熟悉公司的业务；二是为他以后的工作奠定基础；三是让他了解市场动态，听取顾客的意见，方便公司改进产品。实习期间，黄同学每个月的销售业绩都超过公司制定的销售目标，于是黄同学认为凭借这3个月实习期的销售业绩，公司肯定会录用自己。结果，实习期结束后，经理却让他回去等消息，黄同学等了2个月后给公司人事经理打电话，却得知自己没有被公司正式聘用。当初与他一同实习的6名职员也都没有被正式聘用，而且他们6人也是在公司的摊位销售了3个月的电子产品。6个月后，黄同学无意间来到这家公司的柜台前，发现柜台前站着一批新的应届毕业生。

2. 活动步骤及说明

1）以班级为单位，将全体学生平均分为若干个小组，每个小组以6～10人为宜。

2）以小组为单位，通过查阅资料，将讨论内容和结果以书面的形式记录下来。

活动二　借助AI明确就业权益内容

根据学习到的毕业生就业权益的内容，选择一个通用AI工具，输入提示词，如“详细说明就业过程中就业信息知情权的内涵，以及常见的侵犯就业信息知情权的情形有哪些？”或“在就业协议签订过程中，如何通过法律保障自己的违约求偿权？”。如果想获得维权指导，可询问AI具体的维权方式，如输入“如果就业权益被侵犯，应该通过哪些途径维护自身权益？请分步骤说明”。

第二节　识破求职陷阱

识破求职陷阱

一、常见的求职陷阱

大学毕业生在就业过程中，会面临各种竞争和挑战。同时，由于就业形势严峻、就业困难，还可能会遇到各种各样的求职陷阱。常见的求职陷阱如下。

（一）虚假招聘

有些用人单位在招聘会上为了招到条件好的毕业生，便会夸大或隐瞒自己的真实情况。例如，有些用人单位故意夸大单位规模和岗位数量，进行虚假宣传；有些用人单位把招聘职位写得冠冕堂皇，不是“经理”就是“总监”，实际上却是“办事员”“业务员”；有些用人单位没有招聘计划，只是为了做广告而在媒体上发布招聘消息，把招聘当成了形象宣传；有些用人单位借招聘之名，获取毕业生的联系方式并进行诈骗活动；等等。

（二）收费陷阱

在就业市场中，一些用人单位利用大学毕业生求职心切的心理，巧立名目向大学毕业生收取各种不合理费用，如风险抵押金、违约金、培训费、服装费等。有些用人单位开出诱人条件，如留在某大中城市工作能解决在该城市落户等。在面试过程中，用人单位表示为了增加双方的信任，大学生在工作之前必须交纳一定的押金，等大学生交完押金并工作一段时间后，用人单位的有关人员就表示聘用之初说定的工作岗位要有些调整，可能需要将入职的毕业生派到其他部门，如果不愿意去，就以不服从单位安排为由不退其押金。

求职者小王大学毕业后急切想找一份满意的工作。经人介绍，他在网上与 A 中介机构建立了联系。A 机构称缴纳 6.5 万元中介费便可安排小周去 B 集团做销售，月薪 2 万元，提成另算。小周在 A 机构的网页上没有看到其人力资源服务许可证及相关信息，当他询问情况时，A 机构搪塞说许可证正在办理中，肯定不会有问题。碍于朋友情面，小周便没有再深究，很快与 A 机构签署了服务协议并支付了中介费。随后，A 机构告知小周，B 集团因故不招人了，安排小周去 C 公司工作。小周入职 C 公司后，发现工资仅有 4000 元，日常工作压力非常大，还没有社保，与当初介绍的情况完全不一样。当小周想请 A 机构再介绍一份工作或退还中介费时，却发现已经联系不上该机构了。

（三）试用期陷阱

劳动合同的试用期，是指用人单位和劳动者为了相互了解而选择、约定的考察期。在这段时间，用人单位考察劳动者的工作能力，劳动者也考察用人单位的情况，是双方互相试用的过程。但是，一部分用人单位却利用试用期大做文章，主要表现为：①试用期过长或与签订的劳动合同期限不符；②要求毕业生在试用期内承担违约责任；③在试用期内无正当理由辞退毕业生；④以见习期代替试用期；⑤续签劳动合同时重复约定试用期；⑥将试用期从劳动合同期限中剥离；⑦仅仅订立一份试用期合同；⑧试用期工资低于当地的最低工资；⑨试用期内单位不缴纳社会保险费等。

由于试用期的工资、福利待遇和正式录用后差异较大，而招聘费用又微乎其微，一些用人单位抓住大学毕业生急于找工作的心理，通过这种无休止的“试用”来获取大学毕业生廉价的劳动力。

（四）传销陷阱

传销，是多层次直销和层压式推销的合称。传销属于一种经济犯罪行为，受到国家的严令禁止。非法传销者首选对象常常是急于找工作的人，特别是刚刚毕业的大学生。他们先是以帮忙找工作为由，以高薪为诱饵，因人而异，投其所好，欺骗求职者去进行非法传销活动。求职者一旦进入陷阱，其人身自由便被限制，被迫从事传销活动，要么交入门费，要么花钱购买传销产品作为入门条件。传销组织者还采取扣留身份证、控制通信工具、监视等手段不让受骗者离开，强迫他们联系亲友前来，或者寄钱寄物从中牟利。

一家自称某电信服务代理商的公司，在网络招聘平台发布招聘信息。该公司对所有应聘者一概录用，并要求应聘者入职时办理每月 159 元、押金 1440 元、合约期为 24 个月的 5G 通信套餐员工卡，应聘者唯一的工作就是每月招聘不少于 10 名新人，以此不断发展下线。很多人被骗，有的受害者甚至深陷其中，在该公司被打击处理后依然不认为自己已落入骗局并从事了违法活动。对此，有关部门向受害者讲解国家禁止及打击传销活动的法律规定，剖析传销陷阱及其严重危害，让受害者认识到传销活动无论包装成什么样、变换什么形式，都改变不了其违法犯罪的实质。

（五）就业协议陷阱

就业协议是明确毕业生、用人单位在毕业生就业择业过程中权利和义务的书面协议。就业协议一经签订，对双方都具有约束力。按照有关规定，就业协议不能代替劳动合同或聘用合同，这样就可能在毕业生和用人单位之间产生纠纷。常见的毕业生签订就业协议过程中遇到的陷阱主要包括：用人单位不与毕业生签订就业协议书；用人单位不根据就业协议书的约定与毕业生签订书面劳动合同；用人单位不将就业协议中的承诺写入劳动合同；用人单位与毕业生签订“霸王合同”。

（六）智力陷阱

有些用人单位按程序假装对应聘毕业生进行面试，再进行笔试。在面试、笔试时，把本单位遇到的问题以考察的形式要求前来应聘的毕业生作答或设计，待毕业生利用专业优势完成后，再找各种理由推辞，结果无一人被录用，而用人单位却将应聘毕业生的劳动果实据为己有，使其陷入智力陷阱。

（七）职位陷阱

职位陷阱形式多样，如招聘广告中职位薪资水平具有误导性，实际工资远低于所标数字；职位描述模糊不清，求职者难以明确实际工作内容与要求；承诺高额薪资，但背后是超长的工作时间与巨大的工作压力；招聘要求的技能和经验远超实际工作所需，误导求职者应聘。

（八）内推陷阱

个别中介机构或个人声称能帮助求职者内推进知名企业并优先录取，借此收取高额费用。然而，此类“内推”往往无法兑现承诺，本质是骗取钱财。

（九）“培训贷”陷阱

个别中介机构或用人单位以高薪就业为诱饵，承诺培训后包就业，但要求毕业生支付培训费用。培训结束后，却难以履行就业承诺，导致毕业生背负高额借贷，或花费高价培训后仍未就业。

（十）境外高薪诱骗陷阱

一些不法分子将电信诈骗、网络赌博等违法犯罪活动包装成境外“高薪”工作，吸引求职者。求职者一旦上钩，可能被拐骗至境外，被迫从事违法犯罪活动。

拓展阅读

AI 诈骗的形式及防骗建议

1. AI 诈骗形式多样

AI 诈骗主要有以下类型。

（1）语音合成诈骗

不法分子利用 AI 技术，合成受害人亲友或熟人的声音，让受害人误以为是亲友或熟人需要帮助，进而实施电话诈骗。

（2）图像生成诈骗

不法分子通过 AI 技术，生成虚假的照片或视频，制造出受害人亲友紧急且合理的情景，从而获取个人信息，骗取钱财。

（3）智能客服诈骗

不法分子利用 AI 技术，制作智能客服系统，通过语音或文字同受害人交流，诱骗受害人提供个人信息或进行转账操作。

（4）AI 情感诈骗

不法分子运用 AI 训练面向网聊的大语言模型，通过伪造场景、声音与受害人建立情感关系，进而获取个人信息。

2. AI 诈骗防骗建议

视频通话时，让对方做出指定动作，如眨眼 3 次、摸摸鼻子，或者让对方用手指或其他遮挡物在脸前晃动，如果画面出现延迟或者异常扭曲等不自然的微小变化，那么对方很可能正在使用“AI 换脸”技术。在与对方沟通的过程中，也可以问一些只有对方知道的问题，如生日、电话号码、喜好等，来验证对方身份的真实性。还应该提高安全防范意识，防止个人脸部信息被非法获取利用。在非必要情况下，不向陌生人提供身份证号码、工作单位、家庭住址、职务等重要信息，不将身份证照片或号码保存在手机中，尽可能避免将人脸、照片、声音、指纹等留存到网站和小程序上。在日常生活中，加强对人脸、声音、指纹等生物特征数据的安全防护，做好个人手机、计算机等终端设备的软硬件安全管理，不登录来路不明的网站，以免感染木马病毒。另外，对可能进行声音、图像甚至视频和定位等信息采集的应用，做好授权管理，不轻易给他人收集个人信息的机会。

二、求职陷阱应对措施

在就业市场上，大学生是一个弱势群体。由于对就业法规、就业市场不了解，以及大学生自身素质的缺乏，毕业生在找工作的过程中容易遭遇各种各样的求职陷阱。因此，在就业过程中，有必要采取一定的措施来防范和应对求职陷阱。

（一）仔细鉴别各类就业信息，有效识别求职陷阱

毕业生对来自不同渠道的招聘信息，要有一定的真伪辨别能力，有效识别就业信息的陷阱。一般来自学校就业网站和校园招聘会的信息是最可信赖的，但学校就业部门毕竟只能起一道“防火墙”的作用，要真正甄别真假，还要自己多了解；对信息量最大的网上招聘不能轻信，真正比较权威的网站应该是与政府人事部门、教育部门有链接的官方网站；对社会上举办的招聘会不能“漫天撒网”，应该有所选择，否则会有让自己的简历落入非法中介机构的风险；在得到应聘机会时，要注意从多方面了解用人单位是否合法规范，如可以从市场监督管理部门的网站上查找该单位的信息，从已就业的学长、学姐那里了解该单位的声誉，在参加面试时观察该单位的工作氛围、人员素质等。

（二）了解国家有关的就业政策和法律法规，切实提高自身法律意识

毕业生应了解目前国家关于毕业生就业的有关方针、政策和法律法规，熟悉毕业生在就业过程中的权利和义务。如果在就业过程中因所谓的公司规定或部门规定而与国家政策法规有抵触，侵犯自己的权益，则可依据法规办事，维护自己的合法权益。一般来说，《普通高等学校毕业生就业工作暂行规定》《中华人民共和国劳动法》《中华人民共和国劳动合同法》《中华人民共和国公务员法》以及高校所在省（自治区、直辖市）就业政策、地方性法规等，毕业生都应该有所了解。

（三）端正就业态度，平等地与用人单位交往

尽管面临严峻的就业形势，但毕业生在求职中不能低三下四、任人摆布，更不应怨天尤人、听天由命。毕业生应积极主动，有尊严、有信心地与用人单位进行平等交往。求职与招聘是一个双向选择的过程，双方是平等的，在招聘过程中毕业生一定要尽可能地了解用人单位的情况，特别是对自己所关心的薪酬标准、岗位安排、社会保险、试用期等具体问题和不清楚的地方一定要问明白，尽量减少承诺中的“不确定成分”。

（四）慎重签订就业协议书，注意约定条款的合理性

就业协议书是学校、毕业生、用人单位三方的协议书，是国家教育行政主管部门规定的统一格式的文本，属于意向性协议。应该注意的是，就业协议书虽然不是劳动合同，但也牵涉违约金的问题，所以签订就业协议书之前也要三思而后行。在签订就业协议书之前，毕业生除了要了解和掌握国家的就业政策和规定、明确就业单位的具体工作部门和工作岗位、全面了解用人单位外，还应该进一步明确双方的权利和义务，注意约定条款的合理性。有些用人单位与毕业生签订就业协议书时会附加补充协议或增加某些条款，进一步明确用人单位与毕业生之间的权利和义务，毕业生在签订这些条款时，一定要仔细研究，力求了解条款的内容和含义，以免日后发生争议。

另外，毕业生在签订就业协议书时，也要注意与劳动合同的衔接，应尽量将劳动合同的内容体现在就业协议的约定条款中，并明确表示在今后订立劳动合同时予以确认。

训练活动

活动一　了解你身边的求职陷阱

1. 活动目的

了解求职陷阱，应对求职陷阱。

2. 活动步骤及说明

1）组织办法：将全体学生分为若干个小组，结合所学内容，通过搜集相关信息，模拟各种求职陷阱，以小组为单位自编自演。

2）活动分享：针对各小组的表演内容，组织学生进行讨论和分享。

以下内容可以作为情景设计的参考。

企业在招聘面试中对毕业生权益的典型侵害主要有以下几种。

1）歧视行为。其中常见的是性别歧视。一些企业在招聘中不招收女生或提高同一岗位女生的学历、技能等方面的要求，变相对女生设置就业障碍。《中华人民共和国劳动法》规定，妇女享有与男子平等的就业权利。此外，还有形象歧视、身高歧视等。

2）虚假广告。一些企业在招聘会上为了招到优秀的毕业生，会夸大或隐瞒自己的某些情况。如果在这种企业工作，可能会错失良机，错过真正适合自己的、好的企业或岗位。

3）侵害应聘学生的知情权。面试时企业会向学生提出各种问题，了解学生的情况，而当学生询问企业情况的时候，企业就会回避问题。

4）利用招聘面试等侵犯学生尤其是女生的隐私权。少数企业会在面试时向女生提出“有没有男朋友”“是否有未婚同居行为”等过分、无礼的问题。面对这样的问题，学生有权拒绝回答，甚至可以向司法部门举报。

5）企业招聘的霸王条款。在人才市场供大于求的环境下，许多招聘霸王条款让大

学生敢怒而不敢言。

活动二　求职陷阱大曝光

组织学生以小组为单位，制作“求职陷阱大曝光”主题海报，内容包含常见求职陷阱类型、特点、防范措施等，在校园内张贴展示，提高全体学生的防范意识。

第三节　签订就业协议

签订就业协议

一、就业协议书的含义与签订

（一）就业协议书的含义

就业协议全称是全国普通高等学校毕业生就业协议书，又叫三方协议。它是明确大学毕业生、用人单位、学校三方在毕业生就业工作中的责任、权利和义务的书面表现形式，能够解决大学毕业生户籍、档案、保险等一系列相关人事劳动问题，是对大学毕业生、用人单位、学校都具有约束力的文书契约。就业协议书一式三份，毕业生、用人单位和学校各保存一份，由教育部高校学生司统一制表、省（自治区、直辖市）毕业生就业工作主管部门统一印制。

（二）就业协议书的签订

1. 就业协议书签订的原则

（1）主体合法原则

签订就业协议书的当事人必须具备合法的主体资格。如果毕业生在派遣时未取得毕业资格，用人单位可以不予接收而无须承担法律责任。用人单位应具有从事各项经营或管理活动的能力，有录用毕业生计划和录用自主权，否则毕业生可解除协议而无须承担违约责任。

（2）平等协商原则

双方法律地位平等，不得将一方的意志强加到另一方；学校不得采用行政手段要求毕业生到指定单位就业。

2. 就业协议书签订的流程

（1）前期准备

毕业生需要在学校指定的就业平台或相关网站完成注册与登录，部分平台可能需要用学信网账号登录。同时，完善个人信息，如基本资料、求职意向、教育背景、实习经历等。

用人单位也需要在对应平台注册账号，填写单位信息，包括企业简介、招聘岗位、薪资待遇等内容，并通过平台的资质审核。

（2）签约流程

若用人单位已注册平台账号，可采取线上的形式签约。用人单位在系统向学生发起邀约，毕业生登录就业平台线上签约模块，查看邀约详细信息。若信息无误则单击“同意”按钮，进入院校审核。学校审核通过后，线上签约完成，毕业生和用人单位可查看或下载就业协议书。

若用人单位未注册平台账号，可采取线下的形式签约。毕业生登录就业平台线下签约模块，单击“录入协议书”按钮，填写签约相关信息生成协议书。下载打印纸质协议书后交给企业核对并盖章，将盖完章的协议书以图片形式进行上传，院校审核通过后线下签约完成。

二、劳动合同的含义与签订

（一）劳动合同的含义

劳动合同是劳动者与用人单位之间确立劳动关系，明确双方权利和义务的协议。劳动合同应当以书面形式订立。

（二）劳动合同的签订

1. 劳动合同签订的时间

用人单位与劳动者应当在建立劳动关系的一个月内签订劳动合同。用人单位自用工之日起超过一个月不满一年未与劳动者订立书面劳动合同的，应当向劳动者每月支付两倍的工资。如果超过一年未签订书面劳动合同，自用工之日起满一个月的次日至满一年的前一日向劳动者每月支付两倍的工资，并视为自用工之日起满一年的当日已经与劳动者订立无固定期限的劳动合同。

2. 劳动合同的必备条款

毕业生在签订劳动合同之前，应与用人单位认真协商，不可以草率签订，特别要注意劳动合同是否具备《中华人民共和国劳动合同法》规定的必备条款，以及有关用人单位义务和劳动者权利的条款是否缺失。

《中华人民共和国劳动合同法》第十七条规定，劳动合同应当具备以下条款：

1）用人单位的名称、住所和法定代表人或者主要负责人；

2）劳动者的姓名、住址和居民身份证或者其他有效身份证件号码；

3）劳动合同期限；

4）工作内容和工作地点；

5）工作时间和休息休假；

6）劳动报酬；

7）社会保险；

8）劳动保护、劳动条件和职业危害防护；

9）法律、法规规定应当纳入劳动合同的其他事项。

劳动合同除上述规定的必备条款外，用人单位与劳动者可以约定试用期、培训、保守秘密、补充保险和福利待遇等其他事项。

拓展阅读

就业协议书与劳动合同的区别

就业协议书和劳动合同都是用人单位与毕业生所订立的协议，都具有法律效力。两者既有联系，又有区别，分别签订于毕业生就业过程的不同阶段，其区别主要表现在以下几个方面。

1. 主体不同

就业协议书适用于毕业生与用人单位、学校三方之间，学校是就业协议书的签署方或签约方；劳动合同只适用于劳动者与用人单位之间，与学校无关。

2. 内容不同

就业协议书的内容主要是毕业生如实介绍自身情况，并表示愿意到用人单位就业，用人单位表示愿意接收毕业生，学校同意推荐毕业生并列入就业方案；劳动合同是毕业生与用人单位有关从事具体工作及享受何种待遇等权利与义务的约定，内容更为具体，劳动权利和义务更为明确。

3. 目的不同

就业协议书是毕业生和用人单位关于将来就业意向的初步约定，是对双方的基本条件及即将签订的劳动合同的部分基本内容的大体认可，是编制毕业生就业方案和将来双方订立劳动合同的依据，一经毕业生、用人单位（或用人单位主管部门）、学校签字盖章，即具有一定的法律效力；劳动合同是为了维护双方的合法权益而签订的。

4. 时间不同

就业协议书一般在毕业生毕业之前签订；劳动合同往往在毕业生到用人单位报到后才签订。如果毕业生与用人单位就工资待遇、保险等事先有约定，也可以在就业协议书的备注条款中予以注明，日后订立劳动合同对这些内容应予以认可。

5. 时效性不同

就业协议书的效力始于签订之日，终于毕业生到工作岗位报到之时。就业协议书的作用仅限于毕业生就业过程中的约定，一旦毕业生到用人单位报到，就业协议书的使命也就完成了。就业协议书不能代替劳动合同，不能作为确定劳动关系的凭证。

三、违约责任与劳动争议

大学毕业生希望在职业岗位上与用人单位彼此信任，为了共同的事业和目标而合作努力，但就业协议书和劳动合同是为违约责任与劳动争议问题准备的，尽管大学毕业生不愿意在职场上走这一步，但它确实有可能发生。因此，大学生应该对劳动合同中规定的责任和义务有一个清晰的认识，了解法律法规的相关规定，以防患于未然。

（一）违约责任

1. 就业协议书的违约

毕业时，大学生都会与学校、用人单位签订一份三方协议，即就业协议书。对于三方协议的界定，一般理解为：根据国家毕业生就业政策，毕业生、用人单位、学校在就业协议书上签字、盖章后，协议书即生效，对三方都具有约束力，各方都应该遵守协议、履行协议。如果三方中有一方反悔，即视为违约，而且必须向另外两方承担违约责任。

学校作为大学毕业生和用人单位的见证方，一般不会涉及违约，事实上可能会出现违约问题的多是毕业生或用人单位。一般情况下，毕业生和用人单位会出现的违约情况大致可以分为以下几种。

（1）毕业生出现违约

毕业生出现违约情况包括：同时与多家用人单位签约，再定取舍；先确定一个用人单位垫底，一旦找到更理想的用人单位，则抛弃前者，满足后者；向用人单位提供不真实的选择情况。

（2）用人单位出现违约

用人单位出现违约情况包括：拒收毕业生；提供不真实的情况和虚假材料，误导毕业生与之签约等。

（3）其他违约行为

其他违约行为包括：为约束毕业生而收取一些不合理费用；违反行政法规、规章，不执行有关规定，侵害毕业生的合法权益等。

按照规定，就业协议书一经毕业生、用人单位、学校签署即具有法律效力，任何一方不得擅自解除，否则违约方应向权利受损方支付协议条款所规定的违约金。从实际情况来看，就业违约多为毕业生违约。如果毕业生违约，除了本人应承担违约责任、支付违约金并遭遇诚信危机外，还会造成其他不良后果，包括用人单位、学校甚至其他毕业生都会受到不良影响。因此，毕业生在签署就业协议书前要慎重考虑，明确自己签署协议后应负的责任后再签订。

当毕业生到用人单位报到后，三方协议即告终止，此时用人单位会与毕业生签订一份劳动合同，其中约定了劳动者的试用期限、服务期限、工资待遇及其他福利等事宜。签订劳动合同之后，双方即正式确定了劳动关系。

2. 劳动合同的违约

（1）用人单位的责任

用人单位制定的劳动规章制度违反法律、法规规定的（如以低于当地最低工资标准支付劳动者工资的），由劳动行政部门给予警告，并责令改正；对劳动者造成损害的，应承担赔偿责任；拒不支付加班工资报酬的，由劳动行政部门给予警告，责令限期改正，并应依法给予经济补偿。

用人单位未向劳动者提供必要的劳动防护用品，造成劳动者劳保待遇损失的，要按国家规定补足劳动者的劳保津贴和用品。

用人单位造成工伤和医疗待遇损失的，除按国家规定提供应有的待遇外，还应支付劳动者医疗费用及一定比例的赔偿金。

用人单位严重违反劳动合同规定的劳动安全和劳动卫生条件而造成重大事故，使劳动者的生命、财产受到损失的，要依法追究单位责任人的行政责任，触犯刑法的，要依法追究刑事责任。

用人单位违反《中华人民共和国劳动法》，对女工和未成年工造成身体健康损害的，除按国家规定提供治疗期间的医疗待遇外，还应支付其医疗费用一定比例的赔偿金。

用人单位侵害劳动者合法权益，侮辱、体罚、殴打、非法搜查和拘禁劳动者的，要支付损害赔偿金，轻者给予行政处分，重者追究刑事责任。

用人单位违反《中华人民共和国劳动法》规定的条件，订立了无效合同、解除劳动合同或者故意拖延不订立劳动合同的，由劳动行政部门责令改正，给劳动者造成损害的，应承担赔偿责任。

（2）劳动者的法律责任

劳动者违反规定或劳动合同的约定解除劳动合同，对用人单位造成损失的，应当赔偿：用人单位招收录用其所支付的费用；用人单位为其支付的培训费，双方另有约定的按约定办理；给生产、经营和工作造成的直接经济损失。劳动者违反劳动合同中约定的保密事项，泄露商业机密，对用人单位造成经济损失的，按《中华人民共和国反不正当竞争法》第二十条的规定支付用人单位赔偿费用；构成犯罪的，要承担刑事责任。

3. 试用期内违约

劳动合同中约定的试用期是工作的第一个阶段。这个阶段需要熟悉、学习、适应工作的内容很多，也是双方最容易出现纠纷的阶段。下面将试用期比较容易出现的劳动纠纷做一个简单的归纳。

（1）试用期时限

试用期是用人单位和劳动者建立劳动关系后为相互了解、选择而约定的不超过 6 个月的考察期。按照《中华人民共和国劳动法》的规定，劳动合同可以约定试用期。试用期最长不得超过六个月。《中华人民共和国劳动合同法》中关于试用期的规定如下：劳动合同期限三个月以上不满一年的，试用期不得超过一个月；劳动合同期限一年以上不满三年的，试用期不得超过二个月；三年以上固定期限和无固定期限的劳动合同，试用期不得超过六个月。

（2）试用期辞职

根据《中华人民共和国劳动法》的规定，劳动者在试用期内可以随时通知用人单位解除劳动合同（无须提前通知）。有些用人单位在劳动合同中约定，劳动者在试用期解除合同须承担违约责任，这实际上限制了劳动者的解除权。因此，这种约定是侵害劳动者合法权益的行为，对于这种约定条款，法律一般确认为无效。

（3）试用期辞退

根据《中华人民共和国劳动法》第二十五条的规定，劳动者在试用期间被证明不符合录用条件的，用人单位可以解除劳动合同。法律规定得很清楚，用人单位可解除劳动合同的条件是其必须举证证明劳动者在试用期不符合录用条件。毕业生应当明确，用人单位要求解除劳动合同时，举证责任在用人单位，劳动者无须提供自己符合录用条件的证明。

4. 服务期违约

用人单位为劳动者提供专项培训费用，对其进行专业技术培训的，可以与该劳动者订立协议，约定服务期。

劳动者违反服务期约定的，应当按照约定向用人单位支付违约金。违约金的数额不得超过用人单位提供的培训费用。用人单位要求劳动者支付的违约金不得超过服务期尚未履行部分所应分摊的培训费用。

5. 竞业限制违约

竞业限制的人员限于用人单位的高级管理人员、高级技术人员和其他负有保密义务的人员。竞业限制的范围、地域、期限由用人单位与劳动者约定，竞业限制的约定不得违反法律、法规的规定。

在解除或者终止劳动合同后，竞业限制期限不得超过两年。

（二）劳动争议

1. 劳动争议的概念

劳动争议，又称为劳动纠纷，是指劳动者与其所在单位之间因劳动关系中的权利义务而发生的纠纷。

2. 劳动争议的范围

劳动争议的范围，在不同的国家有不同的规定。根据《中华人民共和国劳动争议调解仲裁法》第二条的规定，劳动争议的范围如下。

1）因确认劳动关系发生的争议。

2）因订立、履行、变更、解除和终止劳动合同发生的争议。

3）因除名、辞退和辞职、离职发生的争议。

4）因工作时间、休息休假、社会保险、福利、培训以及劳动保护发生的争议。

5）因劳动报酬、工伤医疗费、经济补偿或者赔偿金等发生的争议。

6）法律、法规规定的其他劳动争议。

3. 劳动争议处理程序

我国处理劳动争议的程序为协商、调解、仲裁、诉讼 4 个阶段。

1）劳动争议发生后，当事人双方在自愿平等的基础上进行协商，协商一致后达成和解协议。协商不是当事人处理劳动争议的必须程序，但是这种形式简单方便，既不伤感情，又利于团结，国家提倡和鼓励这种形式。

2）当事人协商不成或未经协商，都可以向劳动争议调解委员会申请调解。劳动争议调解委员会可以设在用人单位内部，也可以由各地方的工会负责组织。它应当由职工代表、用人单位代表和工会代表组成。劳动争议的调解应当遵循当事人双方自愿的原则。需要注意的是，劳动争议调解委员会只能起调解作用，它本身无决定权，不能强迫双方接受自己的意见，也无权做出对双方具有法律约束力的文件。但是如果双方经调解达成调解协议的，劳动争议调解委员会应当制作调解协议书，对于协议书，双方当事人应当自觉履行。

3）劳动争议发生后 60 日内，当事人任何一方都可以直接向劳动仲裁委员会申请仲裁，或是调解不成，也可以申请仲裁。劳动仲裁委员会对受理的劳动争议，在查明事实的基础上先行调解，调解若达成协议应当制作调解书。经调解无效或调解书送达前一方反悔的，应当及时进行仲裁，并制作仲裁决定书。当事人一方或双方对仲裁裁决不服的，可以自收到仲裁决定书之日起 15 日内向人民法院提出诉讼，逾期不起诉，裁决即发生法律效力。已生效的裁决，与人民法院判决的效力等同。当事人如果不履行裁决书所规定的义务，另一方当事人可以申请人民法院强制执行。

4）诉讼程序是解决劳动争议的最终途径。未经劳动仲裁委员会仲裁的劳动争议，当事人不得向人民法院起诉。如果诉讼当事人不服劳动仲裁委员会作出的裁决，可自收到仲裁决定书之日起 15 日内向人民法院提起诉讼。人民法院将依法进行审理，作出裁决。

拓展阅读

社会保险相关知识

1. 社会保险的种类

（1）住房公积金

住房公积金是我国推行的具有保障性、互助性、长期性的属职工个人所有的长期住房储金，由职工及其所在单位按规定缴存。

由职工个人和由职工所在单位为职工缴存的住房公积金，这两部分金额属于职工个人所有。住房公积金具有固定的用途，包括员工购买、建造、翻建、大修自住房，因此住房公积金不允许任何单位和个人在住房以外的其他任何用途上使用。住房公积金的月缴存额为职工本人上一年度月平均工资乘以职工住房公积金缴存比例。单位为职工缴存的住房公积金的月缴存额为职工本人上一年度月平均工资乘以单位住房公积金缴存比例。一般情况下，缴存比例会根据经济发展状况和职工生活水平进行相应调整。

（2）基本养老保险

基本养老保险的缴纳模式为社会统筹与个人账户相结合。基本养老保险的覆盖面已经比较广泛，包括城镇各类企业职工。对于所有城镇企业及企业职工来说，基本养老保险已经成为一项义务，必须定期落实缴费。其中，城镇职工应缴纳的基本养老保险额度不需要个人单独上缴，而是由所在企业从个人工资中代扣并统一上缴。对于企业，必须以货币形式足额缴纳基本养老保险。社会上的其他人员，包括个体工商户和自由职业人员，可以按照相关规定制定的缴纳基数和缴纳比例缴纳，缴纳的周期也按月计算。

（3）基本医疗保险

1998 年年底下发的《国务院关于建立城镇职工基本医疗保险制度的决定》，全面推进了我国医疗保险制度的改革。基本医疗保险制度是社会保障体系的重要组成部分，是由用人单位和职工共同参加的一种社会保险。基本医疗保险实行个人账户与统筹基金相结合，保障广大参保人员的基本医疗需求，主要用于支付一般门诊、急诊、住院等费用。

基本医疗保险使参保人员可以自行选定医保定点医院及定点的社区医疗机构，这样参保人员的就医就有了较为广泛的选择范围，他们可以在就医过程中充分享受自主选择的权利。

基本医疗保险费由用人单位和职工共同缴纳。用人单位缴费率应控制在职工工资总额的 6%左右，职工缴费率一般为本人工资收入的 2%。随着经济的发展，用人单位和职工缴费率可做相应调整。

（4）工伤保险

工伤保险，是指劳动者在工作中或在规定的特殊情况下，遭受意外伤害或患职业病导致暂时或永久丧失劳动能力及死亡时，劳动者或其遗属从国家和社会获得物质帮助的一种社会保险制度，为社会保险制度的一个组成部分。工伤保险是在国家立法的强制力下建立的，属于国家为广大劳动者承担的社会责任，也是劳动者应当充分享有的一项基本权利。

很多职业存在一定的危害性，因此非常有必要对劳动者这方面的权益加以保护。工伤保险涵盖所有劳动者，任何人在工作过程中发生的伤害和罹患的职业疾病，都应获得工伤保险提供的保障待遇。

（5）失业保险

失业保险是指国家通过立法强制实行的，由社会集中建立基金，对因失业而暂时中断生活来源的劳动者提供物质帮助的制度。它是社会保障体系的重要组成部分，是社会保险的主要项目之一。失业保险是劳动者由于非本人原因暂时失去工作，致使工资收入中断而失去维持生计来源，并在重新寻找新的就业机会时，从国家或社会获得物质帮助以保障其基本生活的一种社会保险制度。

（6）生育保险

国家通过立法设立生育保险，在怀孕和分娩的女性劳动者暂时中断劳动的过程中，由国家和社会为她们提供医疗服务、生育津贴和产假。在这种保险制度中，国家和社会对生育的职工给予必要的经济补偿和医疗服务，保障女性职工因生育而暂时丧失劳动能力时拥有基本经济收入和医疗保障，帮助她们恢复劳动能力，重返工作岗位。这项制度充分体现了国家和社会为孕育生命的女性在特殊阶段给予的帮助、扶持和爱护。

我国生育保险待遇主要包括两项：①生育津贴，是指在分娩后休产假期间获得基本经济收入；②生育医疗费用待遇，参保女职工可按规定报销生育相关的医疗费用。

2. 社会保险的作用

社会保险是现代社会经济生活的重要方面，是一项重要的社会政策，它既是劳动者享有的维持基本生活的权利，也是政府应承担的义务，对保障人民基本生活、维护社会稳定、促进经济发展起着重要作用。社会保险的作用主要表现在：能够保障人民生活基本需要，维护社会稳定，起到社会“安全网”和“稳定器”的作用。社会保险的作用具体体现在以下几方面。

1）社会保险能发挥社会稳定器的作用。社会成员难免会遇到衰老、伤病等情况，这是在任何时代和任何社会制度下都无法避免的客观现象。社会保险就是当社会成员遇到这种情况时给予适当的补偿，以保障其基本生活水平，从而防止不安定因素的出现。

2）社会保险有利于保证社会劳动力再生产的顺利进行。劳动者在劳动过程中必然会遇到各种意外事件，造成劳动力再生产过程的停顿。社会保险就是在劳动者遇到上述风险事故时给予必要的经济补偿和生活保障。

3）社会保险有利于实现社会公平。人们在文化水平、劳动能力等方面的差异会造成收入上的差距。社会保险可以通过强制征收保险费，对收入较低或失去收入来源的劳动者给予补助，提高其生活水平，并在一定程度上实现社会的公平分配。

4）社会保险有利于推动社会进步。保险具有互助性的特点，社会保险更能体现出互助合作、同舟共济的精神。

训练活动

活动一　情景模拟：签订就业协议

1. 活动目的

熟悉就业协议书签订的注意事项。

2. 活动步骤及说明

1）将全体学生平均分为若干个小组，每个小组以 6～10 人为宜。

2）以小组为单位，结合所学内容，模拟签订就业协议书。

活动二　分析就业协议和劳动合同中的违约金

1. 就业协议中的违约金

阅读以下材料并讨论：毕业生就业后如果签订了劳动合同，一旦提前辞职，这笔违约金究竟应不应该支付？

李某是某大学的研究生。2024 年 5 月，李某以应届毕业生的身份与 A 公司及他所在的大学共同签订了毕业生就业协议书，并约定：A 公司同意录用李某；李某愿意到 A 公司就业；他所在大学根据国家有关规定负责将李某列入就业建议计划并予以派遣。任何一方不得违约，否则将承担违约责任。同年 6 月 2 日，李某被 A 公司派遣至其子公司 B 公司工作，后双方签订了为期 3 年的劳动合同。2024 年 11 月 9 日，李某提出辞职。在 B 公司的要求下，李某在离职时支付了违约金 20000 元。

此后，李某认为就业协议书是自己与 A 公司签订的，因此 B 公司无权按照就业协议书的约定收取违约金。为讨回这笔 20000 元违约金，李某将 A 公司和 B 公司都告上了法庭。A 公司和 B 公司则认为，收取违约金理由充分，拒绝退还。一审判决支持李某的诉讼请求。A 公司上诉称，李某提前离职违反了就业协议，应当支付相应的违约金，B 公司是代自己收取这笔就业协议约定的违约金，故要求驳回李某的诉讼请求。

2. 劳动合同中的违约金

阅读以下材料并讨论：在类似的案件中，如果劳动者认为劳动合同约定的违约金过高，除了收集培训费用相关的证据，还能从哪些方面进一步论证违约金不合理？对于用人单位而言，在拟定违约金条款时，怎样做才能既保障自身权益，又符合法律规范，避免后续可能出现的法律风险？

2024 年 2 月，小周入职 K 公司，双方签订了为期 3 年的劳动合同。合同里特别注明，鉴于公司会为小周提供专业技术培训，帮助其掌握前沿技术，小周需在公司服务满 3 年，若提前离职，则要支付违约金 4 万元。入职后的前几个月，公司安排小周参加了 2 次内部的新技术培训课程，还让他参与了 1 次为期 5 天的行业技术研讨会，总计投入培训成本 1.8 万元。

2024 年 12 月，小周得到一个难得的进修机会，该机会与他长远的职业规划高度契合，但需要离职全身心投入学习。于是，小周向 K 公司提出辞职。公司依据劳动合同约定，要求小周支付 4 万元违约金。小周却认为，公司实际的培训投入远低于违约金数额，而且自己在职期间凭借所学为公司成功完成了 2 个重要项目，不应该支付如此高额的违约金。双方虽多次沟通，但始终无法达成一致意见，小周最终向当地劳动仲裁机构申请仲裁，希望能够降低违约金金额。

在仲裁过程中，小周向仲裁员提交了公司培训通知、培训费用的发票等证据，以此证明公司实际的培训投入情况。小周强调，按照《中华人民共和国劳动合同法》的规定，劳动者违反服务期约定所支付的违约金，不能超过用人单位提供的培训费用，并且不得超过服务期尚未履行部分所应分摊的培训费用。经计算，小周剩余服务期为 2 年 2 个月，按公司 1.8 万元的培训投入，其应承担的违约金最多为 1.3 万元（1.8 万元÷36×26，26 为剩余服务月数）。

劳动仲裁机构审理后认定，K 公司和小周约定的 4 万元违约金显著过高，不符合法律规定。最终裁决小周按照合理比例，向公司支付违约金 1.3 万元。

课外实践

研读并对比就业协议与劳动合同的区别

网上搜索就业协议书与劳动合同范本，仔细研读并分析两者的区别。

本 章 回 顾

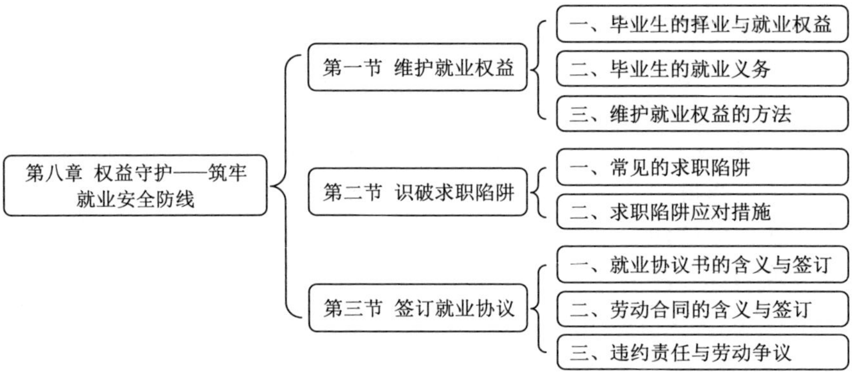

第九章 职场启航——踏上职业发展新征程

学习目标

知识目标

（1）了解学校和职场的差别、学生和职业人的差别。

（2）熟悉初入职场可能面临的问题及解决办法。

（3）掌握团队合作、情绪管理、时间管理的技巧。

技能目标

（1）能够快速调整心态和行为，顺利完成从学生到职业人的角色转换。

（2）能够运用所学技巧，构建良好职场关系，增强职业技能。

素养目标

（1）培养主动适应职场环境变化的能力，形成积极进取的职业态度。

（2）塑造良好的职业素养，增强职场责任感。

（3）将社会主义核心价值观融入职业实践，以行动奉献社会。

案例导读

初入职场的小张

小张是刚刚毕业的大学生，毕业前他在一家国有企业实习，实习期结束，企业也愿意留用小张。本来这是个好消息，但是小张却认为这份工作很枯燥，每天就是做一些简单、重复的工作，觉得自身各项能力没有得到发挥，心理落差较大。同时，在这段时间，他也在备考公务员，因此和同事之间很少沟通。有一次他在工作中出现疏忽，同事和领导反映他工作不认真，他得知后觉得领导不重视他，周围同事不好相处，最后辞去了这份工作。辞去工作后，小张心里很苦闷，最终找到职业指导人员寻求帮助。

（根据学生真实案例改编）

分析：

刚走出校园的大学生，大都有“天高任鸟飞，海阔任鱼跃”的宏伟抱负。但是，随着高校教育的普及，每年大学毕业生人数激增，就业竞争压力也随之增大。从大学毕业到进入社会，参加工作，对于每一位毕业生来说都需要经历比较大的角色转变。因此，大学毕业生应先调整心态，正视、接纳现实，恰当地评价自己，放低姿态，一切从零开始。

第一节　完成角色转变

一、学校和职场的差别

大学生告别校园，踏上新的工作岗位，意味着学习、工作、生活环境的转换，也意味着一个正式社会成员的产生，还意味着大学生拥有了一个全新的角色。

在大学生心目中，“母校情结”挥之不去，甚至部分大学生毕业之后仍然徘徊在校园里，甘当“校漂族”。但是，学校始终是一个驿站，所有的大学生都终究要走向职场，成为社会人。学校生活与职场环境有很大的差别，正是这些差别使得有些大学生难以进入“职业人”状态。

学校与职场的比较如表 9-1 所示。

表 9-1　学校与职场的比较

比较项目	学校	职场
人际环境	“熟人型”环境，同学与同学、同学与教师之间比较了解，人际关系简单	“陌生型”社会，除了同事之外，还有客户、其他相关社会人等
存在基础	同学之间、师生之间没有直接利益关系，是互助互利的短期结合	以利益往来和利益交换为存在基础，共同实现组织目标
核心目标	以教育为主要目标，培养和输送人才的非营利性活动	以创造经济价值为主要目标，开展商业等经济活动
具体要求	以个体学习为主，要求个人成长和取得好的学习成绩	以团队协作为主，要求获得组织业绩增长

二、学生角色和职业角色的差别

职业角色是指与人们的某种社会地位、身份相一致的一整套权利、义务的规范与行为模式，是人所处的相应社会关系的反映。不同的职业角色，有不同的行为规范和要求与其相对应。

就业以前，青年的角色常常是学生，社会就会以对学生的要求衡量和评价其行为；就业以后，青年的角色就是各种社会职业人员，社会就会以职业人员的行为规范和要求去衡量和评价其行为。

学生角色和职业角色的差别主要体现在以下几方面：任务不同、社会规范不同、社会权利不同、生存环境不同、人际关系不同、时间安排不同。

（一）任务不同

大学生以学习为主要任务，同时还要学会做人、学会做事、学会与人相处，明确自己未来的发展方向，提高自己的能力和素质，为将来更好地适应社会打下良好的基础。职业人的主要任务是依靠自己的本领或技能为用人单位（社会或他人）服务，以完成工作来体现。职业人必须适应社会、服从管理，在工作中犯了错误，必须承担损失及相应的社会责任。

（二）社会规范不同

大学生是受教育者，社会对大学生的规范是从培养、教育的角度出发，促进其成为合格的人才。例如，怎样遵守国家的法律、法规，遵守学校的规章制度，怎样与人相处，怎样做人、做事等。社会对职业人的规范既具体又严格，违背了就要承担一定的社会责任甚至法律责任。

（三）社会权利不同

大学生的权利主要是依法接受教育，并取得经济生活的保障或资助。职业人的权利则是依法开展工作，并在履行义务的同时取得报酬。

（四）生存环境不同

大学生的生活节奏较慢，有寒暑假，自由支配的时间较长，生活压力也较小。职业人在职场上要面临的是：紧张的工作节奏；没有寒暑假，自由支配的时间较少；承受不同地域的生活环境和习惯；由于缺乏实际工作经验，开始工作时往往不能得心应手，感觉工作、生活压力显著增加等。

（五）人际关系不同

大学生的人际关系比较简单，接触的主要是老师、同学，都具有较高的知识水平和文化素养。职场的人际关系相对于学校而言比较复杂，人的素质差异很大。

（六）时间安排不同

大学生的学习时间可以弹性安排，不是每天都排课。职业人有固定的时间安排，如朝九晚五，不能迟到、早退，有时工作任务又急又重，要加班加点。

三、完成从学生到职业人的转变

初涉职场的大学生，还有很多校园的“书生意气”和学生式的行为思维习惯，不了解基本的职场规则，出现很多不适应和为人处世的不合“时宜”。大学生要想从校园人顺利过渡到职场人，需要处理好以下几个问题。

转换职业角色

（一）心态的调整

初从学校到社会，不适应、无名的失落和惆怅是很正常的。每个人在这样一个过渡阶段都会有这种心理，这个时候注意自我调适，有一个平和的心态非常重要。常常有些人不能正确地看待这种失落和惆怅，把这种因环境变化而产生的暂时的不适应武断地认为是自己就职的工作单位不好，从而轻易断定工作单位不适合自己或者自己不适合工作单位，轻率地选择辞职，这是非常冲动的做法。对于那些刚刚参加工作不久就选择辞职的职场新人来说，一定要用理性战胜感性冲动，应先问问自己，自己的失落和惆怅到底来自哪里，是不是再多适应一段再决定是否离开。

（二）人际关系的适应

人是社会关系的总和。在校园里，大学生可以选择只与自己喜欢的人在一起；而在工作单位，就必须学会与各种各样的人打交道。刚进新单位，要有第一印象意识。第一印象良好，即使以后有表现得不够好的地方，别人的态度也会宽容一些；第一印象糟糕，即使后来做得再好，别人的评价也可能不会太高。尽管这有失公允，但毕竟很多人有以偏概全、先入为主的心理。良好的第一印象有助于更好地融入同事中。要想办法尽快与同事熟悉，可以帮助他们多做点事。例如，可以主动打扫办公室或实验室的卫生，整理文件和资料，接听电话等。

此外，在学校里，大学生一般是埋头学习，只要独善其身即可。但在工作单位，一定要注意自己是在一个团队中，必须有团队精神，要学会与人合作，要大度，要甘于吃亏，不要想着占小便宜。处理好复杂关系的捷径是多看、多听，多干、少说，在各种利益冲突中，肯让、能让、善让，不要斤斤计较、心机太重。

（三）理想与现实关系的处理

大学期间总会有各种各样的理想，甚至是梦想、幻想。但理想并不等于现实。再好的工作，现实与理想之间还是有一定的差距的。要理性地对待自己的工作，不能因为一时的成绩而得意忘形，也不能因为一时的挫折而垂头丧气。要有信心和耐心，要清楚地知道，成功是靠自己一步步走出来的。人要有一定的理想主义情怀，但太理想就会脱离现实。人一定要尊重现实，既低头拉车又抬头看路，既脚踏大地又仰望星空，这才是处理好理想和现实关系的辩证法。

（四）业务能力的提高

有的人认为大学所学知识已经足够用了，胜任工作肯定没问题。其实不然。学校教育在于专而不在于博，工作中需要的知识常常是多方面的。专业相关还好，若专业不太对口，需要补充的知识就多了。初入职场要特别注意避免眼高手低。小事不愿干，大事干不了，是刚参加工作的人常犯的毛病。如果不注意纠正，很可能会成为志大才疏之人。要注意大处着眼、小处着手，举轻若重、一丝不苟地做好每一件小事。要谦虚谨慎，善于向身边的同事学习，向领导学习，向德高望重的老同志学习。

（五）职业意识的培养

从校园到职场，有很多方面的意识需要改变。例如，在校园里，可以凭自己的兴趣做事，而在职场，责任远比兴趣重要，必须努力做到干一行、爱一行。兴趣来源于责任，强烈的责任感完全可以让人培养起对工作的兴趣。一个人也只有真正热爱工作，才能全身心地投入。又如，在校园里，可以情绪化，偶尔感情用事，但职场要求的是高度理性行为，要学会由情感人转变到职业人，由个人好恶转变到敬业精神，由情绪左右转变到职业驱动。再如，在学校，考虑的往往是自己的成长，衡量的标准是成绩，而在企业，考虑的往往是经营绩效和利润，会读书和会创造利润之间并不是天然正相关。

（六）生活与工作的平衡

在校园里，时间基本可以由自己支配，足以应对自己的生活；而在职场，上下班都有时间规定，或许还会加班，再加上工作上的压力，有些人就会吃不消，甚至有人忙得连男（女）朋友都没有时间陪，时间一长，感情上容易出现波折，失恋后情绪上、工作上又会受到负面影响。其实，工作和生活的矛盾并不是不可调和。在繁忙的工作之余，不要疏远了自己的亲属、朋友，生活和工作同等重要。

（七）职业作风的建立

在校园里，除了学习外，其他约束较少，可以松散一些，如睡个懒觉、着装随意等。但在单位，就必须每天与自己的惰性做斗争，上班不能迟到，不能懒懒散散。如果能够提前十几分钟到达办公室，提前收拾好卫生，对尽快融入同事之中很有帮助。

从校园人到职场人的转变不是一个迅速的过程，其中可能会有很多痛苦和挫折，但不完成这种转变，就不可能成为一名成功的职场人。有人提出，职场成功必须做到5个C：confidence（信心）、competence（能力）、communication（沟通）、cooperation（合作）和creation（创造）。可以用5C标准要求自己，尽快实现从校园人到职场人的转变。

四、初入职场可能面临的问题及解决办法

适应职场环境

（一）大学生初入职场时可能面临的问题

1. 职业预期与工作现实存在落差

大学生在工作之前，对职场了解较少，常常对职场及自我产生过高的预期，如希望得到较高的薪水和较好的福利待遇，能够得到充分尊重与领导的重用，能够充分发挥自己的才能，工作环境优越等。然而在现实中，初入职场的大学毕业生很难实现这些预期，有些预期几乎不可能同时满足。所以，现实与理想的落差容易使大学生对现实工作产生不满，导致对工作投入不够，总认为下一份工作会更好，所以频繁跳槽。

2. 知识技能与职场要求不匹配

大学与职场对知识能力的要求不同，大学主要是考核学生对知识的掌握能力，而职场要求的是对知识和技术的应用能力。如果大学生只掌握了书本知识，则与工作单位的要求是脱节的。大学生的就业能力普遍与职场要求不匹配，有些大学生在面对实际工作时会出现无法胜任、手足无措、难以适应的现象。

3. 对制度、规范与人际关系的不适应

大学与职场具有完全不同的制度与文化，大学毕业生很容易产生适应障碍。相对而言，大学的氛围比较宽容、民主、平等；而在职场，有很多制度和规范约束，很多大学毕业生对单位的制度和规范不适应。有的大学毕业生刚刚进入职场，面对新环境及不太熟悉的同事和领导，不懂得主动与周围同事“破冰”，去融入环境。还有的大学毕业生在与同事、上级的交往中，说话随心所欲，往往“祸”从口出，从而使人际关系陷入困局。

（二）初入职场问题的解决办法

大学生面对初入职场的种种问题，掌握解决的办法非常重要，可以从以下几个方面着手。

1. 积极调整工作心态

首先，要适当调整心理预期。如果心理预期过高，则会增加内心的失落感，因此平时要多给自己一些积极的暗示，告诉自己凡事都要循序渐进，不要着急。其次，要放低姿态，从基础工作做起，不断积累工作经验。在职场的每一段经历都是很好的学习机会，都会帮助自己快速成长，积累工作经验。最后，正确面对工作中的挫折。遇到挫折时，不能就此放弃，而要用冷静的态度分析失败的原因，要用乐观的心态去面对困难，吸取教训，努力争取新的机会。

2. 建立和谐的人际关系

一个人在事业上的成功，除了靠专业技能之外，还要靠人际关系和处事技巧。对于初入职场的大学毕业生来说，面对陌生的环境，首先就是要礼貌地与人交往、主动地与人沟通，缩短与周围同事之间的距离，尽快地融入集体和团队中；同时，在沟通时要做到实事求是，真心诚意。

3. 做好职业生涯规划

大学毕业生进入职场后，一定要确定自己的奋斗目标，详细规划自己的职业生涯。有了目标和规划，才会有努力的方向和动力，才不会对自己的未来感到迷茫。在进行职业生涯规划时，切忌好高骛远、不切实际，而要客观地衡量自身的能力，制定切实可行的职业生涯规划。

训练活动

活动一　职场情景：从基层做起

1. 活动目的

提升职业素质，培养认真做事的高度责任感。

2. 活动步骤及说明

（1）剧情概要

某四星级涉外宾馆，一批实习生刚刚通过面试进入实习阶段。在校期间担任班干部的小怡被分配到前台做接待工作，其实习表现受到公司赞赏。后公司对实习岗位进行轮换调整，小怡被轮换到客房服务岗位。小怡不满此岗位，向公司提建议无果后情绪低落，实习表现不佳，最终未被公司录用。

（2）情景模拟

第一幕：分配实习岗位

场景：会议室。

道具：会议桌、椅子、纸、笔等。

人物：小怡、宾馆人事专员、其他实习生 3 人。

内容：人事部门主管根据面试表现分配实习岗位，包括前台接待、客房服务、办公室文员等。小怡被分到前台接待岗位。

第二幕：实习表现

场景：宾馆前台。

道具：桌子、电话等。

人物：小怡、宾馆客人 2 人（1 中、1 外）。

内容：小怡表现出流利的英语口语水平及较好的接待礼仪。

第三幕：岗位调整会议

场景：会议室。

道具：会议桌、椅子、笔记本、笔等。

人物：人事部经理、人事部其他成员 2 人。

内容：人事部就实习生实习情况开会。首先进行阶段性总结，特别表扬小怡，并准备实习结束后正式录用，计划将其送往国外某国际著名酒店管理大学深造。随后，为了全面锻炼人才，人事部对下一阶段实习岗位进行调整，部分人员岗位轮换。小怡被轮换到客房服务岗位，主要负责整理房间、打扫卫生等工作。

第四幕：冲突

场景：会议室、人事部经理办公室。

道具：会议桌、椅子、纸、笔、桌子等。

人物：人事专员、小怡、其他实习生 3 人、人事经理。

内容：人事专员召集所有实习生开会，宣布岗位调整安排。小怡当场对客房服务岗位表示不满意，认为这个岗位不适合自己，不愿意去。会后，她马上找到人事部经理，要求重新调整岗位，反应较强烈。经过种种努力后无效，小怡无奈地接受现实，但从此情绪一落千丈，严重影响了实习工作。

第五幕：实习结果

场景：会议室。

道具：会议桌、椅子、纸、笔等。

人物：小怡、宾馆人事专员、其他实习生 3 人。

内容：实习结束，人事专员宣布留用名单及岗位安排。小怡最终没有被留用。

（3）讨论分享

先按小组讨论，然后各小组派代表发言。

活动二　通过 AI 模拟职场情景练习

1. 活动目的

通过 AI 模拟职场情景，提升学生的沟通表达能力、问题解决能力，积累实战经验，增强职场适应力。

2. 操作流程

学生随机抽取 1 张情景任务卡，明确模拟主题，并与 AI 进行职场对话，处理各类模拟问题，记录关键对话内容。

情景 1：公司计划推出一款面向年轻群体的智能穿戴设备，你作为市场策划部新人，需要向部门主管阐述产品推广方案，主管对方案的创新性和预算合理性提出质疑。指令示例：“我是市场策划部新人，要向主管汇报智能穿戴设备推广方案，你扮演主管，对方案提出质疑，开始模拟。”

情景 2：你所在的软件开发团队开发的 APP 上线后出现严重的闪退问题，大量用户在社交平台投诉。你作为团队负责人，要向公司高层汇报问题原因及解决方案。指令示例："我是 APP 开发团队负责人，现在向公司高层汇报 APP 闪退问题，你扮演公司高层，提出质问和要求，开始模拟。"

情景 3：公司准备与一家海外企业进行合作，你负责前期的商务洽谈。在首次视频会议中，对方对合作条款中的知识产权归属和利润分配提出异议。指令示例："我是负责海外合作项目的商务人员，正在与对方进行视频洽谈，你扮演海外企业代表，对合作条款中的知识产权归属和利润分配提出异议，开始模拟。"

第二节　构建职场关系

一、做好步入社会的心理准备

大学生要尽快做好步入社会的心理准备，增强自己适应社会的能力。可以从以下几个方面着手。

（一）正确认识和了解社会现实

在市场经济体制改革过程中，新旧观念激烈碰撞、多种经济成分和多种分配方式并存等，必然会导致思想倾向、价值观呈多元化发展。因此，大学生必须正视社会现实，在步入社会之前，要有迎接各种挑战的心理准备。只有这样，才不至于踏入社会后茫然而不知所措。

（二）培养自信心，提高自身实力

面对职场生活，不要因环境陌生而感到孤独，不要因条件艰苦而感到失落，不要因单位人才济济而感到畏惧，而要时时保持心理平衡。步入职场避免不了竞争，竞争的背后往往是实力的较量，即素质、能力、才学、品质等方面的较量。这就需要一如既往地努力学习，提高自身的能力和素质，在竞争中求适应、求生存、求发展、求完善。

案例

淬炼成光：从考研受挫到教育新程的成长之路

2024 届本科毕业生小 L，自幼怀揣对文学的热爱，毅然选择汉语言文学专业。大学期间，他成绩优异，综合测评名列前茅，担任班长，带领班级获评"优良学风班"，在社会实践与科研领域也成果丰硕，荣获多项荣誉称号，主持或参与 4 项学生科研项目，发表 2 篇学术论文。

然而，他的考研之路并非一帆风顺。2023 年 12 月，因发烧多日影响状态，小 L 在考研初试中发挥失利。2024 年 2 月，考研分数公布，未能达到国家线的结果让他陷入迷茫。面对这一挫折，辅导员的谈心和鼓励成为他的转折点。短暂焦虑后，小 L 决心重新出发，将目光投向教育行业，立志成为一名人民教师。

为实现这一目标，小 L 开启了全方位提升自我的行动。他每日潜心钻研教案、深入研究教学方法，不放过任何一个提升教学能力的机会。积极参加校招教师面试，在实战中积累经验、打磨技巧。当得知家乡招聘中学事业编语文教师时，他凭借扎实的文学功底与出色的语言表达能力，成功通过选拔。

如今，小 L 坚守在基层学校的三尺讲台，将“为党育人、为国育才”的教育理想化作实际行动，在教育岗位上持续发光发热，用自己的成长经历诠释了不惧挫折、砥砺前行的奋斗精神。

（根据学生真实案例改编）

分析：

小 L 的经历生动诠释了职场发展中自信心与自身实力的关键作用。考研失利曾让他陷入迷茫，但在辅导员的鼓励下，他重拾信心，将目光转向教育行业。随后，他凭借过往积累的扎实文学功底与科研能力，结合有针对性的教学技能钻研、校招面试实战，不断充实自身实力。正是这份自信支撑他直面挑战，而实力则成为他在教师招聘中脱颖而出的底气。入职后，他更是以坚定的教育理想持续践行育人使命，这表明唯有将自信心与实力深度融合，才能在职场中不惧挫折，实现个人价值与职业理想。

（三）从基层工作开始

多数大学生毕业以后从事基层工作。在基层，大量的工作是平凡和琐碎的，这往往与大学期间的想法有很大的差距。此时就要想到，任何工作都要从点滴做起、从基础做起。因此，大学毕业生既要有到基层工作、在基层吃苦的思想准备，更要有从基层做起、在基层创出一番事业的愿望和抱负。

二、建立良好人际关系的方法

（一）尊重他人

尊重包括尊重自己和尊重他人。尊重自己就是在各种场合自尊自爱，维护自己的人格。尊重他人就是尊重他人的人格、习惯与价值观，承认人际交往双方的平等地位。

尊重是相互的，只有尊重他人的人，才能得到他人的尊重，也才能谈得上自尊。人际关系并不像有些人想象的那么复杂，工作中只要做到尊重领导、同事、客户和合作伙伴，就能形成和谐、愉悦的工作氛围，建立和谐的人际关系。

（二）平等待人

人们在职务、能力、才学、气质、性格等方面的差别是客观存在的，但在人格地位上是平等的。在工作单位，应当以平等的态度对待同事。不要以职务的高低、权力的大小来决定对待同事的态度；不要亲近一部分人，而故意疏远另一部分人；不要认为某人对自己有用就打得火热，某人暂时无用就避而远之；不要见了领导就低三下四、满脸堆笑，见了同事就置之不理、冷若冰霜；不要拉帮结派，搞小团体，而应该注意对领导和同事一视同仁，尽力与所有同事发展平等互助的友好关系。

（三）诚实守信

诚实就是真心实意，实事求是，表里如一，不虚情假意，不口是心非，不当面一套、背后一套。诚实是做人的基本要求，也是建立良好人际关系的重要条件。守信，就是恪守信用，言行一致，说到做到，不做语言的巨人、行动的侏儒。在人际交往中，只有诚实守信，才能相互理解、接纳、信任，才能在感情上引起共鸣，使交往得到巩固和发展。

（四）律己恕人

律己，就是以各种道德规范和行为准则来严格要求自己。恕人，就是宽以待人，宽厚包容。在人际交往中，即使确立了平等友好的关系，也仍存在矛盾和许多不和谐的地方，这就要求正确对待自己和他人，坚持以严格的规范要求自己，以宽容的态度对待别人，这样才能建立和谐的人际关系。不利于团结的话不说，不利于团结的事不做，不挑拨是非，不猜疑嫉妒，堂堂正正做人，踏踏实实做事。

三、处理好职场人际关系

对于职业人来说，在工作单位与同事相处的时间往往比与家人在一起的时间还要长，而领导直接管理和评价下属的工作，对下属的职业发展和职位升迁有一定程度的裁决权，所以处理好与同事和领导之间的关系是十分重要的。

（一）与同事相处

大学生初入职场，在与同事相处过程中，要以诚相待，互相支持，要坦然承认自己的不足，以期得到帮助。在日常工作中，要注意培养自己与同事之间的感情，把自己当成他们中的一员，与他们保持步调一致，多听取和接受他人的意见，时间久了，就能获得他人的接纳和支持，相处就会融洽起来。同事之间难免会发生一些纠葛、摩擦，甚至冲突，对此要冷静而友善地处理，要敢于承认错误，承担责任，接受批评，切忌尖酸刻薄，背后损人。对同事在工作、生活中遇到的困难，应给予同情、关心和行动上的帮助，以促进同事间的友好关系。

（二）与领导相处

不要只为“套近乎”“留好印象”而与领导交往，而要以建立正常的工作关系为目的。对领导既要尊重坦诚、实事求是，又要不卑不亢、交往得当。对领导讨好献媚，不但有损于人格，而且会引起同事的反感和厌恶；但对领导敬而远之、我行我素，或冷眼相待也是不应有的态度。在任何时候，都要想到将工作干好，在工作方面与领导达成共识，学会保持与领导同步。工作中，对领导安排的工作要兢兢业业，努力完成，这样才能与领导建立良好的关系。

此外，还要注意维护领导的权威，愿意接受领导的批评指正。对同一单位的领导，不要有亲疏远近之分，都应当尊重。

拓展阅读

沟通成败在前 60 秒就决定了

人们都知道沟通时应清晰简洁，但有多少人真正学过如何做到这一点？在一次演讲中，克里斯 · 芬宁揭示了职场对话最初的 60 秒如何决定沟通成败，并分享了确保信息被清晰传达的三步实战技巧。他指出，任何对话的前一分钟都是黄金窗口期。通过独创的“目标-背景-行动”三步沟通法，他提供了一套立即可用的解决方案——首先阐明沟通目标，接着提供必要背景信息，最后明确行动步骤。这种结构化表达方式能帮助职场人在十几秒内抓住听众的注意力，使对方快速理解核心诉求，显著提升会议效率与邮件回复率。芬宁的方法没有复杂的理论框架，而是聚焦日常工作中的真实场景，让每个职场人都能立即应用这套经过验证的沟通策略。

训练活动

活动一　上班第一天的准备

找到一份实习工作，上班第一天，你准备如何适应职场环境，如何表现自己呢？

穿着要做到：________________

衣服要做到：________________

鞋子要做到：________________

仪容要做到：________________

和同事相处要注意：

____

____

和领导相处要注意：

____

一天的时间管理：

一天的任务管理：

活动二　与人相处能力测试

这是一份大学生人际关系行为困扰的诊断量表，一共有28个问题，请你根据自己的实际情况，在每题后做“是”或“否”的回答。为了保证测验的准确性，请你认真作答。

1）关于自己的烦恼，有口难开。

2）与陌生人见面感觉不自然。

3）过分地羡慕和嫉妒别人。

4）与异性交往太少。

5）对连续不断的会谈感到困难。

6）在社交场合感到紧张。

7）时常伤害别人。

8）与异性交往感觉不自然。

9）与一大群朋友在一起，常感到孤寂或失落。

10）极易受窘。

11）与别人不能和睦相处。

12）不知道与异性交往如何把握好分寸。

13）当不熟悉的人对自己倾诉其生平遭遇以求同情时，自己常感到不自在。

14）担心别人对自己有什么坏印象。

15）总是尽力使别人欣赏自己。

16）暗自思慕异性。

17）时常避免表达自己的感受。

18）对自己的仪表（容貌）缺乏信心。

19）讨厌某人或被某人所讨厌。

20）瞧不起异性。

21）不能专注地倾听。

22）自己的烦恼无人可倾诉。

23）受别人排斥，感到冷漠。

24）被异性瞧不起。

25）不能广泛地听取各种意见和看法。

26）自己常因受伤害而暗自伤心。

27）常被别人谈论、愚弄。

28）与异性交往不知如何更好地相处。

计分标准：

选择“是”得1分，选择“否”得0分。把各题得分相加即得总分。

结果解释：

如果你的总分在0～8分，说明你在与朋友相处上的困扰较少。你善于交谈，性格比较开朗，主动关心别人。你对周围的朋友都比较好，愿意和他们在一起，他们也都喜欢你，你们相处得不错。而且，你能从与朋友的相处中得到许多乐趣。你的生活是比较充实而丰富多彩的，你与异性朋友相处得也很好。一句话，你不存在或较少存在交友方面的困扰，你善于与朋友相处，人缘很好，能获得许多人的好感与赞同。

如果你的总分在9～14分，说明你与朋友相处存在一定程度的困扰，你的人缘一般。换句话说，你和朋友的关系并不牢固，时好时坏，经常处在一种起伏之中。

如果你的总分在15～19分，说明你与朋友相处的困扰比较严重。

如果你的总分超过20分，表明你的人际关系困扰程度很严重，而且在心理上出现较为明显的障碍。你可能不善于交谈，也可能是一个性格孤僻的人，或者有明显的自高自大、讨人嫌的行为。

第三节 增强职业技能

增强职业技能

一、团队合作的意义与技巧

（一）团队合作的意义

在企业中，团队合作的工作方式可以提高企业的凝聚力，是增强企业核心竞争力的重要条件。团队合作要发扬团队精神，团队精神是大局意识、协作精神、服务精神的集中体现。团队精神要求团队成员有统一的价值观和共同的目标，且团队成员之间能够高度信任、相互协作，能自觉认同肩负的责任，并愿意为达到共同目标而持续努力。团队合作的意义如下。

1. 目标导向功能

企业培养员工的团队精神，就是让员工“心往一处想、劲往一处使”，能相互协作，朝着一个目标努力。对于个体而言，团队的目标就是自己努力的方向。要将团队整体目标分解成各个小目标，将对应每个小目标的具体任务分配到具体的团队成员，让每个成员完成具体的工作任务。

2. 凝聚功能

任何企业都需要具备高度的凝聚力。传统的管理方式是通过组织系统自上而下的行政指令实现对员工的管理，这种管理方式忽视了员工的个人情感和心理需求，而团队精神重视的是团队意识的培养，通过员工在长期实践中发挥团队精神，使团队成员对企业产生归属感，形成强大的凝聚力。

3. 激励功能

团队精神也需要员工在团队协作中实现自身的进步，即促使团队中每个成员向团队中最优秀的成员看齐。员工之间的正常竞争可以发挥团队的激励作用，这种激励作用不仅停留在物质层面，更反映在精神层面，每个团队成员都力求获得团队的认可，获得其他成员的尊重。

4. 控制功能

团队中每个成员的个体行为都需要控制，群体的行为也需要协调。团队精神产生的控制功能，能促进团队内部形成一种源于价值观认可的精神力量，构建积极向上的良好氛围，而这种精神力量、良好氛围将给予团队成员约束，从而规范和控制个体的行为。这种控制不是自上而下强制性的，而是以软文化的方式规范和引导，由强制性的制度措施向软性控制转变，从控制团队成员的短期行为向控制团队成员的长期价值观和长期目标转变。因此，这种控制更具备可持续性。

（二）团队合作的技巧

1. 平等友善

在团队中，学会与团队成员和平共处是团队建设的重要一步。无论是老员工还是新员工，都要树立与其他团队成员和平共处的理念。团队成员之间相处的关键在于长期稳定性，成员之间要相互了解、彼此尊重，能够做到真诚相待。相互信任同样重要，信任是维系人际关系的基石。团队成员之间只有相互信任，才能有效合作，共同完成团队目标。在团队中，即使某个团队成员有突出的能力和过人的胆识，也不能太过张扬。只有平等真诚地对待每一个人，才能赢得他人的尊重。

2. 善于交流

团队成员之间总会存在一定的差异，有可能是知识方面的，也有可能是学历方面的，这种差异会造成在工作中产生不同的看法或想法。通过交流，可以使分歧降到最低。因此，善于交流对于团队成员之间共同完成任务、保持良好关系、彼此理解是非常重要的。

3. 谦虚谨慎

当自己表现得比团队其他成员优秀时，有些成员会产生自卑甚至嫉妒心理。所以，在与团队其他成员相处时要谦虚谨慎。只有这样，才会赢得尊重，才能受到他人的欢迎。

4. 化解矛盾

通常情况下，团队成员之间难免会发生小摩擦、小矛盾，这是正常的事情，但要及时化解矛盾，千万不能将小问题放大，一旦放大，就可能成了敌对的关系，这对于个人、对于企业都是不利的。

5. 接受批评

在团队发展过程中，每个团队成员都要学会接受批评。如果真的是自己的错误，就要虚心接受并改正，并对批评自己的人表示感谢，不能因为团队成员的批评而与其对立。

二、情绪管理的关键与方法

情绪是人们在内心活动过程中所产生的心理体验。或者说，情绪是人们在心理活动中对客观事物的态度体验，也是人们心理状态的晴雨表。

当把情绪毫无保留地发泄在周遭人的身上时，那种和谐的关系无形中就被破坏了，就好像是被打破了的水晶杯一样，就算接合后也会有裂缝，所以一定要合理地处理自己的情绪。要学会在职场中合理地表达自己的情绪，增加正面情绪，控制负面情绪。

首先，要合理地表达情绪。情绪没有表达出来就会出现一系列问题。例如，无法对周围的人传递信息，可能会失去自己达成愿望的可能，而且会在很大程度上影响自己的身体健康和人际关系。所以可以充分地表达情绪，但这并不意味着应该表达所有的情绪。在情绪表达的选择上，要适时、适地、适人。掌握良好的时机表达自己的情绪很重要，要在对方方便时请其聆听自己的感受。表达情绪的有效方式是选择平静、非批判的方式叙述情绪的本质，而不是直接发泄。

其次，要增加正面情绪。例如，每天定时有规律地运动，日常生活中学会幽默，锻炼自己的包容心，有意识地保持微笑，经常帮助他人，与积极乐观的人交朋友等，都是增加正面情绪的有效方法。

最后，要控制负面情绪。负面情绪包括愤怒、恐惧、焦虑、嫉妒、孤独、悲伤、沮丧、抑郁等。面对负面情绪，要重新认识这些情绪，每一个负面情绪的背后都有其正面的意义。例如，嫉妒意味着渴望成长，悲伤意味着对情感的珍惜。因此，要懂得控制和转化自己的负面情绪。

三、时间管理的定义与方法

可以把工作按照重要和紧急两个不同的程度划分为 4 个象限：第一象限是既紧急又

重要的事务（如人事危机、客户投诉、即将到期的任务、财务危机等），第二象限是紧急但不重要的事务（如电话铃声、不速之客、行政检查、主管部门会议等），第三象限是既不紧急也不重要的事务（如闲谈、无聊信件、个人爱好等），第四象限是重要但不紧急的事务（如建立人际关系、新的机会、人员培训、制定防范措施等）。时间管理坐标体系如图 9-1 所示。

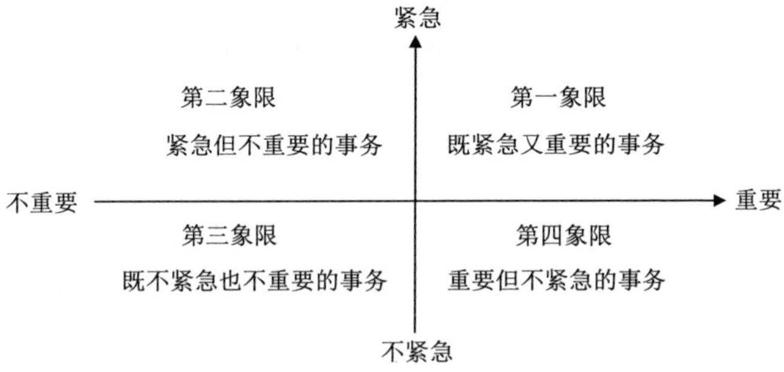

图 9-1 时间管理坐标体系

时间管理理论的一个重要观念是应有重点地把主要精力和时间集中放在处理那些重要但不紧急的工作上，这样可以做到未雨绸缪、防患于未然。在人们的日常工作中，很多时候往往有机会去很好地计划和完成一件事，但常常又没有及时去做，随着时间的推移，造成工作质量下降。因此，把主要精力放在重要但不紧急这个象限的事务上是必要的。

有这样一个故事：在一次课堂上，教授在桌子上放了一个玻璃罐子，然后从桌子下面拿出一些正好可以从罐口放进罐子里的鹅卵石。教授把鹅卵石放完后问他的学生："你们说这个罐子是不是满的？"所有的学生异口同声地回答："是。"教授笑着从桌子下面拿出一袋碎石子，把它们从罐口倒下去，摇一摇，问："现在罐子是不是满了？"大家有些不敢回答，一个学生怯生生地回答："也许没满。"教授不语，又从桌子下面拿出一袋沙子，慢慢倒进罐子里，然后问学生："现在呢？""没有满！"全班学生很有信心地回答说。"是的。"教授又从桌子底下拿出一大瓶水，缓缓倒进看起来已经被鹅卵石、小碎石、沙子填满的玻璃罐。

一个平常的玻璃罐就这样装下了这么多东西，但如果不先把最大的鹅卵石放进罐子里，也许以后永远没机会把它们放进去了。生活中那么多事情，其实都可以像往这个玻璃罐里放东西那样，先进行时间级别分类，如根据日常安排，按照轻重缓急进行组合，确定先后顺序，做到不遗不漏。

四、AI 助力职场技能提升

初入职场的新人可以从以下几个方面借助 AI 提升职场技能。

（一）办公软件的应用

1. 文档写作

可以使用具有 AI 功能的文字处理软件，如 WPS 等。这种软件可以进行智能语法检查和纠错，不仅能指出错误，还能根据上下文提供更合适的词汇和语句建议，提升文档的质量和专业性。此外，还能根据输入的主题和关键词，生成相关的思路和框架，帮助新人更快地组织文章结构，尤其在撰写报告、总结等文档时，可节省时间和精力。

2. 演示文稿制作

以 PowerPoint 为例，AI 能够根据提供的主题和核心观点，自动生成初步的幻灯片模板，包括页面布局、色彩搭配以及相关的图表和图片建议。这有助于新人快速制作出视觉效果吸引人的演示文稿。AI 还能对内容进行智能分析，提醒哪些部分需要强调或简化，以提高演示效果。

3. 数据处理与分析

在 Excel 等电子表格软件中，AI 可以自动识别数据中的规律和趋势，生成可视化的图表和分析报告。对于需要处理大量数据的新人来说，能快速理解数据背后的含义，为决策提供支持。例如，在进行销售数据统计、市场调研数据分析时，利用 AI 可以轻松发现数据中的异常值、趋势变化等重要信息，而无须手动进行复杂的计算和分析。

（二）沟通协作

AI 可以辅助撰写沟通信息，根据设定的场景和要点生成规范、得体的沟通内容，还能检查沟通的语气和措辞是否合适，避免因表达不当而产生误解。对于不知道如何准确表达自己想法的新人来说，AI 是很好的助手。

（三）学习成长

AI 能够根据新人的学习情况、兴趣偏好和职业目标，推荐合适的学习资源和学习平台。这些平台拥有丰富的内容，包括视频教程、在线课程、电子书籍等，帮助个人快速找到与工作相关的知识，提升专业技能。例如，如果对数据分析感兴趣，平台会推荐相关的数据分析课程、案例研究以及最新的行业报告等。

训练活动

活动一　孤岛求生游戏

1. 活动目的

体验团队协作过程，激发参与者的合作意识，通过共同应对挑战提升团队凝聚力。

2. 活动准备

为每组准备尺寸相同的整张报纸 1 张，裁判哨 1 个，计时器 1 个。

3. 活动流程

1）分组和发放材料：将全体学生平均分成若干小组，为每个小组发放 1 张尺寸相同的报纸。

2）选人：每个小组选派 1～2 人参加游戏。

3）游戏规则：每轮游戏，要求所有参与者全部站在报纸上，且任何人的肢体都不能接触地面；报纸从整张平铺地面开始，参与者站在报纸上的时间不能少于 8 秒，由裁判使用计时器计时，并在 8 秒时鸣哨提醒；若时间未到，或有参与者的肢体接触地面，则宣告该小组失败，小组被淘汰；若有小组成功完成本轮挑战，则游戏继续，将所有小组的报纸均对折，然后进入下一轮；重复上述步骤，直至剩下最后一组，或出现小组成员只有一个人的脚能够站在报纸上的情况，该小组即为优胜小组。每轮游戏开始前，小组成员都有 1 分钟的讨论时间。

4. 活动思考

1）回顾游戏过程，你在刚才的游戏中感受到了什么？获胜的团队胜在哪里？失败的团队败在何处？

2）在游戏中，各个团队都在不同程度上体现了向心力、凝聚力，团队成员相互配合、相互信任，有人勇往直前，有人敢于牺牲。只要在游戏中做到了团队协作相关的某一点，就可以视为在团队精神层面获得了胜利。

3）在未来的职场中，团队的重要性毋庸置疑，通过本次游戏能深刻体会到团队协作的意义。每个人都需要培养团队协作精神，提升团队合作能力，为更好地融入职场做准备。

活动二　感 知 时 间

将你的手机调出秒表，按下开始键的同时，视线望向别处，心里体会 1 分钟的时间有多长。当你觉得 1 分钟时间到了，就看秒表上显示的数字，是比 1 分钟长了还是比 1 分钟短了。

这个活动主要是测试对时间的敏感度。越接近 1 分钟，对时间的准确度就把握得越到位。长期培养这样的敏感度，就会对事情的规划更加具体和精确，有利于将零散时间整合在一起创造更大的效益。

课外实践

社会体验活动

社会体验是大学生走出校园、了解社会、提升自身能力的重要方式。结合就业方向，积极开展社会体验活动，注意记录活动过程、遇到的问题及解决方法，留存照片、视频、访谈记录等资料。实践结束后，撰写800字的实践报告，内容包括实践过程、收获体会、不足与改进方向，并谈谈个人成长与社会责任的关联。

本 章 回 顾

- 第九章 职场启航——踏上职业发展新征程
  - 第一节 完成角色转变
    - 一、学校和职场的差别
    - 二、学生角色和职业角色的差别
    - 三、完成从学生到职业人的转变
    - 四、初入职场可能面临的问题及解决办法
  - 第二节 构建职场关系
    - 一、做好步入社会的心理准备
    - 二、建立良好人际关系的方法
    - 三、处理好职场人际关系
  - 第三节 增强职业技能
    - 一、团队合作的意义与技巧
    - 二、情绪管理的关键与方法
    - 三、时间管理的定义与方法
    - 四、AI助力职场技能提升

参 考 文 献

洪凤仪，2002．一生的职业规划[M]．广州：南方日报出版社．

黄志强，2019．大学生求职能力训练教程[M]．北京：知识产权出版社．

李怀康，梁美娜，2022．职业发展和就业创业指导[M]．2 版．北京：高等教育出版社．

李品林，2021．大学生职业生涯规划与就业指导[M]．北京：科学出版社．

李振键，林骥佳，2017．大学生职业发展与就业指导［M］．北京：现代教育出版社．

罗双平，2003．职业生涯规划的含义及其形态[J]．中国青年研究（8）：5-6．

毛可斌，李可依，2021．大学生就业指导[M]．天津：天津人民出版社．

潘世华，邱健，韦一文，2022．大学生职业生涯规划[M]．成都：西南财经大学出版社．

史梅，白冰，孙晓杰，2020．赢在规划：大学生职业生涯规划与职业素质拓展[M]．北京：科学出版社．

史梅，孙晓杰，白冰，2013．成长 DIY：大学生职业生涯训练手册[M].北京：现代教育出版社．

孙晓杰，韩晓昌，白冰，2023．走向成功：大学生就业指导[M]．北京：科学出版社．

佟拓，2021．勘探未来：大学生职业发展与就业创业指导[M]．天津：天津人民出版社．

魏凯燕，孙晓程，2019．赢在起点：大学生职业生涯发展与就业准备[M]．北京：科学出版社．

徐俊祥，黄欢，余卉，2021．幸福密码：生涯建构与发展体验式教程[M].天津：天津人民出版社．

徐俊祥，张宁，王全利，2022．成功就业：大学生就业技能实训教程[M]．天津：天津人民出版社．

袁翔，陈雷，2020．大学生就业与创业指导[M]．天津：天津人民出版社．

袁翔，吴敏，2022．大学生就业与创业指导课程思政教学指南[M]．天津：天津人民出版社．

朱军，王慧，朱旻华，2022．大学生就业指导与实务[M]．北京：中国水利水电出版社．

邹雪坡，黄巾，2023．匠心筑梦，技能报国：高职生职业发展与就业指导[M]．北京：中国民主法制出版社．

SAVICKAS M L, 1997. Career adaptability: An integrative construct for life-span, life-space theory[J]. The Career Development Quarterly, 45: 247-259.

附录 全国大学生职业规划大赛参赛指南

一、全国大学生职业规划大赛简介

全国大学生职业规划大赛是由教育部主办的赛事，旨在加强高校生涯教育和就业指导，增强大学生的职业规划意识。大赛以“筑梦青春志在四方，规划启航职引未来”为主题，强调“以赛促学、以赛促教、以赛促就”的目标，推动人才供需有效对接，全力促进高校毕业生高质量充分就业。

主体赛事包括学生成长赛道和就业赛道。

成长赛道主要面向本、专科中低年级学生，考察其树立生涯发展理念并合理设定职业目标、围绕实现目标持续行动并不断调整的成长过程，通过学习实践提升综合素质和专业能力，体现正确的择业就业观念。

就业赛道面向本、专科高年级计划求职学生（不含通过推免等确定升学的毕业年级学生）和研究生，考察其求职实战能力，对照目标职业及岗位要求，个人综合素质和专业能力等方面的契合度，个人发展路径与就业市场需求的适应度。

大赛采用校赛、省赛、全国总决赛三级赛制。校赛由各高校负责组织，省赛由各地负责组织。

二、成长赛道方案

（一）参赛材料要求

参加成长赛道的大学生需提交以下参赛材料。

1）生涯发展报告：介绍设定职业目标的过程；实现职业目标的具体行动和成效；职业目标及行动的动态调整等（PDF 格式，文字不超过 2000 字，图表不超过 5 张）。

2）生涯发展展示（PPT 格式，不超过 50MB；可加入视频）。

（二）比赛环节

成长赛道的比赛环节为：主题陈述、评委提问和天降实习 offer（实习意向）。各环节时长根据实际情况适当调整。

1）主题陈述（7 分钟）：选手结合生涯发展报告作陈述。

2）评委提问（5 分钟）：评委结合选手陈述和现场表现提问。

3）天降实习 offer（2 分钟）：用人单位根据选手表现，决定是否给出实习意向，并对选手作点评。

（三）评审标准

成长赛道的评审标准见附表 1。

附表 1 成长赛道的评审标准

指标	说明	分值
职业目标	结合所学专业多渠道了解相关行业发展趋势和就业市场需求，综合分析个人能力优势、兴趣特长等，合理设定职业目标	10
	基于职业目标对综合素质和专业能力等方面要求，科学分析个人现实情况与职业目标间的差距，制订合理可行的成长计划	10
	职业目标能够将个人理想与国家需要、经济社会发展相结合，体现正确的择业就业观念	10
学习实践行动	围绕目标职业要求，结合学校育人特色和所学专业，利用学校及社会资源开展学习实践	30
	学习实践行动取得阶段性标志性成果，接近职业目标要求	20
动态调整	及时对学习实践行动成效进行自我评估，总结分析收获、不足和原因，对职业目标和学习实践行动路径等作动态调整	20

三、就业赛道方案

（一）参赛材料要求

参加成长赛道的大学生需提交以下参赛材料。

1）求职简历（PDF 格式）。

2）求职综合展示（PPT 格式，不超过 50MB；可加入视频）。

3）辅助证明材料，包括实践、实习、获奖等证明材料（PDF 格式，整合为单个文件，不超过 50MB）。

（二）比赛环节

就业赛道的比赛环节为：主题陈述、综合面试、天降 offer（录用意向）。各环节时长根据实际情况适当调整。

1）主题陈述（6 分钟）：选手结合求职综合展示 PPT，陈述个人求职意向和职业准备情况。

2）综合面试（6 分钟）：评委提出真实工作场景中可能遇到的问题，选手提出解决方案；评委结合选手陈述自由提问。

3）天降 offer（2 分钟）：用人单位根据选手表现，决定是否给出录用意向，并对选手作点评。

（三）评审标准

就业赛道的评审标准见附表 2。

附表 2　就业赛道的评审标准

指标	说明	分值
职业目标	能够结合就业市场需求和个人所学专业、能力及兴趣等特点，合理设定职业目标	5
	准确把握目标职业的任职要求、工作内容、基本流程和发展前景等	5
岗位胜任力	具备目标岗位所需综合素质，如思维认知、沟通协作能力和执行力等，具有敬业奉献的职业精神	40
	具备目标岗位所需的专业知识和技能要求，相关实习实践经历丰富，具备解决实际问题的专业能力	40
发展潜力	具备持续学习能力、创新精神和应对不确定性挑战的潜质，适应未来职业发展要求；符合就业市场需求，现场获得用人单位提供的录用意向	10